연구보고서 2024-35

한부모가족의 시간 및 경제적 자원과 정책

이아영
박소은·이지은·우선희

연구진

연구책임자	이아영	한국보건사회연구원 연구위원
공동연구진	박소은	한국보건사회연구원 부연구위원
	이지은	국외 개인 연구자
	우선희	한국보건사회연구원 전문연구원

연구보고서 2024-35

한부모가족의 시간 및 경제적 자원과 정책

발 행 일	2024년 12월
발 행 인	강 혜 규
발 행 처	한국보건사회연구원
주 소	[30147]세종특별자치시 시청대로 370 세종국책연구단지 사회정책동(1~5층)
전 화	대표전화: 044)287-8000
홈페이지	http://www.kihasa.re.kr
등 록	1999년 4월 27일(제2015-000007호)
인 쇄 처	(사)대한민국공무원공상유공자회 인쇄사업부

15,000원

ⓒ 한국보건사회연구원 2024
ISBN 979-11-7252-052-6 [93330]
https://doi.org/10.23060/kihasa.a.2024.35

발|간|사

　한부모가족은 현대 사회에서 중요한 사회적 구성원임에도 불구하고, 이들의 시간 및 경제적 자원 부족 문제는 여전히 해결해야 할 과제로 남아 있다. 특히, 이들은 경제적 어려움뿐 아니라 양육 부담으로 인한 시간 부족의 이중고를 겪으며, 가정과 개인 삶의 질이 저하되고 있다. 이러한 현실은 이들 가족에 대한 사회적 관심과 지원이 필요한 이유를 잘 보여준다.

　이 연구는 한부모가족의 실질적 삶의 어려움을 구체적으로 이해하고, 이를 해결하기 위한 정책적 방안을 모색하기 위해 수행되었다. 한부모가족이 직면한 시간 및 경제적 자원의 문제를 체계적으로 분석하고, 이를 지원하는 지원 정책에 대한 한계점을 살펴봄으로 한부모가족이 처한 환경과 필요를 반영한 정책 방향을 제시하는 데 중점을 두었다. 이 연구에서는 한부모가족의 변화된 특성과 함께 현 지원 정책의 구조적 문제 및 한계점을 분석하고, 경제적 지원과 시간 지원 정책의 개선 방안을 제안하는 데 초점을 맞추었다. 또한 해외 사례를 통해 우리나라 지원 정책과의 비교 분석을 실시하여 정책적 시사점을 도출하였다. 본 연구를 통해 도출된 정책적 제안들은 단순히 경제적 지원에 국한되지 않고, 시간 자원의 배분 및 활용 측면을 포괄하고 있다. 이는 한부모가족이 자립할 수 있는 기반을 강화하고, 그들의 삶에 실질적 변화를 가져올 수 있는 방향에 대한 고민을 담고자 함이다. 한부모가족이 직면한 문제를 보다 입체적으로 이해하고, 실효성 있는 정책 수립을 위한 기초 자료로 활용될 수 있을 것으로 기대된다.

　이 보고서 발간이 가능했던 것은 연구진의 노력과 더불어, 한부모가족의 목소리를 정책에 반영하기 위한 다양한 이해관계자의 협력이 있었기 때문이다. 연구에 참여해 주신 모든 분께 감사의 말씀을 드린다. 이 보고서가 정책 담당자와 연구자, 그리고 한부모가족을 지원하는 모든 이들에게 유용한 자료로 활용되기를 바란다. 앞으로도 한부모가족을 포함한 다양한 가족 형태와 그들이 겪는 문제들에 대한 심도 있는 연구를 지속적으로 이어가, 모두가 포용될 수 있는 사회가 될 수 있기를 기대한다.

2024년 12월
한국보건사회연구원장 직무대행

강 혜 규

목차

요 약 ··· 1

제1장 서론 ·· 5
제1절 연구의 필요성 및 목적 ·· 7
제2절 연구의 내용 및 방법 ·· 15

제2장 한부모가족 지원을 위한 이론적 논의 ································ 19
제1절 한부모가족 개념 및 관련 문헌 분석 ···························· 21
제2절 한부모가족을 위한 법 및 지원 정책 변천사 ·············· 28
제3절 소결 ·· 38

제3장 한부모가족을 둘러싼 환경 분석 ·· 43
제1절 분석 개요 ·· 45
제2절 경제적 및 시간 자원 현황 및 변화 ······························ 57
제3절 이해관계자 심층 면담을 통해 파악한 지원 정책의 한계점 ············ 93
제4절 소결 ·· 103

제4장 한부모가족 지원 정책 분석 ·· 109
제1절 지원 정책 현황 ·· 111
제2절 경제적 지원 정책 분석 ·· 121
제3절 시간 지원 정책 활용 분석 ·· 128
제4절 소결 ·· 136

제5장 해외 사례: 독일과 영국 ·············· 139
제1절 개요 ·············· 141
제2절 독일 사례 ·············· 143
제3절 영국 사례 ·············· 167
제4절 정책적 시사점 ·············· 188

제6장 결론 ·············· 197
제1절 분석 결과 요약 ·············· 199
제2절 정책적 시사점 ·············· 205

참고문헌 ·············· 219

Abstract ·············· 233

표 목차

KOREA INSTITUTE FOR HEALTH AND SOCIAL AFFAIRS

〈표 1-1〉 가구 형태, 전년 대비 증감률 ··· 8
〈표 1-2〉 한부모가족 유형 ··· 9
〈표 1-3〉 저소득 한부모가족 현황 ·· 10
〈표 1-4〉 한부모가족 가구주의 연령 ·· 11
〈표 1-5〉 법적 혼인상태별 출생아 수와 비중 ·· 13
〈표 2-1〉 한부모가족지원법 지원 대상자 선정 기준 ······························ 23
〈표 2-2〉 2024년도 한부모가족지원법 지원 대상 가구 소득인정액 기준 ···· 23
〈표 2-3〉 한부모가족 문헌 리스트 ··· 24
〈표 2-4〉 본 연구주제 관련 주요 선행연구 정리 ··································· 26
〈표 2-5〉 한부모가족지원법 및 사업 연혁(2000년대 이전) ···················· 29
〈표 2-6〉 한부모가족지원법 및 사업 연혁(2010년 이전) ······················· 29
〈표 2-7〉 한부모가족지원법 및 사업 연혁(2020년 이전) ······················· 31
〈표 2-8〉 한부모가족지원법 및 사업 연혁(2020년 이후) ······················· 34
〈표 2-9〉 국회 계류 법령안 ··· 35
〈표 2-10〉 유사 법률 비교에 따른 한부모가족 지원의 개선 사항 ··········· 39
〈표 2-11〉 한부모가족 일반 현황 문제점 ··· 40
〈표 3-1〉 한부모 및 양부모 가구 분포(가구주 기준) ····························· 50
〈표 3-2〉 일하는 한부모 및 양부모(맞벌이, 외벌이) 가구 분포(가구주 기준) ········ 51
〈표 3-3〉 수요자 인터뷰 참여자 선정 시 고려 사항 ······························ 53
〈표 3-4〉 한부모 당사자 정보 ·· 53
〈표 3-5〉 공급자 인터뷰 참여자 선정 시 고려 사항 ······························ 54
〈표 3-6〉 공급자 정보 ·· 55
〈표 3-7〉 이해관계자 심층 면담 평가 항목 ··· 55
〈표 3-8〉 일하는 한부모 및 맞벌이 가구의 가구주(또는 배우자 포함) 성별 분포 ········ 57
〈표 3-9〉 일하는 한부모 및 맞벌이 가구의 가구주(또는 배우자 포함) 연령 분포 ········ 58
〈표 3-10〉 일하는 한부모 및 맞벌이 가구의 가구주(또는 배우자 포함) 교육 수준 분포 ········ 59
〈표 3-11〉 한부모가족의 경제활동 상태 ·· 60

〈표 3-12〉 일하는 한부모 및 맞벌이 가구의 가구주(또는 배우자 포함) 종사상지위 분포 ········ 61
〈표 3-13〉 일하는 한부모 및 맞벌이 가구의 가구주(또는 배우자 포함) 취업형태 분포 ·········· 62
〈표 3-14〉 일하는 한부모 및 맞벌이 가구의 가구주(또는 배우자 포함) 직업 유형 분포 ········ 63
〈표 3-15〉 소득 수준 ·· 64
〈표 3-16〉 소득분위별 가구 분포 ··· 65
〈표 3-17〉 재산분위별 가구 분포 ··· 66
〈표 3-18〉 일하는 한부모 및 맞벌이 가구의 가구주 응답 기준 가구총소득 분포 ················· 67
〈표 3-19〉 일하는 한부모 및 맞벌이 가구의 가구주(또는 배우자 포함) 월평균 소득 분포 ······ 68
〈표 3-20〉 일하는 한부모 및 맞벌이 가구의 가구주 응답 기준 주거 형태 분포 ···················· 70
〈표 3-21〉 일하는 한부모 및 맞벌이 가구의 시간 부족감 정도 분포 ···································· 71
〈표 3-22〉 일하는 한부모 및 맞벌이 가구의 시간부족감 정도 분포: 아동 연령대 구분 ·········· 72
〈표 3-23〉 일하는 한부모 및 맞벌이 가구의 가장 줄이고 싶은 일 분포 ······························· 73
〈표 3-24〉 일하는 한부모 및 맞벌이 가구의 가장 줄이고 싶은 일 분포: 아동 연령대 구분 ····· 74
〈표 3-25〉 행동 유형별 분류 기준(2019년 기준) ·· 75
〈표 3-26〉 일하는 한부모 및 맞벌이 가구의 평균 수면시간: 전체 요일 평균 ······················· 76
〈표 3-27〉 일하는 한부모 및 맞벌이 가구의 평균 수면시간: 평일/주말 평균 ······················· 76
〈표 3-28〉 일하는 한부모 및 맞벌이 가구의 평균 개인유지시간: 전체 요일 평균 ················· 78
〈표 3-29〉 일하는 한부모 및 맞벌이 가구의 평균 개인유지시간: 평일/주말 평균 ················· 78
〈표 3-30〉 일하는 한부모 및 맞벌이 가구의 평균 일 관련 시간: 전체 요일 평균 ·················· 79
〈표 3-31〉 일하는 한부모 및 맞벌이 가구의 평균 일 관련 시간: 평일/주말 평균 ·················· 81
〈표 3-32〉 일하는 한부모 및 맞벌이 가구의 평균 가사일 시간: 전체 요일 평균 ··················· 82
〈표 3-33〉 일하는 한부모 및 맞벌이 가구의 평균 가사일 시간: 평일/주말 평균 ··················· 83
〈표 3-34〉 일하는 한부모 및 맞벌이 가구의 평균 가족돌봄 시간: 전체 요일 평균 ················ 85
〈표 3-35〉 일하는 한부모 및 맞벌이 가구의 평균 가족돌봄 시간: 평일/주말 평균 ················ 85
〈표 3-36〉 일하는 한부모 및 맞벌이 가구의 평균 자녀돌봄 시간: 전체 요일 평균 ················ 86
〈표 3-37〉 일하는 한부모 및 맞벌이 가구의 평균 자녀돌봄 시간: 평일/주말 평균 ················ 87
〈표 3-38〉 일하는 한부모 및 맞벌이 가구의 평균 자녀돌봄 시간: 전체 요일 평균 ············· 88

〈표 3-39〉 일하는 한부모 및 맞벌이 가구의 평균 자녀돌봄 시간: 평일/주말 평균 ·········· 89
〈표 3-40〉 일하는 한부모 및 맞벌이 가구의 평균 기타 활용 시간: 전체 요일 평균 ·········· 91
〈표 3-41〉 일하는 한부모 및 맞벌이 가구의 평균 기타 활용 시간: 평일/주말 평균 ·········· 92
〈표 3-42〉 관련 사례에서의 대응 방법 ·········· 95
〈표 3-43〉 2019년 기준 일하는 한부모 및 맞벌이 가구의 행동 유형별 평균 사용 시간
         (전체 요일 평균) ·········· 105
〈표 3-44〉 면담 내용 및 문제점 ·········· 107
〈표 4-1〉 한부모가족 지원 관련 국정과제 ·········· 111
〈표 4-2〉 제1차 한부모가족정책 기본계획 ·········· 112
〈표 4-3〉 지원 정책 ·········· 113
〈표 4-4〉 저소득 한부모에게 제공되는 지원 ·········· 114
〈표 4-5〉 한부모가족지원법 지원 대상자 선정 기준(기준 중위소득 % 이하) ·········· 114
〈표 4-6〉 한부모가족 지원 종류와 중복 지급 제한 대상 ·········· 116
〈표 4-7〉 근로장려금 지급액 ·········· 122
〈표 4-8〉 자녀장려금 지급액 ·········· 123
〈표 4-9〉 한부모가족 지원제도 수급자 특성 ·········· 127
〈표 4-10〉 월평균 가구소득별 돌봄시간 지원제도 이용 및 이용 가능 비율 ·········· 129
〈표 4-11〉 모부성보호제도 이용 경험 및 이용 기간 ·········· 129
〈표 4-12〉 육아휴직과 육아기 근로시간 단축급여 사용 비율(전체 가구=100%) ·········· 131
〈표 4-13〉 육아휴직과 육아기 근로시간 단축급여 사용 여부(가구 내) ·········· 131
〈표 4-14〉 미취학 자녀가 혼자 있을 때 바라는 서비스 ·········· 133
〈표 4-15〉 자녀의 기관 이용 이유 ·········· 134
〈표 4-16〉 아이돌봄서비스 이용 비율 ·········· 135
〈표 5-1〉 2024년도 양육비 산정에 대한 뒤셀도르프 표(Düsseldorfer Tabelle) ·········· 151
〈표 5-2〉 2024년 양육비 선지급금 급여 수준 ·········· 151
〈표 5-3〉 독일의 소득세 등급 ·········· 152
〈표 5-4〉 독일 아동수당의 급여 수준(2022~2024년도) ·········· 157

〈표 5-5〉 통합크레딧의 기본수당 및 자녀 양육 관련 부가수당 (2024/25년 기준) ·············· 175
〈표 5-6〉 자녀를 양육하는 통합크레딧 수급자의 구직활동 책임 ································· 175
〈표 6-1〉 재산의 종류별 소득환산율 ·· 208

그림 목차

KOREA INSTITUTE FOR HEALTH AND SOCIAL AFFAIRS

[그림 1-1] 가구 형태별 증감률 ·· 9
[그림 1-2] 혼인 외 출생아 수와 비중 ·· 13
[그림 1-3] 연구 절차 ··· 15
[그림 2-1] 한부모가족지원법에서 용어의 정의 ·· 22
[그림 2-2] 한부모가족지원법 지원 대상자 범위 ·· 23
[그림 2-3] 한부모 연간 검색어 수 ·· 39
[그림 2-4] 한부모 연관 검색어 ··· 40
[그림 2-5] 한부모가족지원법의 목적 및 한부모가족의 권리와 책임 ············· 42
[그림 3-1] 한부모가족 지원체계 ··· 54
[그림 3-2] 가구 균등화 가처분소득 분위별 가구 유형 분포 ························· 66
[그림 3-3] 월평균 소득 분포 ·· 69
[그림 4-1] 중복 지급 관련 ·· 116
[그림 4-2] 육아휴직 급여 특례 관련 ·· 117
[그림 4-3] 휴가 관련 ··· 118
[그림 4-4] 아이돌봄서비스 이용 관련 ·· 119
[그림 4-5] 3인 가구(40세 일하는 한부모 가구주, 6세 & 4세 자녀) ·········· 123
[그림 4-6] 소득 분포별 한부모가족 지원제도 수급자 밀도 ························· 126
[그림 4-7] 가구 유형별 소득 수준에 따른 육아휴직 사용 여부 ·················· 132
[그림 4-8] 소득 분포에 따른 아이돌봄서비스 사용 여부 ···························· 135
[그림 5-1] 주거 형태별 미성년 자녀가 있는 가구 수 ·································· 144
[그림 5-2] 한부모 가구 및 양부모 가구 어머니의 취업 현황(2019년도) ··· 145
[그림 5-3] 독일의 한부모가 근로시간을 늘리지 않는 이유 ························· 146
[그림 5-4] 독일의 소득세 등급별 세액공제 ··· 153
[그림 5-5] 영국의 가구 유형별 비율(2013년도, 2023년도) ······················· 167
[그림 5-6] 영국의 한부모 성별에 따른 한부모 가구의 비율(2013년도, 2023년도) ············ 168
[그림 6-1] 독일 사례 ··· 213

요약

본 연구는 한부모가족이 겪는 시간 및 경제적 어려움의 특성과 이에 대응하는 정책의 실효성을 다각적으로 분석하였다. 기존 연구가 주로 질적 분석에 치우쳐 정책 효과에 대한 구조적 평가에 한계가 있었다는 점에서, 본 연구는 양적 분석을 병행하여 정책의 사각지대, 수급 체계의 왜곡, 제도 접근성 문제 등을 실증적으로 조명하였다.

제2장에서는 한부모가족의 법적·이론적 배경과 현행 보호 체계의 문제점을 검토하였다. 우리나라의 한부모가족 보호 법제는 생활보호법에서 시작되어, 2008년부터 한부모가족지원법이 별도로 제정되어 자립 지원을 목적으로 운영되고 있다. 그러나 특정 가족 유형을 대상으로 한 개별 법률 제정 방식은 다양한 가족 형태에 대해 낙인을 유발할 수 있으며, 최근에는 법적 보호 기준이 가족 단위에서 개인 단위로 전환되는 추세에 있다. 유사 법률과 비교해도 현금성 급여 외의 비경제적 지원은 매우 제한적이어서, 아동 중심 접근과 함께 비경제적 지원의 확대 및 다양화가 필요한 실정이다.

제3장에서는 제2장에서 도출된 쟁점을 바탕으로, 한부모가족의 경제적·시간적 자원 현실을 양적 및 질적 분석을 통해 살펴보았다. 경제적 자원 분석 결과, 한부모 가구는 양부모 가구에 비해 소득과 자산 수준이 전반적으로 낮았으며, 일하는 한부모조차도 소득 하위 분위에 집중되어 있는 것으로 나타났다. 자산 축적 측면에서도 한부모 가구는 하위 분위에 절반 가까이 분포하고 있어 경제 기반이 매우 불안정하며, 이는 생계와 돌봄을 동시에 책임지는 구조적 특성과 맞물려 소득의 불안정성을 심화시키고 있다. 다만, 최근에는 한부모 가구주의 교육 수준과 직업 유형이 점차 다양화되고 있으며, 관리자·전문가·사무직 비중이 증가하는 등 내

부 특성이 다층화되고 있는 양상도 확인되었다.

시간 자원 분석 결과, 한부모 가구는 가정관리에 더 많은 시간을, 맞벌이 가구는 자녀 돌봄에 더 많은 시간을 사용하는 경향이 나타났다. 특히 미취학 아동을 둔 한부모 가구는 자녀 돌봄 시간이 최근 들어 점차 감소하는 추세를 보여, 시간 확보의 구조적 제약이 드러났다. 저출산 대응의 일환으로 아동이 있는 가구를 대상으로 일과 생활의 병행을 지원하기 위한 시간 지원 정책이 빠르게 확대되어 왔으나, 그 효과는 주로 맞벌이 가구에서 관찰되었으며 한부모 가구에는 유의미한 변화가 나타나지 않았다. 이는 생계와 돌봄을 동시에 감당해야 하는 한부모 가구의 시간 자원 배분상의 특수성과 구조적 제약을 반영한다.

이해관계자 심층 면담 결과, 한부모가 정책에서 배제되는 주요 원인으로는 신청주의 방식, 사회적 낙인, 복잡한 절차, 이혼·양육권 분쟁의 장기화 등이 있었다. 특히 이혼 소송 기간 동안 자녀돌봄 서비스나 정책 혜택에서 배제되는 사례가 많았으며, 낮은 정보 접근성과 시간적 여유 부족은 또 다른 사각지대를 형성하는 요인이 되었다. 경제적 빈곤 상태에 놓인 한부모는 대체로 장기 수급자 유형과 단기 불안정 일자리 유지 유형으로 양분화되는 경향이 있으며, 수급을 전략적으로 유지할 수밖에 없는 현실이 존재함에도 다수는 자립을 선호하고 있다는 점도 확인되었다.

제4장에서는 한부모가족을 위한 정책을 경제적 지원과 자녀돌봄을 위한 시간 지원으로 구분하여 심층 분석하였다. 경제적 지원 측면에서는 현금성 급여에 대한 시뮬레이션 결과, 근로소득이 증가함에도 전체 소득이 감소하는 '소득 역전 현상'이 확인되었다. 이는 단일 기준선 아래에서만 혜택이 집중되는 '전부 또는 전무(All or Nothing)' 구조로 인해 발생한다. 이러한 제도 구조는 수급자가 전략적으로 소득을 조정하도록 유도하는 요인이 되며, 실제로 특정 소득 구간에 수급자가 밀집되는 이중 봉우

리 현상이 관찰되었다. 이는 제도의 경직성이 자립 유인을 약화시키고 있음을 보여주며, 구조적 개선의 필요성을 시사한다. 시간 지원 측면에서는 한부모가 제도적 사각지대에 놓이는 문제가 두드러졌다. 고용보험 기반의 휴직제도는 자녀 돌봄으로 인한 소득 손실을 보전하는 기능을 하지만, 많은 한부모는 비정규직 또는 불안정한 고용 형태로 인해 이를 활용하기 어렵다. 그럼에도 불구하고, 최근 발표된 저출생 대책에서는 한부모 대상의 별도 조치가 배제되었고, 한부모를 위한 육아휴직 급여 특례도 2024년 하반기부터 일반 근로자 전체로 확대되며 실질적 우대 혜택은 사라지게 된다. 또한 한부모가 상대적으로 많이 이용하던 아이돌봄서비스도 개편 방향이 보편화에 초점을 맞추고 있어, 돌봄 공백이 큰 한부모 가구가 시간 지원 정책에서 점점 소외되는 상황이다.

제5장에서는 소득 지원 제도와 일 연계 시간 지원 제도를 중심으로 독일과 영국의 사례를 분석하였다. 이를 통해 한국에서의 시사점을 살펴봤다. 독일은 육아휴직, 자녀돌봄휴가 등 시간적 지원 정책에서 양부모가족이 누리는 급여 서비스의 시간적 총량을 한부모가족에게 동일하게 보장하는 정책적 자세를 일관되게 유지하고 있으며, 이는 가까운 시일 내 도입될 예정인 배우자 출산휴가제도에서도 동일한 방식으로 적용될 것으로 예상된다. 물론 해외 사례가 국내 현실과 일부 괴리가 있을 수 있으나, 국내 한부모가족의 특성 또한 변화하고 있다는 점에서, 다양한 특성을 반영한 유연한 지원 체계에 대한 정책적 고민이 필요하다.

제6장에서는 한부모가족 지원을 위한 정책적 시사점을 제시하였다. 한부모가족은 과거의 동질적인 모습에서 점차 다양한 형태로 변화하고 있으며, 이에 따라 보호 중심 접근에서 나아가 확장성과 유연성을 반영한 정책 전환이 요구된다. 경제적 지원 정책은 보호와 자립이 조화를 이루도록 제도 구조를 개선할 필요가 있으며, 시간 지원 정책은 한부모가족의

다양성과 현실을 반영하여 보다 넓은 대상을 포괄할 수 있도록 재설계되어야 한다. 이를 위해 제도 선정 기준의 다층화, 점진적 혜택 구조 도입 등 제도의 유연화 및 구조적 개선을 제안하였다. 또한 차량을 포함한 재산 산정 기준, 기준 중위소득 적용 방식 등 한부모가족의 생활 실태를 충분히 반영하지 못하는 요소들에 대한 개선이 필요하며, 복잡한 행정 절차로 인해 접근성이 저하되고 사각지대가 발생하는 문제에 대해서도 절차 간소화 및 포괄성 강화를 통해 대응할 필요가 있다. 시간 자원 측면에서는 자녀 기준의 시간 지원 총량 개념을 적용한 제도 설계와 함께, 다양한 한부모의 특성을 반영해 저소득 중심 접근을 넘어 보다 넓은 대상과 실질적 돌봄 공백 해소에 기여할 수 있도록 제도 전반을 정비할 필요가 있다. 특히 돌봄 공백이 큰 계층을 포괄할 수 있도록 정책을 전환하고, 부모 구성과 관계없이 모든 아동이 동등한 돌봄 기회를 보장받을 수 있도록 하는 자녀 중심의 시간 지원 원칙을 확립할 필요가 있다. 우리나라의 기업 문화와 고용 환경을 고려할 때, 자녀 중심 서비스 총량 접근이 단기간 내에 전면적으로 실현되기는 어려울 수 있으나, 제도의 선도적 변화를 통해 사회적 인식을 개선하고 제도 수용성을 높이는 효과를 기대할 수 있다. 이는 단순한 제도 개선을 넘어 사회 전반의 지속 가능한 변화로 이어질 수 있는 정책적 조치이다. 아울러 중장기적으로는 육아휴직과 부모급여 제도 간의 연계 가능성을 포함한 다양한 제도적 조정 가능성을 검토할 필요가 있다. 이를 통해 고용 형태에 따른 시간 지원 제도 접근성의 격차를 최소화하고, 다양한 고용 형태를 포괄할 수 있는 유연한 제도 설계가 병행되어야 한다.

주요 용어: 일하는 한부모, 경제적 지원, 시간 지원, 한부모가족지원정책

제1장
서론

제1절 연구의 필요성 및 목적
제2절 연구의 내용 및 방법

제1장 서론

제1절 연구의 필요성 및 목적

1. 연구의 배경 및 필요성

복지 수급자는 늘어났지만 사각지대에 놓인 취약계층은 여전히 많이 존재한다. 다양한 가족 형태를 이루며 자녀를 양육하는 가족이 증가함에 따라 다자녀 가구, 한부모가족, 조손가족, 다문화가족 등 다양한 가족들에 대한 관심과 지원 정책을 수립하는 것이 중요한 사회적 의제이다. 이 연구는 복지 사각지대에 놓인, 놓일 가능성이 높은 다양한 취약계층 중 한부모 가구에 집중하고자 한다.

2021년 프랑스 국립통계경제연구소에 따르면, 프랑스의 미성년자 자녀가 한 명 이상 있는 가구 중 약 25%는 한부모가족이며, 이는 10년 전(2011년)보다 3%p 늘어난 수치로, 프랑스에서 한부모가족은 더욱 흔한 가족 형태가 되어가고 있다. 이에 프랑스는 한부모 양육자의 노동시장 진입을 장려하는 방향으로 일·가정 양립에 대한 지원을 강화하고 있다(Eydoux, 2022; 김진리, 2022 재인용). 우리나라의 상황은 어떠할까? 물론 가족 형태 및 의미가 우리나라와 다른 프랑스를 비교하는 것은 무리가 있다. 그럼에도 우리나라는 지난 반세기 동안 가족 형태 및 의미에 있어 많은 변화가 이어져 왔으며, 그중 미혼자녀가 함께 사는 가구는 지속적으로 감소하고 있다. 2000년에 부부와 미혼자녀로 구성된 가족이 약 48.2%였는데, 최근(2021년)에는 29.9%로 전체 가구의 1/3에 못 미치는 수준이다. 또한 한국의 출생아 수는 지속적으로 감소하여 2023년 기준 약 23만 명이며, 합계출산율 역시 가장 낮은 0.72명이다(통계청, 2024.8.28). 미혼자녀가 함께 사는 가구는 지속적으로 감소하고 있으나, 미혼자녀가 있는 한부모가족은 상대적으로 둔화 혹은 증가 양상을 보이고 있다. 2022년 기준 약 149만 가구가 한부모 가구로, 이는 미혼자녀가 있는 가구의 약 19.1%에 해당한다. 박종서 외(2020)의 연구에서도 지난 30년간 한부모가족 규모는 2.3배 증가하였으며, 10가구 중 1가구는 한부모가족이라고 밝힌 바 있다. 한부모가족 149만 가구 내에서 모자가족이 주를 이루기는 하나 부자가족의 비율도 낮지 않다. 이러한 현상에 맞추어 최근 우리나라도 2020년 10월 20일, 「한부모가족 지원법」을 개정, 2021년 4월 21일 시행[1]됨에 따라 "제1차 한부모가족정책 기본계획(2023~2027)"을 마련하였다(관계부처합동, 2023). 제2차 아동정책 기본계획(2022~2024)에서도 한부모가족의 자녀 양육 및 일가정 양립에 대한 지원이 중점 과제 중 하나로 선정되었다(관계부처합동, 2022).

〈표 1-1〉 가구 형태, 전년 대비 증감률

(단위: %, 가구)

가구 형태		2017	2018	2019	2020	2021	2022
미혼자녀가 있는 가구 (한부모가족 제외)	증감	-0.91	-1.12	-1.46	-0.45	-2.18	-2.23
	가구	6,816,015	6,739,455	6,640,749	6,610,994	6,467,007	6,323,040
미혼자녀가 있는 한부모가족	증감	-0.40	0.40	-0.70	0.20	-1.50	-1.10
	가구	1,533,166	1,539,362	1,529,151	1,532,751	1,509,958	1,494,067

주: 1) 2세대, 3세대 가구에서 미혼자녀가 있는 가구로 미혼자녀가 있는 한부모 가구는 제외(부부+미혼자녀, 부부+미혼자녀+부부미혼형제자매, 조부모+미혼손자녀, 부부+미혼자녀+양친, 부부+미혼자녀+모친); 2) 미혼자녀가 있는 한부모가족의 개념: 미혼자녀를 양육하는 법적으로 미혼, 이혼 및 사별인 모 또는 부(원거리 거주 부부 제외)
출처: "인구주택총조사," 통계청, 2016-2022, MDIS. 데이터 활용하여 저자 작성.

---

[1] 한부모가족의 생활 안정과 복지 증진을 위하여 「한부모가족지원법」 제5조의 5, 5조의 6에 따르면 기본계획 및 연도별 시행계획을 수립하도록 하고 있음.

[그림 1-1] 가구 형태별 증감률

(단위: %)

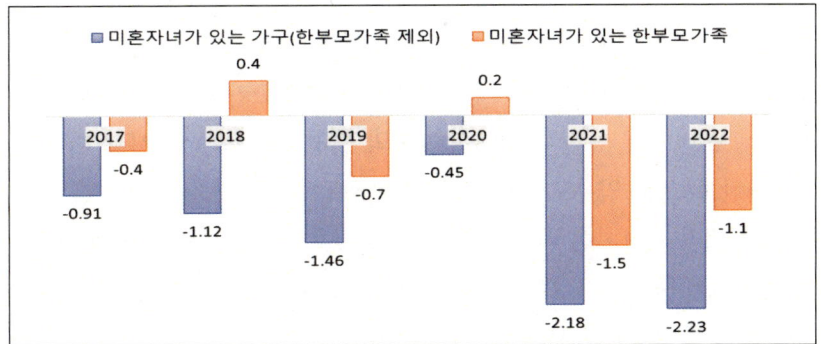

주: 1) 2세대, 3세대 가구에서 미혼자녀가 있는 가구로 미혼자녀가 있는 한부모 가구는 제외(부부+미혼자녀, 부부+미혼자녀+부부미혼형제자매, 조부모+미혼손자녀, 부부+미혼자녀+양친, 부부+미혼자녀+모친); 2) 미혼자녀가 있는 한부모가족의 개념: 미혼자녀를 양육하는 법적으로 미혼, 이혼 및 사별인 모 또는 부(원거리 거주 부부 제외)
출처: "인구주택총조사," 통계청, 2016-2022, MDIS. 데이터 활용하여 저자 작성.

〈표 1-2〉 한부모가족 유형

(단위: 가구, %)

유형		2016	2017	2018	2019	2020	2021	2022
한부모가족		1,539,868 (100)	1,533,166 (100)	1,539,362 (100)	1,529,151 (100)	1,532,751 (100)	1,509,958 (100)	1,494,067 (100)
	(18세 이하)	445,801	425,046	408,378	384,114	373,225	368,548	355,123
	(19세 이상)	1,094,067	1,108,120	1,130,984	1,145,037	1,159,526	1,141,410	1,138,944
부+미혼자녀		395,772 (25.70)	392,452 (25.60)	391,434 (25.43)	384,270 (25.13)	380,731 (24.84)	373,736 (24.75)	364,651 (24.41)
	(18세 이하)	153,845	146,061	138,026	127,230	121,670	118,379	112,591
	(19세 이상)	241,927	246,391	253,408	257,040	259,061	255,357	252,060
모+미혼자녀		1,144,096 (74.30)	1,140,714 (74.40)	1,147,928 (74.57)	1,144,881 (74.87)	1,152,020 (75.16)	1,136,222 (75.25)	1,129,416 (75.59)
	(18세 이하)	291,956	278,985	270,352	256,884	251,555	250,169	242,532
	(19세 이상)	852,140	861,729	877,576	887,997	900,465	886,053	886,884

주: 통계청에서 정의하고 있는 한부모와 법정 한부모의 조작적 정의는 다름. 한부모가족지원법상 자녀 연령 기준은 18세 미만(취학 시 22세 미만. 다만 취학 중인 경우에는 22세 미만을 말하되, 병역법에 따른 병역의무를 이행하고 취학 중인 경우에는 병역의무를 이행한 기간을 가산한 연령 미만을 말함). 통계청은 미혼자녀를 양육하는 법적으로 미혼, 이혼 및 사별인 모 또는 부(원거리 거주 부부 제외). 한부모가족지원사업(여성가족부, 2024, p. 15) 안내서에서도 한부모가족 현황 분석 시 통계청의 인구주택총조사를 활용하고 있음.
출처: "인구주택총조사," 통계청, 2016-2022, MDIS. 데이터 활용하여 저자 작성.

한부모가족, 특히 일하는 한부모가족은 경제적 어려움과 돌봄이라는 시간 부족의 이중 어려움을 경험하고 있다. 한부모 가구 중 저소득 한부모 가구가 차지하는 비율은 절반으로, 이들에 대한 경제적 지원이 절실한 상황이다(배호중 외, 2021). 한부모가족은 양부모가족과 비교하면 빈곤 상태에 있는 경우가 많다. 한부모가족의 월평균 소득은 2021년 기준 월 245.3만 원으로 양부모 가구의 월평균 소득 416.9만 원의 절반을 겨우 넘는 수준이다(박미진 외, 2022). 저소득 한부모가족 중 국민기초생활보장 수급자 비중은 2021년 기준 45.8%이다(배호중 외, 2021). 한부모가족을 대상으로 자산, 부채, 지출 등을 분석한 연구에서도 한부모가족은 양부모가족보다 자산 및 부채 상태가 취약하며, 가구 소득 및 지출이 낮고, 주거 불안정, 그리고 불안정한 근로조건 등의 생활실태를 보인다고 밝히고 있다(고선강, 2018). 또한 한부모가족의 가구주 평균 연령은 43.6세로, 50대 미만이 약 85%를 차지함에 따라 가구주의 대다수가 핵심 근로연령층이다. 이들이 실업 등 생계 부재 상황에 직면할 경우 가구 빈곤화 가능성이 높아진다.

〈표 1-3〉 저소득 한부모가족 현황

(단위: 세대, 명, %)

연도별	계		모자가족		부자가족		조손가족	
	세대	세대원	세대	세대원	세대	세대원	세대	세대원
2019	182,606	453,045	143,740	356,895	37,969	94,064	897	2,086
			(78.7%)	(78.8%)	(20.8%)	(20.8%)	(0.5%)	(0.5%)
2020	184,006	457,236	145,482	361,998	37,660	93,234	864	2,004
			(79.1%)	(79.2%)	(20.5%)	(20.4%)	(0.5%)	(0.4%)
2021	185,461	463,084	146,973	367,366	37,432	93,260	1,056	2,458
			(79.2%)	(79.3%)	(20.2%)	(20.1%)	(0.6%)	(0.5%)
2022	190,421	474,194	151,733	378,176	37,381	92,964	1,307	3,054
			(79.7%)	(79.8%)	(19.6%)	(19.6%)	(0.7%)	(0.6%)

주: 한부모가족지원법에 따른 지원 대상자(국민기초생활보장 동시보장 결정 가구 포함)
출처: "2024년 한부모가족지원사업 안내," 여성가족부, 2024, 여성가족부, p. 15. 저작권 2024. 여성가족부.

〈표 1-4〉 한부모가족 가구주의 연령

구분	30대 이하 (%)	40대 (%)	50대 이상 (%)	평균 (세)
연령 비율	23.7	60.7	15.7	43.6

출처: "2021년 한부모가족 실태조사," 여성가족부, 2021, MDIS. 데이터 활용하여 저자 작성.

한부모가족은 양부모가족과 비교할 때 경제적 책임과 자녀 양육 및 가사노동으로 경제적 자원뿐 아니라 시간 자원과 관련해서도 빈곤한 상태일 가능성이 높다. 시간은 노동시장 및 일상생활에서 소득을 확보하고 행복을 추구하는 데 있어 중요하며, 시간의 분포나 활용이 소득의 확보와 밀접하게 연관되어 있다(류기락, 2019). 한부모가족의 가구주는 자녀 양육 및 가사노동 등 양육자로서의 역할을 혼자 담당해야 할 뿐 아니라, 대부분의 가구주가 가족의 생계를 책임져야 하는 노동자로서 이중적 역할을 담당하므로 시간 부족을 더 크게 지각할 가능성이 있다. 특히 일하는 한부모 가구는 경제적 어려움과 더불어 돌봄으로 인한 시간 부족이라는 이중의 어려움에 직면할 가능성이 더욱 높다. 시간 빈곤은 가구주의 노동 참여를 더욱 어렵게 함과 동시에, 괜찮은 일자리를 갖거나 교육훈련을 받을 기회를 감소시키며, 이는 결국 소득 확보와 밀접하게 연관되며, 미래를 위한 준비, 자산 축적을 어렵게 할 가능성이 높다. 또한 한부모가족 가구주의 시간 자원은 자녀의 시간 자원에도 영향을 미칠 수 있으며, 개인 및 가족의 스트레스, 우울, 불안, 건강 및 생활만족도 저하 등의 심리 및 신체적 요인에 영향을 미치는 중요한 요인이 된다(Gunthorpe & Lyons, 2004; 김외숙, 박은정, 2018).

한부모가족 가구주의 현 상황에 대한 적절한 개입이 부재할 경우 이들의 단기적 삶의 질 저하뿐 아니라 장기적으로 생애 빈곤에 빠질 위험이 증가하며, 자녀의 삶의 질에도 영향을 미칠 수 있다. 많은 연구들에서 한부모가족을 포함한 취약계층 아동에 대한 개입의 중요성을 주장하며, 개입이 아동 인적자본 형성에 영향을 준다고 밝히고 있다(김인경, 2021). 실제 이들은 경제적 어려움으로 인해 가구의 지출 재배분 과정에서 자녀와의 교육, 문화·여가를 우선적으로 고려할 가능성이 낮으며, 이는 아동의 발달 측면에 부정적으로 작용한다. 우리나라 중앙정부의 영유아 양육지원 관련 정책 예산을 살펴보면, 취약계층 영유아에 대한 양육지원과 관련된 추가적 지원은 미비한 수준이다(권성준, 윤정환, 2021). 게다가 시간 빈곤은 가구주의 노동 참여를 더욱 어렵게 함과 동시에 괜찮은 일자리를 갖거나 교육훈련을 받을 기회를 감소시키며, 이는 결국 소득 확보와 밀접하게 연관되어 미래를 위한 준비, 자산 축적을 어렵게 할 가능성이 높다. 가구소득과 부모의 노동 공급 변화로 인한 돌봄 시간은 장기적으로 아동발달에 중요한 역할을 한다(Milligan & Stabile, 2009). 따라서 경제적 어려움과 더불어 시간 사용의 유연성이 떨어지는 한부모가족에게는 금전 자원과 시간 자원을 모두 고려한 지원이 중요하다. 빈곤이란 어떤 욕구가 결핍된 상태를 의미하며(노혜진, 김교성, 2010), 욕구 충족을 위한 자원은 크게 금전 자원과 시간 자원으로 구분 가능하다는 점에서 금전 자원에 대한 지원뿐 아니라 시간 자원에 대한 지원도 중요하다.

　최근 사별, 이혼뿐 아니라 미혼, 비혼 등 다양한 형태로 자녀를 홀로 양육하는 가족이 증가하고 있다. 따라서 현재의 한부모가족 가구주를 기준으로 이들의 현황 및 지원 체계를 점검하여 기존의 보호 시급성에서 나아가 확장성에 대한 고민이 필요한 시점이다.

<표 1-5> 법적 혼인상태별 출생아 수와 비중

(단위: 천 명, %)

구분	'13	'14	'15	'16	'17	'18	'19	'20	'21	'22	'23
혼인 중의 자	426.4 (97.9)	426.3 (98.1)	430.0 (98.1)	398.2 (98.1)	350.6 (98.1)	319.5 (97.8)	295.5 (97.7)	265.3 (97.5)	252.8 (97.1)	239.3 (96.1)	219.1 (95.3)
혼인 외의 자	9.3 (2.1)	8.5 (2.0)	8.2 (1.9)	7.8 (1.9)	7.0 (1.9)	7.2 (2.2)	7.0 (2.3)	6.9 (2.5)	7.7 (2.9)	9.8 (3.9)	10.9 (4.7)

출처: "2023년 출생 통계," 통계청, 2024.8.28. 보도자료를 활용 저자 작성.

[그림 1-2] 혼인 외 출생아 수와 비중

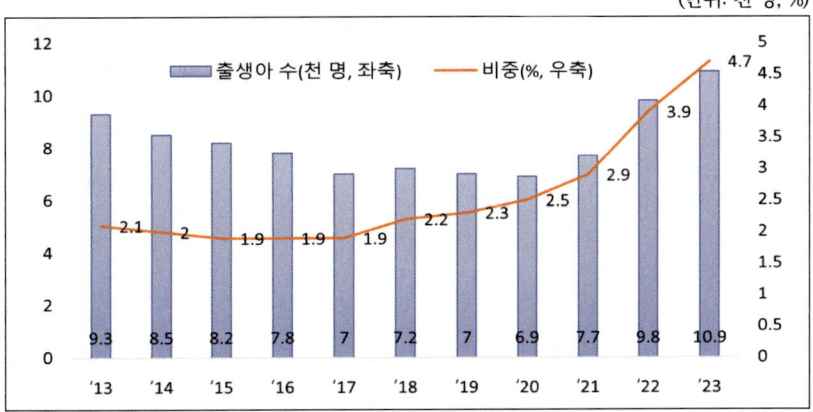

출처: "2023년 출생 통계," 통계청, 2024.8.28. 보도자료를 활용 저자 작성.

핵심 근로연령층에 해당하는 한부모 가구의 가구주를 중심으로, 생계, 노동, 일·가정 양립을 위한 시간 및 경제적 지원에 초점을 둔 이번 연구는 근로연령층 취약·위기 가구에 대한 제도 개선 논의로 이어질 수 있으며, 나아가 혼자 자녀를 양육할 수 있는 제도적 환경 조성을 통한 다양한 가족 형태를 포괄하는 정책 기반 마련에 기여할 수 있을 것으로 기대된다.

2. 연구 목적

한부모가족 지원 정책은 경제적 어려움과 시간 활용의 제약을 함께 고려한 통합적 접근이 필요하다. 특히 한부모가족에 대한 지원은 부모 개인의 자립을 위한 수단인 동시에 자녀의 안정적 성장 기반을 마련하는 역할도 함께 수행한다는 점에서, 정책 설계 시 이러한 복합적 성격을 반영할 필요가 있다. 이에 본 연구는 한부모가족의 생활 여건을 종합적으로 살펴보며, 현행 지원 체계의 한계를 분석함으로써 시간 및 경제적 자원 측면에서 실질적인 개선 방안을 도출하는 것을 목적으로 한다. 아울러 해외 주요 국가의 정책 사례와의 비교를 통해 우리나라 제도의 보완 방향을 제시하고자 한다.

제2절 연구의 내용 및 방법

[그림 1-3] 연구 절차

연구 절차	연구 내용	연구 방법
1. 쟁점 파악	〈이론적 논의〉 • 한부모가족 개념 및 문헌 분석 • 한부모가족 지원 정책 변천사 및 법적 관점에서 논의	• 문헌 연구 • 전문가 자문 및 세미나
2. 환경 분석	〈실태 분석〉 • 한부모가족 시간 및 경제적 자원 현황 및 변화 분석 〈지원 정책의 문제점 분석〉 • 이해관계자 면담(FGI) 통한 지원 정책 문제점	• 문헌 연구 • 전문가 자문 • 질적 분석 • 양적 분석
3. 정책 분석	〈지원 정책 분석〉 • 한부모가족 지원 정책 현황 • 경제적 지원 정책 분석 • 시간 지원 정책 분석	• 문헌 연구 • 전문가 자문 • 양적 분석
4. 사례 분석	〈해외 사례 분석〉 • 한부모가족 대상 해외 지원 사례 분석	• 사례 분석
5. 지원 방안	〈지원 방안 제시〉 • 한부모가족을 위한 경제적 지원 방향 • 한부모가족을 위한 시간 지원 방향	• 문헌 연구 • 사례 분석 • 전문가 자문

1. 연구 내용

제2장에서는 한부모가족에 대한 이론적·법적 배경을 살펴보고 이들을 보호하고 지원하는 현 상황에서의 문제점 및 쟁점을 파악한다. 이를 위해

한부모가족 관련 문헌 분석, 한부모가족지원법의 제·개정 과정, 이러한 과정에서의 이들에 대한 복지정책(인식) 변화, 그리고 현재 국회에 계류 중인 법안들을 살펴본다. 이러한 이론적·법적 배경에 대한 분석 및 논의를 통해 현재 이들을 둘러싸고 있는 환경 및 지원 체계들에 대한 쟁점을 파악한다.

제3장에서는 한부모가족을 둘러싼 환경에 대한 분석을 수행한다. 이들의 경제적 여건의 열악성 및 자립 기반의 취약성을 파악하기 위해 경제적 및 시간 자원 현황을 분석한다. 동시에 양부모가족과 비교해서 변화된 측면은 없는지, 과연 한부모가족의 특성이 시간이 지남에 따라 여전히 동질적인지, 이질적으로 변화되어 가고 있는지에 관해 살펴보고자 이들의 시간 및 경제적 자원의 변화를 분석한다. 그리고 제2장을 통해 파악한 쟁점을 중심으로 이해관계자의 심층 면담을 통해 지원 정책의 문제점들에 대해 살펴본다.

제4장에서는 한부모가족을 지원하는 정책을 경제적 지원 목적으로 이루어지는 정책과 자녀돌봄을 위한 시간 지원을 목적으로 이루어지는 정책으로 구분하여 이들 정책의 심층 분석을 수행한다. 한부모가족을 지원하는 정책의 현황을 살펴보고, 실제 지원되고 있는 제도에서 구조상의 문제는 없는지, 즉 현재 이들을 지원하는 정책 구조 및 체계가 이들의 안정적 생활과 더불어 자립 및 미래 삶을 위한 설계가 가능하도록 설계되어 있는지에 관해 지원 정책의 양적 분석을 수행한다.

제5장에서는 소득 지원제도와 일 연계 시간 지원제도를 중심으로 독일과 영국의 사례를 분석한다. 이를 통해 한국에서의 시사점을 살펴보고자 한다. 유럽 등 해외 국가들의 사례를 살펴보는 것은 우리나라 한부모가족의 현황과는 괴리가 존재할 수 있다. 그럼에도 만약 우리나라 한부모가족의 특성도 변화되고 있다면, 이질적 특성을 반영한 한부모들을 위한 지원

정책에 대한 고민은 필요할 것이다. 마지막 제6장에서는 앞에서 살펴본 결과들을 종합하여 한부모가족을 지원하기 위한 정책 개선 방향을 도출한다.

2. 연구 방법

본 연구에서는 양적 연구 방법과 이해관계자(당사자, 공급자) 대상 질적 연구 방법을 함께 활용한다. 질적 연구는 대표성 및 일반화 문제가 있으며, 연구자의 편견이 반영될 가능성이 높다. 양적 연구 방법은 연구 대상자의 깊은 진술 및 의견, 그리고 현상의 숨겨진 이면을 연구에 반영하기 어렵다는 단점이 있다. 따라서 본 연구에서는 양적 연구 방법과 질적 연구 방법을 모두 활용하여 연구의 균형을 맞추고자 한다.

제2장에서는 분석을 위해 문헌 분석과 전문가 자문 및 포럼을 활용한다. 제3장에서는 사회보장위원회의 사회보장행정데이터와 통계청의 생활시간조사를 활용한 양적 분석 방법을 통해 이들의 현황 및 변화를 분석한다. 그리고 한부모가족 당사자와 한부모가족 지원 정책 공급자를 대상으로 한 심층 면담을 활용한다. 제4장에서는 사회보장위원회의 사회보장행정데이터와 전문가 포럼 및 관련 통계 자료를 활용하여 지원 정책에 대한 양적 분석을 수행하며, 한부모가족 지원 정책의 수급 수준에 대한 시뮬레이션 분석을 통해 지원 정책의 구조적 문제점을 살펴보고자 한다. 제5장에서는 사례 분석을 통해 해외 사례를 분석한다.

제2장

한부모가족 지원을 위한 이론적 논의

제1절 한부모가족 개념 및 관련 문헌 분석
제2절 한부모가족을 위한 법 및 지원 정책 변천사
제3절 소결

제2장 한부모가족 지원을 위한 이론적 논의

본 장에서는 한부모가족 관련 개념, 문헌 분석, 한부모가족지원법의 제·개정 과정, 이들에 대한 지원 정책 변천사 등을 살펴본다. 이러한 이론적·법적 배경에 대한 논의를 통해 현재 이들을 둘러싸고 있는 환경과 지원 체계들에 대한 쟁점을 파악하고자 한다.

제1절 한부모가족 개념 및 관련 문헌 분석

1. 한부모가족의 개념

일반적으로 한부모가족은 부모 중 한 명과 자녀로 이루어진 가족 형태를 말한다. 이 가족 형태는 다양한 이유로 형성될 수 있으며, 주된 이유는 다음과 같다. "이혼"으로, 부모가 이혼하여 한쪽 부모가 자녀를 양육하는 경우, "사별"로, 한쪽 부모가 사망하여 나머지 부모가 자녀를 키우는 경우, "미혼모/미혼부"로, 결혼하지 않은 상태에서 자녀를 출산하고 양육하는 경우, "별거"로, 부모가 별거 상태에 있으며 한쪽 부모가 자녀와 함께 사는 경우를 말한다.

한부모가족지원법상 한부모가족에 대한 정의는 "모" 또는 "부" 어느 하나에 해당하는 자로서 아동인 자녀를 양육하는 자를 말한다. 한부모가족지원법상에서 "모" 또는 "부"의 범위는 사실상 혼인관계에 있는 "모" 또는 "부"는 제외한다.

[그림 2-1] 한부모가족지원법에서 용어의 정의

한부모가족지원법

제4조(정의) 이 법에서 사용하는 용어의 뜻은 다음과 같다.
1. "모" 또는 "부"란 다음 각 목의 어느 하나에 해당하는 자로서 아동인 자녀를 양육하는 자를 말한다.
  가. 배우자와 사별 또는 이혼하거나 배우자로부터 유기(遺棄)된 자
  나. 정신이나 신체의 장애로 장기간 노동능력을 상실한 배우자를 가진 자
  다. 교정시설·치료감호시설에 입소한 배우자 또는 병역복무 중인 배우자를 가진 사람
  라. 미혼자(사실혼(事實婚) 관계에 있는 자는 제외한다)
  마. 가목부터 라목까지에 규정된 자에 준하는 자로서 여성가족부령으로 정하는 자
1의2. "청소년 한부모"란 24세 이하의 모 또는 부를 말한다.
2. "한부모가족"이란 모자가족 또는 부자가족을 말한다.
3. "모자가족"이란 모가 세대주(세대주가 아니더라도 세대원을 사실상 부양하는 자를 포함한다)인 가족을 말한다.
4. "부자가족"이란 부가 세대주(세대주가 아니더라도 세대원을 사실상 부양하는 자를 포함한다)인 가족을 말한다.
5. "아동"이란 18세 미만(취학 중인 경우에는 22세 미만을 말하되, 「병역법」에 따른 병역의무를 이행하고 취학 중인 경우에는 병역의무를 이행한 기간을 가산한 연령 미만을 말한다)의 자를 말한다.

한부모가족지원법에서 지원 대상자의 범위는 다음과 같다. 한부모가족(모자가족 및 부자가족), 조손가족, 부모로부터 사실상 부양을 받지 못하는 아동(이혼, 유기, 행방불명, 실종, 사망, 경제적 사유 등)을 (외)조부 또는 (외)조모가 양육하는 가족, 청소년 한부모가족이다. 다만, 우리나라의 한부모가족의 지원은 한부모가족(청소년 한부모가족 포함), 조손가족으로서 가구 구성으로 인한 가구 선정 기준뿐 아니라 소득인정액 기준을 충족한 경우 한부모가족으로서의 정부 지원 여부가 결정된다. 이에 저소득 한부모가족을 대상으로 한 지원이 주를 이룬다. 해외, 특히 북유럽 국가들의 경우 소득에 관계없이 한부모가족으로서의 법적 정의가 이루어지는 것과 달리, 한국은 엄격한 소득 기준에 따라 법적 지원 여부가 결정되는 경향이 있다.

[그림 2-2] 한부모가족지원법 지원 대상자 범위

한부모가족지원법 지원 대상자 범위
「한부모가족지원법」 제5조(지원 대상자의 범위) ① 이 법에 따른 지원 대상자는 제4조 제1호·제1호의 2 및 제2호부터 제5호까지의 규정에 해당하는 자로서 여성가족부령으로 정하는 자로 한다. 「한부모가족지원법 시행규칙」 제3조(지원 대상자의 범위) 법 제5조 및 제5조의 2 제2항에 따른 지원 대상자의 범위는 여성가족부장관이 매년 「국민기초생활보장법」 제2조 제11호에 따른 기준 중위소득, 지원 대상자의 소득 수준 및 재산의 정도 등을 고려하여 지원의 종류별로 정하여 고시한다.

한부모가족의 지원 정책은 대부분 한부모가족 증명서를 기준으로 지원이 이뤄진다. 2018년 1월 1일부터 한부모가족 선정 기준(한부모가족 증명서 발급 대상)과 한부모가족 복지급여 지급 기준은 분리되어 있으며, 법정 한부모가족 지원 대상자의 선정 기준은 아래와 같다.

〈표 2-1〉 한부모가족지원법 지원 대상자 선정 기준

구분	선정 기준 (한부모가족 증명서 발급 대상)	지급 기준 (아동양육비 등 복지급여 지급 기준)
한부모가족	기준 중위소득 63% 이하	기준 중위소득 63% 이하
청소년 한부모가족	기준 중위소득 72% 이하	기준 중위소득 65% 이하

출처: "2024년 한부모가족지원사업 안내," 여성가족부, 2024, 여성가족부, p. 40의 내용을 활용하여 저자 작성. 저작권 2024. 여성가족부.

〈표 2-2〉 2024년도 한부모가족지원법 지원 대상 가구 소득인정액 기준

(단위: 원/월)

구분		2인	3인	4인	5인	6인
2024년 기준 중위소득		3,682,609	4,714,657	5,729,913	6,695,735	7,618,369
한부모 및 조손가족	63%	2,320,044	2,970,234	3,609,845	4,218,313	4,799,572
청소년 한부모가족	65%	2,393,696	3,064,527	3,724,443	4,352,228	4,951,940
	72%	2,651,478	3,394,553	4,125,537	4,820,929	5,485,226

출처: "2024년 한부모가족지원사업 안내," 여성가족부, 2024, 여성가족부, p. 3. 저작권 2024. 여성가족부.

2. 한부모가족 관련 문헌 분석

한부모가족 관련 연구들을 살펴보면 시간 흐름에 따라 연구의 주요 관점이 변화됨을 확인할 수 있다. 2000년대 초반에는 주로 한부모가족이 처한 상황을 보여주는 연구들이 주를 이루었다. 2010년대에는 한부모가족의 실태를 보여주는 연구뿐 아니라 아동양육비 및 양육비 이행 관련 쟁점과 청소년 한부모에 관한 연구가 주를 이룬다. 2020년대인 최근에는 한부모가족의 일가정 양립 현황에 관한 연구들이 주로 진행되고 있으나, 그럼에도 일하는 한부모를 위한 지원 정책에 대한 고민을 다룬 연구는 부족한 실정이다. 또한 한부모가족이 처한 상황 등에 관한 연구들은 질적 및 양적 분석을 활용하여 지속적으로 연구가 진행되어왔다. 그러나 이들의 지원 정책 활용 등 정책에 초점을 맞춘 연구들에서는 대부분 질적 연구에 그치는 한계를 보였다. 이러한 이유는 자료의 한계로 인해 통계적 수치를 근거로 한 정책 분석이 이뤄지지 못하고, 이론적 논의 및 질적 연구를 통한 제도 활용과 제도의 문제점 및 쟁점, 그리고 이를 통한 개선 방안을 마련하는 방식으로 검토가 이뤄졌기 때문으로 추측된다.

〈표 2-3〉 한부모가족 문헌 리스트

구분	문헌
법적 관점	신혜령·정재훈·김성경(2006). 한부모가족지원법안에 관한 연구 송다영(2006). 한부모가족을 위한 사회권에 대한 고찰 박복순(2008). 한부모가족을 위한 외국의 법과 정책 김은지 외(2011). 한부모가족지원 제도 법 체계화 방안 연구 장명선(2016). 한부모가족 자녀양육을 위한 법제 개선방안 이충은(2017). 한부모가족 지원정책에 관한 비교법적 고찰 최영진(2021). 한부모가족지원 정책 및 법적 과제
시간 분석	조영희(2004). 한부모가족 부모의 생활시간 분석 윤소영(2013). 한부모가족의 시간사용과 여가활동 실태분석 배윤진 외(2017). 돌봄 취약계층 맞춤형 육아지원 방안: 한부모가족 특성별 자녀 양육 실태 및 지원 방안 김외숙·박은정(2018). 한부모가족의 시간사용과 시간부족감의 성차 분석

구분	문헌
	박미진 외(2023). 한부모 가구의 일생활 균형 정책 개선방안 연구 김영아(2023). 한부모 가구주의 노동시장 참여에 관한 연구
경제적 자원 분석	김학주(2006). 유자녀가구 유형별 빈곤의 사회경제적 특성연구 김진욱(2010). 한부모 가구의 빈곤과 소득이전-양부모가구와의 비교 송치호·여유진(2010). 한부모가구와 양부모가구 간 빈곤율 차이에 대한 요인분해 고선강(2014). 한부모가계의 자산과 부채상태: 남성가구주와 여성가구주 가계의 차이 정이윤(2016). 한부모가족의 경제적 취약성과 사회적 포용 정책현황과 과제 최하영·민혜영(2020). 여성 한부모의 종사상지위와 빈곤지위 결정요인 분석 이혜정 외(2021). 한부모가족 빈곤위험의 젠더격차와 영향요인 박미진 외(2022). 한부모가족의 다차원적 빈곤과 젠더 격차 개선방안 연구
정책 분석 및 국제 비교	강지원(2009). 국제비교를 통해서 본 한국의 한부모가족정책 김종일(2011). 한부모에 대한 활성화 정책의 국제 비교 김승권·김유경·박정윤·김연우·최영준(2011). 취약위기 및 한부모가족 지원체계 　　　　　　　　　　　　　　　구축과 자립지원 방안 연구 김승권·김연우(2012). 한부모가족정책의 실태와 정책제언 김은지·황정임(2013). 저소득 한부모가족 아동양육비 지원체계에 대한 국제비교 　　　　　　　연구: 공공부조와 가족급여 김정현(2013). 복지국가 유형별 저소득 여성한부모가족에 대한 노동권과 모성권 　　　　　　지원정책 비교연구 한정원(2014a). 한부모가족의 젠더 분석을 통한 성인지 정책 모색 한정원(2014b). 한부모가족지원사업의 효과성 연구: 심층면접을 중심으로 송효진 외(2015). 한부모가족지원 개선방안 연구 이종택·심미승(2015). Gilbert & Terrell 분석틀을 활용한 한부모가족지원사업에 　　　　　　　　관한 연구 김영정·김성희(2017). 서울시 한부모 가구의 일·가족 양립 지원방안 박복순 외(2018). 양육비 이행지원 강화방안 연구 김은지 외(2019). 한부모가족지원 분석 및 개선방안 연구 윤동경·김연옥(2019). 한부모가족 지원정책 비교연구: 한국, 프랑스, 스웨덴, 일 　　　　　　　　본의 미혼모관련 지원정책을 중심으로 김은지 외(2019). 양육지원체계 개편방안 연구 배호중 외(2020). 자녀양육비 가이드라인 마련 연구
기타	신윤정 외(2012). 청소년 한부모가족 종합대책 연구 I: 청소년 한부모가족 지원 　　　　　　정책 국가비교 연구 김지연 외(2013). 청소년 한부모가족 종합대책 연구 II: 총괄보고서 박상원(2018). 한부모 가족복지 정책에 대한 평가 연구: 김대중, 노무현 및 이명박 　　　　　정부 간 비교를 중심으로 김영정·구화진(2019). 청소년 한부모 권리보장과 사회적 지지체계 조성방안 성정현 외(2019). 민간 한부모지원단체의 활동현황과 방향성 모색에 대한 연구 이혜정·송다영(2019). 이혼한 한부모여성의 생애사 연구 김병인 외(2021). 한국 한부모 여성의 돌봄권, 최저소득과 돌봄시간 보장의 차원: 　　　　　　　국제비교를 통한 탐색적 접근 김인경(2021). 양부모가족에서 한부모가족으로의 가족 유형 변화와 아동의 발달 장수정(2021). 한부모 정책 패러다임 전환에 대한 연구

또한 이들을 보호하고 지원하기 위해 한부모가족의 상황과 정책적 관점을 연계·집중하여 살펴보고 실질적인 개선 방안을 도출하고자 한 연구는 여전히 부족하다. 이 중에서 한부모가족이 겪는 시간 및 경제적 문제의 특성에 관한 연구들은 다수 진행되었으나, 이를 연계하여 함께 살펴보고자 한 연구는 소수이다. 이는 일-생활 균형 제도가 사실상 한부모 가구에서는 활용하기 어려울 것으로 추측됨에 따른 것일 수도 있고, 전술하였듯 자료의 한계로 인해 한부모 가구의 직접적인 일-생활 균형 제도에 대한 활용 수준을 검토하는 연구가 쉽지 않았기 때문일 것이다.

본 연구는 일하는 한부모가족이 겪는 경제적 및 시간적 문제의 특성, 이에 대응하기 위한 정책의 현황과 문제점, 그리고 해외 지원 정책 사례 분석 등을 종합적으로 살펴보고자 한다. 최근 사회보장행정데이터 이용이 가능해짐에 따라 본 연구에서는 기존 연구들에서 살펴보지 못한 지원 정책들의 활용 수준을 양적 자료를 사용하여 검토하고자 한다. 따라서 본 연구는 한부모가족 지원 정책 분석에 있어 양적 분석과 질적 분석을 균형있게 활용하여 지원 정책의 문제점 및 개선 방안을 도출하고자 한다.

〈표 2-4〉 본 연구주제 관련 주요 선행연구 정리

구 분	선행연구와의 차별성		
	연구 목적	연구 방법	주요 연구 내용
주요 선행 연구	장명선 (2016) 한부모가족 자녀양육을 위한 법제 개선방안 한부모가족 자녀양육에 관한 법제 개선 방안 마련	현황 및 문헌 분석	한부모가족지원법 및 양육비이행 확보 및 지원에 관한 법률의 주요 내용과 문제점을 검토하여 개선 방안을 제시
	김외숙, 박은정 (2018) 한부모가족의 시간사용과 시간부족감의 성차 분석 한부모가족의 가구주 성별에 따른 시간사용 및 시간 부족감 실태 분석	생활시간조사를 활용한 양적 분석	남성 한부모와 여성 한부모의 시간사용 실태와 시간 부족감 차이 분석
	배호중 외 (2020) 자녀양육비 가이드라인 마련 연구 자녀양육비 가이드라인 최신화	양적 분석	유자녀 부부의 이혼 과정에서 자녀양육비 판결의 참고자료로 활용할 수 있는 자녀양육비 가이드라인 최신화

구 분	선행연구와의 차별성		
	연구 목적	연구 방법	주요 연구 내용
	김인경 (2021) 양부모가족에서 한부모가족으로의 가족 유형 변화와 아동의 발달 한부모가족으로의 가족 유형 변화가 아동 발달에 미친 영향을 분석	양적 분석	양부모가족에서 한부모가족으로의 가족 유형 변화가 아동발달에 미친 영향을 분석함으로써 아동의 관점에서의 영향 분석
	최영진 (2021) 한부모가족지원 정책 및 법적과제 한부모가족지원법의 주요 내용을 살펴보고 법적 과제를 제시	문헌 분석	우리나라 한부모가족지원법의 주요 내용을 해외 사례와 비교하며, 법적 과제를 제시함.
	배호중 외 (2021) 2021년 한부모 가족 실태조사 한부모가족의 실태와 현황에 대한 통계치 생성	실태조사	한부모가족의 실태와 현황에 대한 객관적 통계치 제공
	김영아 (2023) 한부모가구주의 노동시장 참여에 관한 연구 한부모가구주의 노동시장 참여 특성을 살펴보고 고용정책에 대한 시사점 제시	양적 분석 질적 분석	한부모가족 가구주의 노동시장 참여 특성을 살펴보고 일·가정 양립 차원 관점에서의 고용정책 시사점 도출
	박미진 외 (2022) 한부모가족의 다차원적 빈곤과 젠더 격차 개선방안 연구 한부모가족의 빈곤 실태 분석	한국복지패널, 생활시간조사를 활용한 양적 분석 질적 분석	소득, 자산, 주거, 노동, 건강 다섯 가지 영역의 다차원 빈곤 분석
	박미진 외 (2023) 한부모 가구의 일-생활 균형 정책 개선방안 연구 한부모 가구의 일-생활 균형 현황을 살펴보고 정책 방안 모색	양적 분석 심층 분석	노동시장 중심으로 한부모 가구주의 일-생활 균형 실태 분석 생활시간 중심으로 한부모 가구주의 일-생활 균형 실태 분석
	Nieuwenhuis & Maldonado (2018) The triple bind of single-parent families: Resources, employment and policies to improve wellbeing	양적, 질적 분석	교육 수준, 물질적 박탈, 소득 빈곤 등의 자원에 대한 분석과 고용에 관한 종합적 분석, 그리고 재분배 정책에 대한 논의
본 연구	한부모가족 가구주의 시간 및 경제적 자원 실태 지원 정책 심층 분석 해외 사례 분석 개선 방향 마련	문헌 분석 질적 분석 양적 분석 해외 사례 분석	한부모가족 가구주의 시간 자원 및 경제적 자원 실태, 그리고 시간·경제적 결합 분석을 통한 기초 자료 생성 이를 바탕으로 시간 및 경제적 지원을 함께 고려한 지원 정책 분석 및 정책 대안 제시를 목적으로 실질적 개선 방향을 제시하고자 함.

제2절 한부모가족을 위한 법 및 지원 정책 변천사

한부모가족지원법과 지원 정책의 변천사를 통해 한부모가족에 대한 사회적 인식(복지 인식)이 어떻게 변화되었는지 확인할 수 있다. 우리나라에서 한부모가족을 보호하기 위한 법적 근거는 생활보호법에 근거한 영세 모자가정 지원에서 시작되었다. 그리고 모자복지법, 2003년 모·부자복지법을 거쳐, 2008년부터 한부모가족지원법으로 한부모가족이 안정적인 가족 기능을 유지하고 자립할 수 있도록 지원하기 위한 별도 법제가 마련되었다. 한부모가족 지원을 위한 법률인 「한부모가족지원법」은 1989년 제정된 이래 2024년 5월 기준 28번의 개정(18번의 일부개정)이 있어 왔다(박광동, 2024.5.29[2]). 「한부모가족지원법」의 개정은 주로 시설에 대한 제도 개선, 사각지대의 해소, 지원 대상자 범위 확대 및 선정 등의 명확화 도모, 입소자 권익 보호 등이 중요 내용으로 되어 있다.

2000년대 이전에는 모자가정에 대한 지원 필요성에 대해 인지하기 시작하며, 저소득 모자가정에 대한 지원을 중심으로 사업지원이 시작되는 시기임을 알 수 있다. 2000년대는 모자가정에서 다양한 형태의 한부모가족 지원 대상자 발굴 및 지원을 위해 노력한 시기로 볼 수 있다. 2010년대는 경제적 지원에 대한 양적 수준이 확대되기 시작하며, 이들에 대한 경제적 지원뿐 아니라 주거 및 건강 등 다양한 측면에서의 지원에 대한 필요성을 인식하기 시작하였음을 추측할 수 있다. 그리고 2020년 이후인 최근에는 지속적으로 경제적 지원 확대와 더불어 사각지대 해소, 그리고 한부모가족 지원에 대한 합목적성 제고 측면에서의 변화를 위한 노력을 하고 있음을 알 수 있다.

---

2) 본 과제의 일환으로 진행된 제2차 전문가 세미나 "한부모가족을 위한 지원 법 현황 및 법적 과제 연구" 자료를 참고하여 작성하였음(박광동, 2024.05.29.).

제2장 한부모가족 지원을 위한 이론적 논의 29

〈표 2-5〉 한부모가족지원법 및 사업 연혁(2000년대 이전)

연혁	한부모가족지원법 제·개정 이유	사업 추진 내용
1955		-1955년 모자보호시설을 설치하여 전쟁피해 한부모가족 보호·지원
1960 ~ 1989		-산업화·도시화·핵가족화 등 사회 구조변화와 함께 이혼, 별거, 사별 등의 원인으로 모·부자 가정 증가 -생활보호법, 아동복지법, 국가유공자의 예우에 관한 법률 등에서 모·부자가정을 부분적으로 지원
1989	「모자복지법」[법률 제4121호, 1989. 4. 1., 제정] -날로 도시화·공업화·핵가족화되고 있는 오늘날의 산업사회는 배우자와의 사별, 이혼, 유기, 별거 등의 사유로 배우자가 없거나 배우자가 있어도 폐질·불구 등으로 장기간 근로 능력을 상실하여 여성이 생계의 책임을 지는 모자가정이 날로 격증하고 있는바, 이들 모자가정이 **자립자활할 수 있도록 생계보호·교육보호·생업자금융자·주택제공** 등을 통하여 모자가정의 건강하고, 문화적인 생활을 보장하려는 것임.	-모자복지위원회 설치 -아동교육비, 아동부양비 등 복지급여 지급 -생업자금 등 복지자금 대여 -모자보호시설, 미혼모시설 등 모자복지시설 규정
1992 ~ 1998	「모자복지법」[법률 제5612호, 1998. 12. 30., 일부개정] -운영실적이 저조한 모자복지위원회를 폐지하고, 국가·지방자치단체, 사회복지법인 및 비영리법인외에 **개인도 모자복지시설을 설치·운영할 수 있도록** 하는 등 현행제도의 운영상 나타난 일부 미비점을 개선·보완 하려는 것임.	-저소득 모자가정에 대한 지원 중심으로 이뤄짐. ·'92 저소득 모자가정 자녀에 대한 학비 및 아동양육비 지원, '95 저소득 부자가정 자녀 지원 ·'95 저소득 모부자가정 생업기반조성 위한 장기저리 복지자금 대출사업 실시 -'98 모자복지위원회 폐지 등

출처: (좌) "한부모가족 지원법," 법제처, 2024, 국가법령정보센터, 2024. 5. 31. 검색; "한부모가족을 위한 지원 법 현황 및 법적 과제," 박광동, 2024. 05. 29., 한국보건사회연구원. 저작권 2024. 한국보건사회연구원; (우) "2024년 한부모가족지원사업 안내," 여성가족부, 2024, 여성가족부의 내용을 활용하여 저자 작성. 저작권 2024. 여성가족부.

〈표 2-6〉 한부모가족지원법 및 사업 연혁(2010년 이전)

연혁	한부모가족지원법 제·개정 이유	사업 추진 내용에 따른 복지 인식 변화
2001 ~ 2005	「모·부자복지법」[법률 제6801호, 2002. 12. 18., 일부개정] -**현행 모자복지법에서는 배우자를 상실한 여성, 노동능력을 상실한 배우자를 가진 여성, 미혼여성, 기타 보건복지부령이 정하는	-경제적 지원 확대 · 아동양육비 ('01)월 16,000원→('04) 월 20,000원→('05)월 50,000원 · '23 복지자금 대출 보증조건 완화 및 손실보전료 국고 지원

연혁	한부모가족지원법 제·개정 이유	사업 추진 내용에 따른 복지 인식 변화
	여성이 세대주(세대원을 사실상 부양하고 있는 자를 포함함)인 모자가정에 대해서만 국가 등이 경제적·사회적 지원을 하도록 하고 있으나, 앞으로는 이를 확대하여 같은 조건의 남성이 세대주인 부자가정에 대하여도 지원하도록 하려는 것임.	-부자가정에 대한 보호 및 지원 시작 · '02 남성 세대주인 부자가정에 대해 지원, 부자보호시설과 부자자립시설을 복지시설에 추가 -진행 연구 · '01 여성한부모가족을 위한 사회적 지원 방안 · '02 복지정책의 양성평등 효과성 제고 및 대안 연구 · '05 적정한 양육비의 산정 및 확보방안에 관한 연구, 미혼모부자 종합대책에 관한 연구 -'05 관련 업무 보건복지부에서 여성가족부로 이관
2006	「모·부자복지법」[법률 제8119호, 2006. 12. 28., 일부개정] -외국인 배우자와 그 아동의 복지를 증진하기 위하여 국내에 체류하고 있는 외국인 중 대한민국 국민과 혼인하여 대한민국 국적의 아동을 양육하고 있는 자도 이 법에 따른 보호 대상자가 되도록 하고, 미혼모자시설을 미혼모자시설로 변경하여 미혼모뿐만 아니라 그 아동에 대한 보호·양육이 이루어질 수 있도록 하며, 공동생활가정을 설치하여 아동양육 등 독립적인 생활이 어려운 미혼모자가정, 모·부자가정 및 미혼모가정을 지원하려는 것임.	-사각지대에 있던 취약 아동에 대한 지원 확대 · 외국인 중 대한민국 국민과 혼인한 대한민국 국적 아동을 지원 대상자로 포함 · 미혼모·부가 5세 이하 아동을 양육할 경우 복지급여 추가 지원 · 미혼모자시설로 변경하여 아동에 대한 보호·양육 강화 · 독립적 생활이 어려운 미혼모자가정, 모·부자가정 및 미혼모가정 지원
2007 ~ 2010	[법률 제8655호, 2007. 10. 17., 일부개정] -제명을 「한부모가족지원법」으로 변경하고, 자녀가 취학 중인 경우 자립 능력이 갖추어지지 아니한 상태로 학비 등으로 인한 생활비 지출이 증가될 수 있는 시기라는 점을 고려하여 자녀가 취학 중인 때에는 22세 미만까지 확대하여 지원하도록 하며, 65세 이상의 고령자들과 손자녀로 구성되어 있는 조손가족의 경우도 이 법에 따른 보호 대상자로 함으로써 조손가족의 생활 안정과 복지 증진을 도모하는 한편, 법 문장을 원칙적으로 한글로 적고, 어려운 용어를 쉬운 용어로 바꾸며, 길고 복잡한 문장은 체계 등을 정비하여 간결하게 하는 등 국민이 법 문장을 이해하기 쉽게 정비하려는 것임.	-자녀 양육을 위한 지원 확대 (2007) · 한부모가족지원법으로 개정 · 조손가족을 보호 대상으로 포함 · 자녀 연령 확대(취학 중인 자녀는 20세 미만에서 22세 미만으로 확대)에 따른 지원 기간 연장 · 자녀 양육비 이행 확보를 위한 무료법률구조사업 실시(1월~) (2008~2009) · 아동양육비 지원 대상 확대 ('08)만 8세 미만→('09)만 10세 미만→('10)만 12세 미만 -청소년 한부모 자립 지원 사업 도입·시행 · 만 24세 이하 청소년 한부모 양육 자립 지원

연혁	한부모가족지원법 제·개정 이유	사업 추진 내용에 따른 복지 인식 변화
	[법률 제10302호, 2010. 5. 17., 일부개정] -한부모가족복지시설이 정당한 사유 없이 한부모가족의 입소보호 수탁을 거부한 경우 종전에는 100만 원 이하의 벌금에 처하던 것을 300만 원 이하의 과태료로 전환하여 법 위반에 대한 처벌의 합리성을 높이는 한편, 양벌 규정에 대한 헌법재판소의 위헌 결정(헌재 2007. 11. 29. 2005헌가10) 취지에 맞게 관련 규정을 정비하려는 것임.	· 아동 양육·의료비, 검정고시학습비, 자산형성계좌 지원 -진행 연구 · 이혼 후 자녀 양육 실태에 관한 연구 · 모부자복지시설 운영모델 개발 기초연구 · 교과서 속에 나타난 다양한 가족 차별 사례 및 개선 방안 연구 · 조손가족 실태조사 및 지원 방안 연구 -'08 여성가족부에서 보건복지가족부로 이관

출처: (좌) "한부모가족 지원법," 법제처, 2024, 국가법령정보센터, 2024. 5. 31. 검색; "한부모가족을 위한 지원 법 현황 및 법적 과제," 박광동, 2024. 05. 29., 한국보건사회연구원. 저작권 2024. 한국보건사회연구원; (우) "2024년 한부모가족지원사업 안내," 여성가족부, 2024, 여성가족부의 내용을 활용하여 저자 작성. 저작권 2024. 여성가족부.

〈표 2-7〉 한부모가족지원법 및 사업 연혁(2020년 이전)

연혁	한부모가족지원법 제·개정 이유	사업 추진 내용에 따른 복지 인식 변화
2011	[법률 제10582호, 2011. 4. 12., 일부개정] -실제 설치·운영되지 않고 존치 필요성이 낮은 한부모가족복지상담소에 대한 규정을 정비하고, 한부모가족복지시설의 종류가 지나치게 세분화되어 있고 하나의 복지시설이 하나의 지원기능만을 수행하고 있어 그 보호 대상자의 수요에 적절하게 부응하지 못하는 문제점이 있으므로 유사한 기능을 수행하고 있는 한부모가족복지시설을 그 지원 대상을 기준으로 재분류하여 한 종류의 복지시설에서 여러 가지 지원을 함께 제공할 수 있도록 함으로써 한부모가족의 생활 안정과 복지 증진에 이바지하려는 것임.	-청소년 한부모 자립 지원 사업 확대 · 아동양육비 금액 상향 월 10만 원→월 15만 원, 자립촉진수당 월 10만 원 신설(아동의료비, 자산형성계좌지원(신규가입)은 폐지 -저소득 한부모가족 복지 지원 확대 · 복지자금 대여 확대 · 연령 초과 자녀 있는 경우에도 나머지 가족 구성원 보호 -한부모가족복지시설 유형 개편
2012 ~ 2016	[법률 제11291호, 2012. 2. 1., 일부개정] -법원이 이혼 판결 시 활용할 수 있도록 자녀양육비 산정을 위한 "자녀양육비 가이드라인"을 마련하도록 하고, 복지 급여 사유의 발생·변경 또는 상실을 확인하기 위하여 조사 및 관계 기관에 대한 자료 요청의 근거를 신설하며, 공무원 등이 복지 급여 사유의 발생·변경 또는 상실을 확인하는 과정에서 알게 된 개인 정보를 누설하는 경우 처벌하는 규정을 마련함. [법률 제11674호, 2013. 3. 22., 일부개정] -국가와 지방자치단체로 하여금 한부모가족에 대한 사회적 편견과 차별을 예방하고, 사회구성원이 한부모가족을 이해하고 존중할 수 있도록 교육 및 홍보 등 필요한 조치를 하도록 함으로써	-한부모가족 아동양육비 지원 확대 · 중고등학생 학용품비 연 5만 원 신규 지원('12) · 조손가족 및 미혼 한부모가족(만 25세 이상) 5세 이하 아동 추가 양육비 월 5만 원 신규 지원('12) · 한부모가족 복지시설 입소 가구 생활보조금 월 5만 원 신규 지원('12) · 아동양육비 지원 단가 인상('12) 월 5만 원→('13)월 7만 원→('15)월 10만 원 -한부모가족 복지시설 지원 -한부모가족의 생활 안정을 위한

연혁	한부모가족지원법 제·개정 이유	사업 추진 내용에 따른 복지 인식 변화
	한부모가족의 권익을 증진하고 한부모가족에 대한 사회의 관심과 이해를 높이려는 것임. [법률 제12330호, 2014. 1. 21., 일부개정] -최근 이혼, 사별, 미혼부모, 별거 등으로 인한 급속한 가족환경의 변화로 한부모가족이 급증하는 추세에 따라 **한부모가족에 대한 지원을 강화함**으로써 한부모가족의 생활 안정과 복지 증진에 기여하고자 함. [법률 제14069호, 2016. 3. 2., 일부개정] -한부모가족복지시설의 장은 한부모가족복지시설을 폐지하거나 그 시설의 운영을 일시적으로 중단하는 경우에는 해당 시설 입소자의 권익을 보호하기 위한 조치를 취하도록 하고, 지방자치단체의 장은 한부모가족복지시설의 폐지 또는 휴지의 신고를 받은 경우 한부모가족복지시설의 장이 입소자의 권익 보호 조치를 취하였는지 여부를 확인하도록 하며, 한부모가족복지시설이 사업의 정지 또는 폐지나 시설의 폐쇄 명령을 받은 경우에는 지방자치단체의 장이 해당 시설 입소자의 권익을 보호하기 위하여 필요한 조치를 하도록 함으로써 **한부모가족복지시설 입소자의 권익을 보호**하려는 것임. [법률 제14448호, 2016. 12. 20., 일부개정] -한부모가족에 대한 사회적 편견과 차별을 예방하기 위하여 **교육부장관 등은 각급 학교에서 한부모가족 관련 교육을 실시**하도록 하고, **국가와 지방자치단체**는 한부모가족 지원 관련 업무에 종사하는 공무원에게 한부모가족에 대한 이해 증진과 전문성 향상을 위한 **교육**을 실시할 수 있도록 하는 한편, 아동·청소년 보육·교육을 실시함에 있어서 **한부모가족 구성원인 아동·청소년을 차별하여서는 아니 된다는 원칙을 명시**하려는 것임.	지원 강화 · 복지급여 압류방지 통장 개설, 청소년 한부모 자산형성계좌 지원 근거 신설 · 병역의무 이행 기간 가산한 연령 미만 지원('14) · 법원 연계 이혼위기가족 회복지원 사업 · 공동생활가정형(매입임대주택) 주거지원 사업 시행 -국민기초생활보장사업 맞춤형 급여 개편에 따른 기준 중위소득 도입('16)
2017 ~ 2019	[법률 제15212호, 2017. 12. 12., 일부개정] 현행은 전체 한부모가족에 대한 표본조사 형식 -실태조사만 시행되고 있어 청소년 한부모에 대한 유의미한 결과를 도출하는 데 한계가 있으므로 **한부모가족에 대한 전반적인 실태조사 외에 필요한 경우 청소년 한부모 등에 대한 실태를 조사·연구할 수 있도록** 하는 한편, 만 24세 이하 저소득 청소년 한부모와 한부모가족의 생활 안정과 복지 증진을 위하여 생계비·아동양육비·검정고시학습비 등의 복지 급여 제공과 자립을 위한 자금 대여 및 고용 지원 등을 실시하고 있으나, 청	-한부모가족 아동양육비 지원 확대 · ('17)월 12만 원→('18)월 13만 원→('19)월 20만 원 · 지원연령 상향 ('17)13세 미만→('18)만 14세 미만→('19)만 18세 미만 -청소년 한부모 지원 확대 · 청소년 한부모 아동양육비 지원 단가 인상 ('17)월 17만 원→('18)월 18만 원→('19)월 35만 원 · 청소년 한부모 자립지원촉진수

연혁	한부모가족지원법 제·개정 이유	사업 추진 내용에 따른 복지 인식 변화
	소년기에 미혼모나 미혼부가 되어 친족의 도움 없이 홀로 자녀의 양육과 생계를 책임지고 있는 저소득 청소년 한부모가족의 경우 어려운 가정형편과 불규칙한 생활패턴 등으로 인하여 건강 위협요인에 노출되는 경우가 많아 이들에 대한 건강 지원 방안을 추가로 마련하기 위하여 **국가와 지방자치단체가 청소년 한부모의 건강상태 확인과 질병 예방을 위하여 건강진단을 실시할 수 있도록** 하려는 것임. [법률 제15355호, 2018. 1. 16., 일부개정] -국가와 지방자치단체가 한부모가족의 권익과 자립을 지원하기 위한 여건을 조성하고, 이를 위한 시책을 수립·시행하도록 하며, **지원 대상자 발굴을 위하여 필요한 자료 또는 정보의 제공과 홍보에 노력**하도록 하고, 이혼 등으로 현재 혼인관계에 있지 아니하거나 미혼인 자가 출산 또는 출산 후 양육 등에 있어서 경제적 어려움을 겪을 경우 **미혼모자가족복지시설을 이용할 수 있도록 이용 범위를 확대**하며, 한부모가족에 대하여 정보 및 체계적인 상담 서비스를 제공하기 위한 **한부모가족 상담전화의 설치 근거를 마련**하는 등 한부모가족 지원에 필요한 제도적 미비점을 보완하려는 것임. [법률 제15989호, 2018. 12. 18., 일부개정] -한국여성재단의 연구보고서에 따르면 출산 이후 건강상태가 악화되었다고 응답한 양육미혼모의 비율이 59.1%에 달하는 데 비해 월 평균 의료비 지출은 67.3%가 1만 원 미만이라고 답하여 건강 상태에 비해 의료비 지출이 크지 않은 것으로 조사되는 등 저소득 양육미혼모의 신체적·정신적 건강관리가 매우 열악한 상황인바, **국가와 지방자치단체가 미혼모·부와 그 자녀가 건강하게 생활할 수 있도록 건강관리를 위한 지원을 할 수 있도록** 하고, **현재 미혼모자가족복지시설 운영비에서 '미혼모 특수치료비' 항목으로 의료비를 지원하고 있으나, 법적 근거가 미흡한 실정이므로 지원 근거를 법률에 명시하는 한편, 미혼모가 출산한 자녀에 대한 의료비도 지원할 수 있도록** 함으로써 **의료복지 사각지대를 해소**하려는 것임.	당 지원 대상 확대 ('17)생계·의료급여 수급가구→('18)기준 중위소득 60% 이하 -복지시설 지원 및 주거지원 사업 확대 ·한부모가족복지시설 아이돌봄서비스 지원사업 신규 추진 ·공동생활가정형 주거지원 사업 입주 기간 확대 -건강관리 지원 ·건강관리 지원 근거 신설('19)

출처: (좌) "한부모가족 지원법," 법제처, 2024, 국가법령정보센터, 2024. 5. 31. 검색; "한부모가족을 위한 지원 법 현황 및 법적 과제," 박광동, 2024. 05. 29., 한국보건사회연구원. 저작권 2024. 한국보건사회연구원; (우) "2024년 한부모가족지원사업 안내," 여성가족부, 2024, 여성가족부의 내용을 활용하여 저자 작성. 저작권 2024. 여성가족부.

<표 2-8> 한부모가족지원법 및 사업 연혁(2020년 이후)

연혁	한부모가족지원법 제·개정 이유	사업 추진 내용
2020 ~ 현재	[법률 제17540호, 2020. 10. 20., 일부개정] -다문화 한부모가족 지원의 사각지대를 해소하고, 한부모가족 지원 대상자가 「국민기초생활 보장법」 등 다른 법령에 따라 지원을 받은 경우에도 이 법에 따른 아동양육비를 지급할 수 있도록 하며, 경제적·사회적 자립 기반이 마련되지 못한 청년층 한부모의 양육 부담을 덜기 위해서 추가 아동양육비 지급 대상을 확대하는 한편, 여성가족부장관으로 하여금 한부모가족의 생활 안정과 복지 증진을 위하여 기본계획 및 연도별 시행계획을 수립하도록 하고, 민원의 투명하고 신속한 처리와 일선 행정기관의 적극행정을 유도하기 위하여 신고 민원의 처리 절차를 명확하게 규정하려는 것임. [법률 제19340호, 2023. 4. 11., 일부개정] -한부모가족복지시설을 출산지원시설, 양육지원시설, 생활지원시설, 일시지원시설로 구분하여 시설 유형을 기능 중심으로 개편하고, 부(父)의 입소가 불가능한 일시지원시설에 대하여 부도 입소할 수 있도록 하는 등 현행 제도의 운영상 나타난 일부 미비점을 개선·보완함.	-의료비 지원 · 미혼모자가족복지시설 입소자 의료비 지원 사업 신규 추진('20) -한부모가족 경제적 지원 확대 · 한부모가족 복지급여 및 증명서 지원 소득기준 상향 · 학용품비 인상('20)연 5.41만 원→('21)연 8.3만 원 · 만 25세 이상 34세 이하 한부모 자녀 대상 추가 아동양육비 지원 · 한부모가족 아동양육비 지원단가 및 연령 상향('24) 21만 원, 18세 미만이나 고등학교 재학 중인 경우 22세 미만 -한부모가족 지원에 대한 합목적성 제고 · 생계급여 지원 한부모 대상 아동양육비 지원('21.5) 월 10만 원→('22)월 20만 원 · 한부모가족 지원 시 근로·사업소득 30% 공제 적용('22)→확대 ('23)24세 이하 40만 원+30% 공제→('24)29세 이하 40만 원+30% 공제 · 긴급복지 생계지원을 받는 한부모가족 대상 아동양육비 지원('22.8) -사각지대 해소 · 한부모가족 증명서 발급 절차 간소화('20) · 부모 국적 관계없이 대한민국 국적 아동을 양육하는 모 또는 부라면 외국인도 지원 대상자로 선정 가능 -복지시설 입소기준 완화

출처: (좌) "한부모가족 지원법," 법제처, 2024, 국가법령정보센터, 2024. 5. 31. 검색; "한부모가족을 위한 지원 법 현황 및 법적 과제," 박광동, 2024. 05. 29., 한국보건사회연구원. 저작권 2024. 한국보건사회연구원; (우) "2024년 한부모가족지원사업 안내," 여성가족부, 2024, 여성가족부의 내용을 활용하여 저자 작성. 저작권 2024. 여성가족부.

현재 국회에 계류되어 있는 법령안을 통해 한부모가족 지원법 및 지원 정책에 관한 문제의식 및 한계점을 파악할 수 있다.

〈표 2-9〉 국회 계류 법령안

제안일	주요 내용
[2123602] 한부모가족 지원법 일부개정 법률안 (최혜영 의원 등 18인)	- 현행 법령에 따르면 국가·지방자치단체는 청소년 한부모의 학업을 위하여 학적 유지를 위한 지원, 평생교육시설에 대한 교육비 지원, 학업에 어려움을 겪는 학생 지원, 자녀돌봄 지원 중 어느 하나에 해당하는 지원을 청소년 한부모의 선택에 따라 할 수 있음. 그러나 학업 지속을 위한 교육 지원과 자녀돌봄 지원은 지원 방식과 성격이 상이함에도 불구하고 선택에 따라 한 가지만을 지원할 수 있도록 규정되어 있어, 학업 과정에서 발생하는 어려움 해소에 충분히 기여하기 어렵다는 지적이 제기됨. 이에 **청소년 한부모에 대하여 교육비 지원과 자녀돌봄 지원을 모두 시행할 수 있도록 규정**하여 청소년 한부모의 학업과 양육의 병행을 보다 두텁게 지원하려는 것임(안 제17조의 2).
[2123339] 한부모가족 지원법 일부개정 법률안 (신현영 의원 등 12인)	- 현행법에는 미성년, 배우자의 학대 또는 사망, 미혼 등 다양한 사유로 인해 임신·출산·양육에 어려움을 겪는 위기임산부들을 위한 종합적인 지원체계는 마련되어 있지 않음. 미혼모·미혼부 등 한부모가족에 대한 지원체계만 운영되고 있어, 위기임산부는 제도의 사각지대에 방치되어 있다는 지적이 있음. 임신 상황을 유지하기 어려운 위기임산부들의 영아 유기, 영아 살해 등 안타까운 사건이 지속적으로 발생하고 있어, 위기임산부들이 안정적인 환경에서 출산 및 양육을 할 수 있는 체계적인 국가 지원체계 구축이 필요함. 이에 「한부모가족지원법」을 「위기임산부 및 한부모가족지원법」으로 지원 대상 범위를 확대하여 위기임산부에 대한 국가 책임을 규정하고, 위기임산부와 관련한 기본계획 수립, 실태조사, 고용지원 연계, 상담지원, 위기임산부지원센터 지정·운영 등을 통해 위기상황에 처한 임산부들을 두텁게 지원하고자 함.
[2122149] 한부모가족 지원법 일부개정 법률안 (김영주 의원 등 20인)	- 국가교육통계센터의 교육통계서비스는 초·중·고의 학업중단 통계를 수집, 관리, 생산하는 교육기본통계 조사임. 또한 여성가족부에서 한부모가족 지원을 위해 3년마다 실태조사를 실시하고 있으며, 필요한 경우 청소년 한부모 등에 대한 실태조사·연구하고 있음. 그러나 청소년 한부모의 임신, 출산 사유로 인한 학업중단 현황 자료가 없어 청소년 한부모에 대한 실태를 제대로 파악하지 못하고 있음. 이에 **청소년 한부모의 학업중단 원인을 명확히 파악하기 위하여 여성가족부장관으로 하여금 교육부장관과 협의하여 실태조사를 실시하도록** 하려는 것임(안 제6조 제2항 신설 등).
[2118447] 한부모가족 지원법 일부개정 법률안 (한준호 의원 등 15인)	- 현행법에 따르면 국가 또는 지방자치단체는 한부모가족의 모 또는 부와 아동의 능력 및 적성 등을 고려한 직업능력개발훈련을 실시하고, 적합한 직업을 알선하며, 각종 사업장에 모 또는 부와 아동이 우선 고용되도록 노력하여야 함. 그런데 한부모가족을 위한 직업능력개발훈련 프로그램이 제한적이고, 자격증을 취득하더라도 희망이나 적성에 맞는 취업 연계가 되지 않는 경우가 많아 한부모가족에게 실질적인 도움이 되는 데 한계가 있음. 이에 **국가 또는 지방자치단체로 하여금 한부모가족의 모 또는 부와 아동의 고용을 촉진하기 위하여 직업을 알선하는 경우에 이들의 희망·적성·능력과 직종 등을 고려하도록 함**으로써 한부모가족의 지속적이고 안정적인 고용을 도모하려는 것임(안 제14조 제2항).

제안일	주요 내용
[2117023] 한부모가족 지원법 일부개정 법률안 (전용기 의원 등 18인)	- 최근 우크라이나 사태 장기화와 글로벌 공급망 차질 등으로 에너지 · 식품 · 원자재 가격이 급등하면서 지속적으로 물가 인상 압박이 이뤄지고 있는 가운데, 인플레이션 해소를 위한 급격한 금리 인상까지 맞물려 과도기적 상태 속에서 저소득층의 민생 위기가 심각한 실정임. 2022년 1분기 기준 1분위 가구의 식료품 · 외식 · 교통 등 필수 지출 비용의 비중이 50%를 돌파하였고, 식품(7.9%) · 외식(8.0%) · 축산물(10.3%) 등의 급격한 가격 인상이 가시화되고 있음. 하지만 대표적인 경제취약계층 중 하나인 한부모가족에 대한 지원은 급변하는 물가 위기에 비해 비현실적이라는 지적이 이어짐. 이에 **한부모가족에 대한 지원을 현실화함으로써 공동체 차원의 취약계층 보호에 기여**하려는 것임.
[2111698] 한부모가족 지원법 일부개정 법률안 (신현영 의원 등 16인)	- 현행법은 청소년 한부모에 대해 아동양육비, 검정고시 학습비, 고교생 학습비, 자립지원 수당 등을 지원하고 있음. 그러나 청소년 한부모는 성장과 발달 과정에 있는 성장기 청소년이기에 보다 적극적인 지원이 필요한 실정임. 이에 **국가와 지방자치단체는 청소년 한부모에 대해서는 가정방문을 통한 가족지원서비스**를 하도록 함(안 제17조 후단 신설).
[2110799] 한부모가족 지원법 일부개정 법률안 (고영인 의원 등 11인)	- 현재 10대 청소년 산모가 출산하는 아동은 연간 천 명 이상으로 대다수 아동이 입양 또는 양육시설에 위탁되고 있으나, 자녀를 직접 양육하는 10대 청소년 부모는 증가하고 있음. 그러나 청소년 부모는 자녀의 주양육자인 동시에 다른 이의 돌봄을 필요로 하는 성장기 청소년이라는 특수한 상황에 처해 있음. 청소년 부모는 원가족과의 단절, 가족의 부재 등으로 자립과 양육이 쉽지 않고 가정 내 폭력 및 학대 피해자, 학업 중단, 거리생활, 빈곤 등으로 고립 등 특수한 상황에 처한 경우가 많아 가정방문서비스를 통한 종합적 지원이 필요함. 이에 **청소년 한부모의 양육 및 자립을 위한 복지 등 지원 서비스의 연계를 위해 자녀가 만 2세까지 정기적으로 가정방문서비스를 지원**하고자 함(안 제17조의 4 제4항부터 제6항까지 신설).
[2110244] 한부모가족 지원법 일부개정 법률안 (윤주경 의원 등 12인)	- 현행법은 미혼모 또는 미혼부와 그 자녀가 건강하게 생활할 수 있도록 아동양육비, 생활 및 건강관리 등을 위한 지원을 할 수 있고, 특히 24세 미만 청소년에 대해서는 교육지원과 자립할 수 있도록 재정적인 지원도 함께 하고 있음. 그러나 미혼모 또는 미혼부가 19세 미만의 미성년자인 경우, 각종 법률행위가 제한되고 있어 이들에 대한 맞춤형 지원이 필요함에도 불구하고, 실태조사조차 제대로 되지 않아 미성년이라는 특수성에 대한 고려 없이 성인인 미혼모 또는 미혼부와 동일하게 지원을 받고 있으며, 심지어는 지원제도에 대한 정보가 부족해 신청을 못 하는 경우도 있어 이를 보완할 필요가 있다는 지적이 제기되고 있음. 이에 **미혼모 또는 미혼부가 미성년자인 경우 맞춤형 지원을 할 수 있도록 실태 조사를 실시하고, 해당 가정을 방문하여 건강상태 등을 확인한 후 필요한 지원을 연계해주는 상담서비스를 제공**하려는 것임(안 제6조 제1항 후단 및 제17조의 6 제1항 단서 신설).

제안일	주요 내용
[2110006] 한부모가족 지원법 일부개정 법률안 (이규민 의원 등 12인)	- 현행 「한부모가족지원법」은 한부모가족이 안정적인 가족 기능을 유지하고 자립할 수 있도록 지원함으로써 한부모가족의 생활 안정 및 복지 증진에 이바지함을 목적으로 하고 있으며, 해당 법에 청소년 한부모가정도 포함되어 있음. 그러나 현재 제도는 아동양육지원에 초점이 맞춰져 있어 청소년 미혼모가 청소년으로서 성장과 환경을 보호받을 수 있는 지원은 미약한 상황임. 최근에도 가정폭력 피해자였던 10대 미혼모가 생활고에 시달리다 7개월 영아를 학대해 사망케 하는 등 청소년 미혼모가 고립될 경우 그 자녀에게도 폭력과 학대, 빈곤과 불행이 대물림 될 우려가 높음. 따라서, **국가와 지방자치단체는 청소년 한부모가 자립할 수 있도록 청소년 한부모의 출생신고 시 공공 및 민간의 복지서비스를 연계·제공하기 위한 상담서비스를 제공하고, 청소년 한부모에 대한 가정방문서비스를 지원하고자 함**(안 제5조의 3, 제17조의 8 신설)
[2108357] 한부모가족 지원법 일부개정 법률안 (한병도 의원 등 12인)	- 최근 발생한 아동학대 사건 중 피해 아동이 출생신고조차 되어 있지 않은 사실이 밝혀짐에 따라, 미등록 아동을 보호하기 위한 제도적 보완이 이루어져야 한다는 목소리가 커지고 있음. 특히 10대 산모나 미혼모, 병원 외 장소 등 취약 환경에서 출생하여 가정법원을 통해 출생신고를 해야 할 경우, 절차가 복잡하고 유전자검사 비용 등 많은 비용이 발생하고 있음. 이에 **국가나 지방자치단체가 출생확인 신청과 출생확인 과정에서 필요한 유전자검사비용 등 법률구조서비스를 제공할 수 있도록 하려는 것임**(안 제17조).
[2104114] 한부모가족 지원법 일부개정 법률안 (김미애 의원 등 11인)	- 현행 「한부모가족지원법」에서는 아동을 18세 미만인 자로 정하고 있으나 우리 「민법」은 미성년자를 19세 미만인 자로 규정하고 있음. 그로 인해 아동이 아닌 한부모가족의 미성년 자녀들에 대한 복지 사각지대가 발생하는 문제점이 있음. 그뿐만 아니라 현행법상 취학 중인 미성년자의 경우에는 22세 미만인 자를 아동으로 보고 있고, 「병역법」에 따른 병역의무를 이행하고 취학 중인 경우에는 병역의무 이행 기간을 가산한 연령의 미만인 자를 아동으로 보고 있음. 그러나 한부모가족의 여건상 취학하지 않은 자녀가 상당수 있고 취학 여부를 기준으로 아동을 정의하고 복지 지원을 제공하는 것은 헌법상 평등권을 침해하여 위헌성을 내포하고 있음. 특히 국가와 사회로부터 각별한 관심과 보호가 필요한 한부모가족 자녀가 양육비 지원, 복지시설 이용 등을 지원받을 수 있는 기회를 원천적으로 박탈당하며 그 밖에도 한부모가족 자녀에 제공되는 다양한 복지 혜택을 누릴 수 없게 됨. 이에 **한부모가족의 아동 연령을 19세로 상향**하여 모든 미성년 아동이 차별받지 않고 국가로부터 보호받을 수 있도록 하고자 하는 것임(안 제4조 제5호).

출처: "한부모가족을 위한 지원 법 현황 및 법적 과제," 박광동, 2024.05.29., 한국보건사회연구원. 저작권 2024. 한국보건사회연구원; "의안현황," 대한민국 국회, 2024.05.20. 접속, https://www.assembly.go.kr/portal/cnts/cntsCont/dataA.do?menuNo=600232&cntsDivCd=BILL.

제3절 소결

　우리나라에서 한부모가족을 보호하기 위한 법적 근거는 생활보호법에 근거한 영세 모자가정 지원에서 시작되어, 모자복지법, 2003년 모·부자복지법을 거쳐, 2008년부터 한부모가족지원법으로 한부모가족이 안정적인 가족 기능을 유지하고 자립할 수 있도록 지원하기 위한 별도 법제가 마련되었다. 법의 보호 대상이 당시에는 주로 가족 기준이었으므로 처음 법이 제정될 당시에는 한부모가족을 보호 및 지원하기 위해서 별도 법제를 마련한 것이다. 특정 가족 형태를 개별법으로 제정한 경우는 흔치 않으며, 일부 국가에서 한부모가족에 특화된 섹션 또는 조항을 포함한 보다 넓은 범위의 법률이 존재한다. 이러한 접근 방식은 다양한 가족 형태의 요구를 폭넓게 충족시키기 위해 설계된 것일 수 있다. 현재 다양한 가족 형태를 고려한다면, 개별법으로 제정한 법이 오히려 이들에게 낙인이 될 수 있다. 아울러 최근에는 법의 보호 대상이 개인 기준으로 변화되고 있는 추세이며(박광동, 2024.05.29), 이러한 상황을 고려한다면 가족 관련 지원은 아동 기준으로의 변화에 대한 고민이 필요해 보인다.
　한편, 다른 법과 비교하면 한부모가족 지원법의 경우 변화가 많지 않은 편이다(박광동, 2024.05.29.). 이는 곧 이들에 대한 보호 및 지원에 대한 변화 또한 크지 않았음을 의미하기도 한다. 또한 유사 법률(특정 가족 형태를 위한 지원법)과 비교하면 한부모가족 지원의 경우 경제적 지원을 위한 현금성 급여에 관한 규정 이외에 비경제적 지원 관련 내용이 부족한 실정이며, 비경제적 지원과 지원 콘텐츠 다양화에 대한 필요성이 요구되는 상황이다.

<표 2-10> 유사 법률 비교에 따른 한부모가족 지원의 개선 사항

법률명	생활정보 제공 및 교육 지원	전문인력 양성	사실혼 배우자 및 자녀의 처우
한부모가족지원법	△(교육지원)		
다문화가족지원법	●	●	●

출처: "한부모가족을 위한 지원 법 현황 및 법적 과제," 박광동, 2024. 05. 29., 한국보건사회연구원. 저작권 2024. 한국보건사회연구원.

2020년 10월 21일 한부모가족지원법이 개정되어, 한부모가족의 생활 안정과 복지 증진을 위하여 제5조의 5, 5조의 6에 따라 기본계획 및 연도별 시행계획을 수립하도록 하고 있다. 개편된 법이 2021년 4월 21일 시행됨에 따라 제1차 한부모가족정책 기본계획(2023~2027)이 마련되었다. [그림 2-3], [그림 2-4]를 통해 한부모가족에 대한 관심도와 중요 측면을 확인할 수 있다. 한부모가족과 관련해 중요한 부분은 아동양육 어려움, 아동양육을 위해 파생되는 경제적 어려움, 고용 및 학업 등 자립 관련 어려움, 그리고 사회적 편견으로 종합할 수 있다.

[그림 2-3] 한부모 연간 검색어 수

(단위: 건)

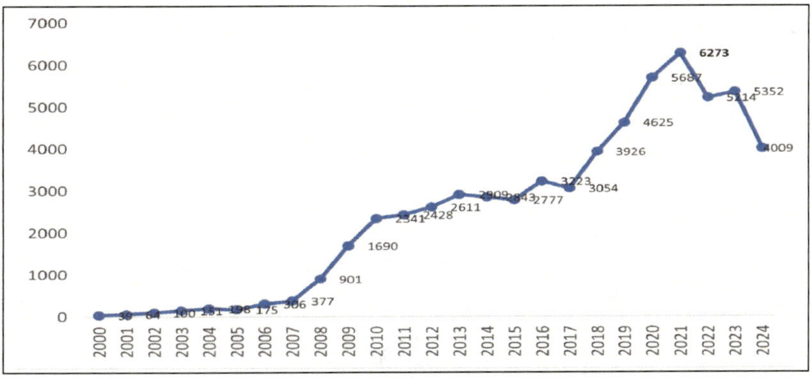

출처: "뉴스분석," 빅카인즈. 2024.10.3. 접속. 분석 결과 활용하여 저자 작성, www.bigkinds.or.kr

<표 2-11> 한부모가족 일반 현황 문제점

상황	주요 내용
경제적 여건 열악	- (경제적 여건) 한부모가족은 수급자 지위에 있는 경우가 많으며, 소득·자산이 전체 가구 대비 낮은 실정
비양육 부모의 양육비 이행 책무성 부족	- (양육비 채권) 이혼 과정에서 양육비 채권을 확보하지 못한 경우가 다수 - (비양육 부모와 관계) 자녀와 비양육 부모 간의 관계 단절로 인하여 긍정적인 관계를 통한 양육비 지급 가능성도 낮은 상황
자립 기반 미흡	- (고용) 한부모의 고용안정성은 전체 근로자 대비 낮은 상황 - (학업) 자녀를 양육하면서 학업과 취업을 동시에 준비해야 하는 청소년 한부모는 학업 유지가 어려운 상태. 특히 최근 청소년 한부모(미혼모)의 경우 경계선 지능 多3)
사회적 편견	- (사회적 편견) 이혼 등에 대한 사회적 수용도는 높아지고 있으나, 한부모의 출산, 양육에 대한 사회적 편견은 여전

[그림 2-4] 한부모 연관 검색어

(좌) 2000.1.1~2000.12.31
(우) 2010.1.1~2010.12.31

---

3) 2019년 4월 11일, 헌법재판소는 형법의 낙태죄 조항에 대하여 헌법불합치 결정을 내림. 이에 따라 헌재는 유예기간을 두고 2020년 12월 31일까지만 낙태죄가 유효하다고 판결함. 헌재의 결정으로 2021년부터는 수술 허용 범위(모자보건법)만 남게 되고, 처벌 규정(형법)은 사라지게 됨. 전문가 자문회의 내용 중 "2018년에 비해 2022년 청소년 한부모(미혼모) 수는 큰 폭으로 줄어듦. 위 사건 이후 청소년 한부모(미혼모) 중 경계선 지능 청소년 많아짐."

2020.1.1~2020.12.31	2021.1.1.~2021.12.31
2024.1.1.~2024.9.2	2021.1.1~2024.9.2

출처: "뉴스분석," 빅카인즈. 2024.10.3. 접속. 분석 결과 활용하여 저자 작성, www.bigkinds.or.kr

최근 한부모가족 지원과 관련하여 아동양육비 지원 기간의 연장 및 양육비 상향 등의 적극 행정을 추진하는 동시에 아동 생존권 보장을 위한 양육비 선지급제 도입을 추진하였으며, 2024년 9월 23일 양육비 선지급제 도입 근거를 담은 「양육비 이행확보 및 지원에 관한 법률」 개정안이 국회 여가위 전체회의를 통과하였다(여성가족부, 2024.09.23[4])). 아울러 여러 지방자치단체에서도 중앙정부에서 지원하는 정책의 사각지대 대상자를 위한 다양한 정책 지원을 추진하고 있다. 그럼에도 한부모 가구의

---

4) 양육비 선지급제는 한부모가족 중 양육비 채권이 있음에도 비양육 부모로부터 양육비를 받지 못하고 있는 경우 국가가 우선 지급하고, 이를 양육비 채무자에게 회수하는 제도임. 이 개정안은 국가의 양육비 선지급 대상을 기준 중위소득 150% 이하 가구로 하고, 양육비가 선지급된 경우 양육비 채무자의 동의 없이도 금융정보를 포함한 소득·재산을 조회할 수 있도록 하며, 양육비 채무자가 선지급금을 납부하지 않을 경우 국세 강제징수의 예에 따라 징수할 수 있도록 하는 내용이 포함되어 있음(여성가족부 보도자료, 2024.09.23.).

경제적 여건의 열악성 및 자립 기반의 취약성 등으로 인해 한부모가족을 대상으로 한 지원제도는 다양한 분야에서 사각지대 및 지원 정책의 충분성 차원에서의 문제가 발생하고 있다.

한부모가족지원법에서는 이들을 보호하고 지원하고자 하는 목적으로 안정적인 가족 기능 유지와 함께 자립할 수 있도록 지원하고자 한다. 특히 자산과 노동능력 등을 최대한으로 활용하여 자립과 생활 향상을 할 수 있도록 지원하는 것을 목적으로 함과 동시에 한부모가족의 권리와 책임으로 두고 있다. 현재 이들을 지원하는 정책 구조 및 체계가 이들의 ① 안정적 생활과 더불어 ② 미래 삶을 위한 설계(자립, 자산, 노동능력→미래 삶의 설계와 연결)가 가능하도록 설계되어 있는지에 관해 살펴볼 필요가 있다. 이를 위해 이 보고서의 제4장 정책 분석에서 한부모가족을 지원하는 정책의 구조적 문제 등을 살펴본다.

[그림 2-5] 한부모가족지원법의 목적 및 한부모가족의 권리와 책임

한부모가족지원법
제1조(목적) 이 법은 한부모가족이 **안정적인 가족 기능을 유지**하고 **자립할 수 있도록 지원**함으로써 한부모가족의 생활 안정과 복지 증진에 이바지함을 목적으로 한다. 제3조(한부모가족의 권리와 책임) ① 한부모가족의 모 또는 부는 임신과 **출산 및 양육**을 사유로 합리적인 이유 없이 **교육·고용** 등에서 **차별**을 받지 아니한다. ② 한부모가족의 모 또는 부와 아동은 한부모가족 관련 정책결정 과정에 참여할 권리가 있다. ③ 한부모가족의 모 또는 부와 아동은 그가 가지고 있는 **자산과 노동능력** 등을 최대한으로 **활용**하여 **자립과 생활 향상**을 위하여 **노력**하여야 한다.

제3장

한부모가족을 둘러싼 환경 분석

제1절 분석 개요
제2절 경제적 및 시간 자원 현황 및 변화
제3절 이해관계자 심층 면담을 통해 파악한 지원
      정책의 한계점
제4절 소결

제3장 한부모가족을 둘러싼 환경 분석

제1절 분석 개요

1. 양적 분석 개요

가. 분석 목적

본 장에서는 일하는 한부모를 중심으로 한부모가족 가구주의 경제적 및 시간 자원 활용 현황과 변화를 살펴본다. 이들의 경제적 여건의 열악성 및 자립 기반의 취약성 파악을 목적으로 경제적 및 시간 자원 현황을 분석한다. 양부모가족과 비교하여 변화된 측면은 없는지, 과연 한부모가족의 특성이 시간이 지남에 따라 여전히 동질적인지, 이질적으로 변화되어 가고 있는지에 관해 살펴보고자 이들의 경제적 및 시간 자원의 변화를 분석한다.

한부모가족은 양부모가족과 비교할 때 자녀 양육 및 가사노동 등 양육자로서의 역할을 혼자 담당해야 할 뿐 아니라 대부분의 가구주가 가족의 생계를 책임져야 하는 노동자로서 이중적 역할을 담당함으로써 시간 부족을 더 크게 지각할 가능성이 높다. 시간은 노동시장 및 일상생활에서 소득을 확보하고 행복을 추구하는 데 있어 중요하며, 시간의 분포와 활용은 소득 확보와 밀접한 관련이 있을 뿐 아니라 자녀의 발달에도 중요하게 작용한다.

소득은 개인 혹은 가구가 일정 기간 벌어들이는 수입을 의미한다. 일상적 생활을 유지하기 위해 필요한 자금 흐름을 의미하며, 매년 혹은 매월 어느 정도의 경제적 자원을 확보하는지를 보여준다. 즉 현재의 생활 수준과 소비 가능성을 평가할 수 있다. 일자리 특성은 자립적 수입원 보유와 관련한 안정성을 살펴볼 수 있다. 기존 연구들에서는 한부모가족의 특성상 불안정한 노동계층이 광범위하게 존재한다고 밝히고 있다(박미진 외, 2023; 김영아, 2023). 이는 근로소득원의 불안정성이 높음을 의미한다. 공적제도 역시 급여 변화 및 급여 중단 가능성으로 불안정성이 높다. 이런 측면에서 한부모가족에게 사회적 위험에 대응하기 위한 수단적 가치로서 소득뿐 아니라 재산이 갖는 의미가 작지 않다. 재산은 개인 혹은 가구가 소유한 총합으로 축적된 경제적 자원을 의미한다. 단기적 소득과 달리 보다 장기적인 경제적 안전망의 역할을 한다. 즉 재산은 장기적 경제적 안전성과 기회(자립) 접근성을 평가하는 중요한 기준이다. 이들의 생애주기상 미래 삶에 대한 지원이라는 측면에서 축적한 소득의 결과인 재산의 영향이 이들의 자립 지원과 미래 도약에 있어 크게 작용할 수 있다. 따라서 한부모 가구의 경제적 자원으로 경제활동 상태와 소득, 재산 관련 변화된 상태를 종합적으로 살펴보고자 한다.

나. 분석 자료 및 분석 대상

한부모가족을 둘러싼 환경을 살펴보고자, 통계청의 '생활시간조사'를 중심으로 시간 및 경제적 자원의 변화를 살펴본다. 그리고 조사 자료의 대표성 보완을 위해 사회보장위원회의 '사회보장행정데이터'와 여성가족부의 '한부모가족실태조사' 자료를 활용해 보완 분석한다.

생활시간조사는 만 10세 이상 가구원을 대상으로, 이틀간 24시간 동안의 시간 활용 현황에 대한 자료를 수집하고 있으며, 1999년 첫 조사가 시행된 이후 5년 주기로 조사가 실시되고 있다. 본 절에서는 최초 조사 연도인 1999년 자료는 맞벌이 구분 변수의 부재로 제외하고, 나머지 연도인 2004년, 2009년, 2014년, 2019년 자료를 활용하여 이들의 변화 정도에 초점을 맞추어 분석하고자 한다.

각 연도별 생활시간조사의 조사항목은 기본적인 가구 관련 정보, 가구주의 인구학적 특성, 일자리 특성, 가구총소득 및 월평균 소득, 주거 형태, 그리고 시간 관련 시간 부족 등 개인의 주관적 인식 정보와 시간일지(주행동, 동시행동 등)로 구성되어 있다. 다만, 동 조사는 패널 형태의 조사자료가 아닌, 각 시점에서의 횡단면 조사 자료이기에, 조사 연도별로 세부적인 조사항목에는 다소 차이가 있다. 이에, 가구 및 개인 관련 일반 정보의 경우, 본 절의 분석 대상 연도에 모두 가용한 변수를 중심으로 활용하였으며, 주생활시간(량) 자료는 통계청에서 제공하고 있는 '생활시간조사 행동 분류 연계표(1999-2019)'에 기반하여 2019년을 기준으로 분류하여 산출하였다.

생활시간조사에서는 응답자별로 연속된 이틀간의 시간일지를 작성하도록 하고 있으며, 2019년 기준 응답 요일의 분포는 월~목요일보다 금~일요일이 2배 정도 많은 편이다. 다만, 본 절의 분석 대상 모든 연도에 대해서는 평일(월~금), 토요일, 일요일을 구분한 변수만 활용 가능하므로, 여기서는 요일 평균(평일, 토요일, 일요일 등 모든 요일을 포함한 평균 시간), 평일 평균(월~금요일 평균 시간), 주말 평균(토/일요일 평균 시간)을 중심으로 시간 자원 사용 현황을 살펴보고자 한다.[5]

생활시간조사를 통해 양부모 가구와 비교하여 한부모 가구의 경제적

---

[5] 생활시간조사는 2004년의 경우 9월 1회 조사, 2009년의 3월 및 9월 2회 조사, 2014년 및 2019년의 경우 7월, 9월 및 12월 3회 조사가 이루어짐. 통계청 마이크로데이터에서 제공되는 공공용 생활시간조사 자료에서 9월 기준 시간량 자료에서는 조사 요일 변수를 제공하고 있으나, 분석 대상(특히, 한부모 가구) 표본 수가 적은 부분을 최대한 완화하고자 전체 시간량 조사 자료를 활용하였음.

수준 변화를 살펴보되, 사회보장행정데이터를 활용해 분석 결과에 대한 대표성을 보완하고자 한다. 사회보장행정데이터는 가장 최근 연도인 2021년 기준의 자료인 2기 자료를 활용하고자 한다. 동 자료는 2022년 1월부터 12월까지 국민(개인)의 소득 및 재산, 사회보장제도 가입·수급 정보를 구축한 자료이다. 통계청의 인구·가구DB에서 전체 인구의 19.7% 표본을 추출 후 33개 정보 보유기관의 사회보장 정보를 결합한 자료[6]이다. 제4장의 경제적 지원 정책 분석에서도 사회보장행정데이터를 중심으로 정책 활용 수준을 살펴볼 예정이다.

사회보장행정데이터의 분석 대상 범위는 가구 관련 조사항목을 토대로 '한부모 가구'는 ① 가구 내 만 18세 미만[7]의 자녀가 있으며, ② 가구 내에 자녀 이외에 다른 가구원(조부모, 형제자매 등)이 없는 경우로 정의하였다. 사회보장행정데이터는 가구주의 혼인상태 및 가구주와의 관계를 확인하기 어렵다는 한계가 있다. 따라서 가구 내 미성년 자녀와 1명의 성인으로 된 가구로 추출하였으며, 나이가 가장 많은 첫째 미성년 자녀와 성인의 연령 차이가 18세 이상인 경우만을 한부모 가구로 포함하였다.[8] 항목 요건을 이렇게 정한 것은 자료의 한계점을 극복하고자 한 측면과 동시에 시간 자원 활용 분석의 대상 범위를 함께 고려하고자 한 측면도 있다. 한부모 가구의 시간 자원 활용 측면을 분석할 때 자녀 양육, 가사 등

---

[6] 동 자료의 가처분소득은 '유사 가처분소득'을 의미함에 유의. 가처분소득은 시장소득에 공적이전소득을 더해야 하지만 사회보장행정DB에서 사적이전소득을 파악할 수 없기 때문에 일차소득(근로소득(+일용소득)+사업소득+기타소득+금융소득+부동산소득)에 공적이전소득을 더하였음에 따라 엄밀하게는 유사 가처분소득을 의미함. 이러한 가처분소득을 가구원 수의 제곱근으로 나눈 소득인 가구균등화 소득을 활용하였음.

[7] 통계청 생활시간조사 자료 분석 시 가구 내 만 18세 이하로 구성

[8] 민법 제4조(성년) 사람은 19세로 성년에 이름. 민법 제826조의 2(성년의제) 미성년자가 혼인을 한 때에는 성년자로 봄. 민법은 미성년 규정을 완화하는 제도로 혼인에 의한 성년의제 제도를 두고 있음. 그리하여 19세가 되지 않은 자라고 하더라도 혼인신고를 마치면 성년으로 간주하며, 미성년자도 18세가 되면 혼인을 할 수 있음(민법 제807조). 따라서 성인 기준 19세 이상으로 설정하였으며, 가구의 성인과 미성년 자녀 중 첫째와의 연령차는 18세 이상 차이로 설정하여 가구를 구성하였음.

에 도움을 줄 수 있는 다른 가구원이 존재하는 경우를 배제하고자 하였기 때문이다. 한부모 가구와의 비교를 위해, '양부모 가구'는 ① 가구 내 만 18세 미만의 자녀가 있으며, ② 가구 내 두 명의 성인, 단 연령이 낮은 성인과 가장 연령이 높은 미성년과의 나이 차이는 18세 이상인 가구만을 포함하였다.

생활시간조사는 가구 관련 조사항목을 토대로 '한부모 가구'는 ① 가구 내 만 18세 이하의 자녀가 있으며, ② 가구주의 혼인상태가 미혼, 사별, 이혼에 해당하고, ③ 가구 내에 자녀 이외에 다른 가구원(조부모, 형제자매 등)이 없는 경우로 정의하고자 한다. ③번 항목 요건의 경우, 본 연구가 한부모 가구가 경험할 확률이 높은 '시간 빈곤' 측면을 고려하여 시간 자원 활용 현황을 파악하는 데 초점을 두고 있기에, 자녀 양육, 가사 등에 도움을 줄 수 있는 다른 가구원이 존재하는 경우를 배제한 것이다. 한부모 가구와의 비교를 위해, '양부모 가구'는 ① 가구 내 만 18세 이하의 자녀가 있으며, ② 가구주의 혼인상태가 '배우자 있음'에 해당하고, ③ 가구 내에 자녀나 배우자 이외에 다른 가구원(조부모, 형제자매 등)이 없는 경우로 정의하였다. 다만, 양부모 가구의 경우, 조사된 가구 내에 가구주 이외에 배우자가 없더라도(응답 불응, 함께 살고 있지 않음 등) 혼인상태가 '배우자 있음'으로 응답된 경우는 포함하였다. 〈표 3-1〉은 각 연도별 생활시간조사에 응답한 가구 수, 앞에서 정의한 한부모 가구 수, 양부모 가구 수를 보여준다. 연도별로 차이가 있으나, 전체 조사 가구 대비 한부모 가구의 비중은 약 1.5~2.1% 내외로 나타난다.

〈표 3-1〉 한부모 및 양부모 가구 분포(가구주 기준)

(단위: 가구)

구분	2004년	2009년	2014년	2019년
한부모 가구	224	173	204	189
양부모 가구	4,223	2,687	3,382	2,696
전체 조사 가구	12,651	8,090	11,986	12,388

주: 비중 산출 시 가구원가중치를 적용함.
출처: "생활시간조사," 통계청, 2014, 2009, 2014, 2019, MDIS. 데이터 활용하여 저자 작성.

본 절에서는 앞에서 정의한 한부모 가구 중에서도 가구주가 일하고 있는 '일하는 한부모 가구'를 최종 분석 대상으로 한정하고자 한다. '일하는 한부모 가구'는 하루 24시간이라는 한정된 시간 자원을 근로뿐만 아니라 자녀 양육, 가사일 등과 병행해야 하므로, 시간 활용 측면에서 가구주가 일하지 않는 한부모 가구보다 더 큰 어려움에 직면하고 있기 때문이다. '일하는 한부모 가구'를 주 분석 대상으로 함에 따라, 비교 대상이 되는 양부모 가구 또한 가구주와 배우자가 모두 일하고 있는 맞벌이 가구로 분석 대상을 한정하고자 한다. 양부모-외벌이 가구의 경우, 일하는 가구주(또는 배우자)와 일하지 않는 배우자(또는 가구주)가 가구 내에서 필요한 시간 자원을 분담할 수 있으므로, 일하는 한부모 가구의 시간 사용 특성을 파악하는 데는 적합한 비교 대상이 아니라고 판단된다.

〈표 3-2〉는 각 연도별 생활시간조사에서 파악한 '일하는 한부모 가구'와 맞벌이, 외벌이 가구의 분포를 보여준다. 한부모 가구 중 '일하는 한부모 가구'는 경제활동 상태 변수를 활용하여 구분하였으며, 양부모 가구 중 맞벌이와 외벌이 가구는 이를 구분하는 변수를 직접 사용하여 구분하였다. 가구주 또는 배우자가 응답을 거부한 경우와 가구주 및 배우자 모두 일하고 있지 않다고 응답한 표본은 대상에서 제외함에 따라, 〈표 3-1〉에 제시된 양부모 가구 수와 〈표 3-2〉의 맞벌이, 외벌이 가구 수의 합이 같지 않음을 유의해야 한다. 〈표 3-2〉에서 2019년을 기준으로 보면, 양

부모 가구로 정의된 가구(2,696가구) 중 약 52%인 1,402가구가 맞벌이 이며, 외벌이 가구는 약 44%로 나다난다. 자녀 양육, 가사 분담 등이 여전히 여성에게 상대적으로 집중되어 있는 현실에서, 양부모-외벌이 가구 중 여성이 일하는 경우는 '일하는 한부모 가구'와 시간 자원 활용 측면에서 유사할 수 있으나, 동 자료에서 그 비중은 매우 적은 편이다.9) 이에, 본 절에서는 〈표 3-2〉에서 굵은 글씨로 표기한 '한부모 가구-가구주 취업'과 '맞벌이 가구-모두(가구주, 배우자) 취업' 표본을 분석 대상으로 하였다.

〈표 3-2〉 일하는 한부모 및 양부모(맞벌이, 외벌이) 가구 분포(가구주 기준)

(단위: 가구, %)

구분			2004년	2009년	2014년	2019년
한부모 가구	가구주 취업	빈도	167	141	165	148
		비중	71.02	78.88	80.39	79.90
	가구주 미취업	빈도	57	32	39	41
		비중	28.98	21.12	19.61	20.10
	전체	빈도	224	173	204	189
		비중	100.00	100.00	100.00	100.00
맞벌이 가구	모두 취업	빈도	1,865	1,268	1,690	1,402
		비중	100.00	100.00	100.00	100.00
외벌이 가구	가구주 취업	빈도	1,805	1,110	1,473	945
		비중	99.80	100.00	90.32	77.37
	가구주 미취업	빈도	5		163	239
		비중	0.20		9.68	22.63
	전체	빈도	1,810	1,110	1,636	1,184
		비중	100.00	100.00	100.00	100.00

주: 비중 산출 시 가구원가중치를 적용함.
출처: "생활시간조사," 통계청, 2014, 2009, 2014, 2019, MDIS. 데이터 활용하여 저자 작성.

---

9) 〈표 3-2〉에서 제시하지 않았으나, 2019년 기준 외벌이 가구 중 가구주가 취업한 945가구 중 가구주가 여성인 경우는 21가구로 나타남.

다만, 한 가지 중요한 유의 사항은 생활시간조사에서 만 18세 이하의 자녀가 있는 가구를 정의할 때 발생하는 문제점이다. 생활시간조사는 만 10세 이상의 가구원을 대상으로만 조사하기 때문에, 만 10세 미만의 가구원은 '미취학 가구원 수(아동) 또는 유무', '만 10세 미만 가구원 수' 등의 추가 변수를 활용하여 판단할 수밖에 없다. 하지만 '만 10세 미만 가구원 수'에 대한 정보는 2014년부터 조사되어, 이전 시점(2004년 및 2009년)의 경우 '미취학아동 수 또는 유무'에 대한 정보만 활용할 수 있다. 이는 가구 내에 미취학 연령대 또는 만 10세 이상 연령대의 자녀가 없이 초등학교 저학년(만 7세~만 9세) 연령대의 아이만 있는 경우, 동 자료에서는 해당 정보가 드러나지 않게 되며 자녀가 있는 가구로 구분될 수 없음을 의미한다. 따라서, 2004년과 2009년의 경우, 초등학교 저학년 자녀만 있는 가구의 경우, 분석 대상에서 누락되었음을 유의하기 바란다.

2. 질적 분석 개요

가. 대상자 선정

실제 한부모가족 가구주들이 필요로 하는 정책과 기존에 진행 중인 정책들 간의 간격을 메우는 것을 주목적으로 한부모가족 가구주 당사자와 관련 이해관계자를 대상으로 한 초점집단면접을 수행한다. 한부모가족 대상 지원 정책들은 한부모 당사자의 목소리뿐 아니라 이들에 대한 이해도를 바탕으로 한 실무자의 경험 및 인식을 반영하는 것도 중요하다. 따라서 한부모가족의 가구주 당사자뿐 아니라 현장에서 이들을 지원하고 있는 실무자를 면담 참여자로 선정하였다.

본 연구의 연구참여자 중 수요자(한부모 당사자)는 연구 목적에 부합하는 대상을 의도적으로 참여시키고자 하였다. 따라서 민간단체의 소개 등을 통하여 추천받아 수행하였다. 제4장에서 진행될 연구와의 연계를 위해 제4장에서의 주요 관심 대상인 한부모가족 자격 증명서 대상자, 근로장려세제, 기초생활보장제도, 직업 훈련, 아이돌봄서비스 등에 대한 경험이 있는 한부모를 중심으로 참여자를 모집하였다. 또한 시간 자원 측면에 대한 분석을 고려하여 일 경험이 있는 혹은 현재 일하는 한부모 가구주를 중심으로 10세 이하 자녀를 둔 한 부모와 10세 초과 자녀를 둔 한부모로 구분하여 면접을 수행하였다.

〈표 3-3〉 수요자 인터뷰 참여자 선정 시 고려 사항

구분	그룹	고려 사항
수요자	그룹 1 (5인)	막내 자녀 연령 기준 미취학 자녀(0~6세) 또는 만 10세 미만(육아휴직 기준)을 양육 중인 한부모 가구주 *정책 이용 경험자, 일 경험 있는(혹은 현재 일하는) 한부모 가구주
	그룹 2 (5인)	막내 자녀 연령 기준 만 11세~만 18세 미만을 양육 중인 한부모 가구주 *정책 이용 경험자, 일 경험 있는(혹은 현재 일하는) 한부모 가구주

〈표 3-4〉 한부모 당사자 정보

그룹	대상자	성별	연령	혼인 관계	자녀 연령	정책
1	A	여성	41	이혼	7세, 11세	7년 전 한부모가족 증명, 현재 ×
	B	여성	40	미혼모	10세 쌍둥이	법정 한부모가족
	C	여성	30	이혼	7세, 8세	기초생활보장제도 수급자
	D	여성	30	이혼	3세	법정 한부모가족
	E	여성	44	이혼	10세	법정 한부모가족
2	F	여성	34	이혼	12세	법정 한부모가족 근로장려금
	G	여성	39	이혼	17세	법정 한부모가족
	H	여성	44	이혼	12세	법정 한부모가족 근로장려금
	I	여성	41	이혼	18세, 20세	법정 한부모가족
	J	여성	51	이혼	12세, 17세, 23세	기초생활보장제도 경험, 현재×

공급자의 경우 많은 연구들에서 조사 대상자로 민간기관을 활용하였다. 본 연구에서는 한부모가족 지원 정책의 지원체계상 민간기관뿐 아니라 한부모양육비지원사업 담당 공무원(시군구, 읍면동), 한부모가족사업 수행 기관인 가족센터 담당자를 포함하여 진행하였다.

[그림 3-1] 한부모가족 지원체계

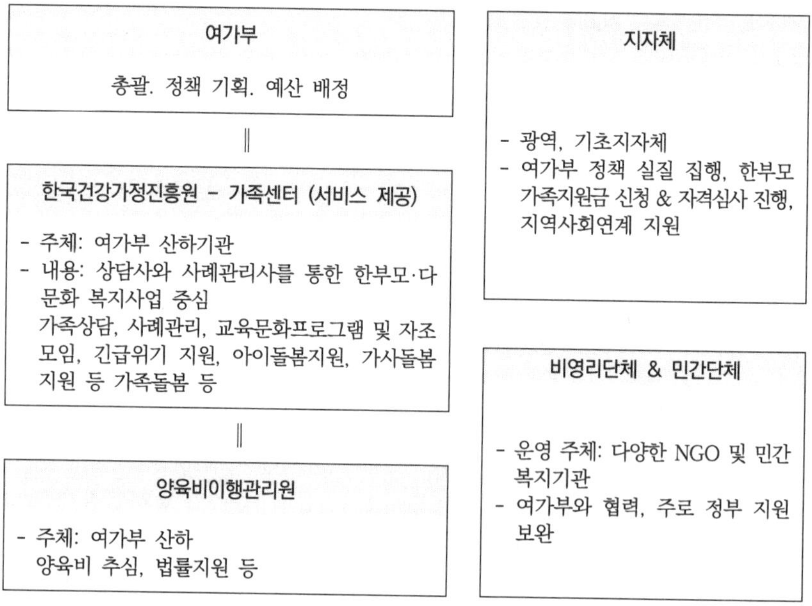

```
┌─────────────────────────────┐         ┌─────────────────────────────┐
│           여가부            │         │           지자체            │
│   총괄, 정책 기획, 예산 배정   │         │                             │
└─────────────┬───────────────┘         │ - 광역, 기초지자체           │
              ‖                          │ - 여가부 정책 실질 집행, 한부모 │
┌─────────────┴───────────────┐         │   가족지원금 신청 & 자격심사 진행,│
│ 한국건강가정진흥원 - 가족센터 (서비스 제공) │         │   지역사회연계 지원          │
│                             │         └─────────────────────────────┘
│ - 주체: 여가부 산하기관       │
│ - 내용: 상담사와 사례관리사를 통한 한부모·다 │
│   문화 복지사업 중심          │         ┌─────────────────────────────┐
│   가족상담, 사례관리, 교육문화프로그램 및 자조 │         │      비영리단체 & 민간단체      │
│   모임, 긴급위기 지원, 아이돌봄지원, 가사돌봄 │         │                             │
│   지원 등 가족돌봄 등         │         │ - 운영 주체: 다양한 NGO 및 민간 │
└─────────────┬───────────────┘         │   복지기관                   │
              ‖                          │ - 여가부와 협력, 주로 정부 지원 │
┌─────────────┴───────────────┐         │   보완                       │
│        양육비이행관리원         │         └─────────────────────────────┘
│ - 주체: 여가부 산하           │
│   양육비 추심, 법률지원 등     │
└─────────────────────────────┘
```

〈표 3-5〉 공급자 인터뷰 참여자 선정 시 고려 사항

구분	그룹	고려 사항
공급자	그룹 1(4인)	민간기관
	그룹 2(3인)	한부모양육비지원사업 담당 공무원(시군구, 읍면동)
	그룹 3(3인)	한부모가족사업 수행 기관 가족센터 담당자

<표 3-6> 공급자 정보

그룹	대상자	성별	특성
1	A	여성	00시 한부모가족지원센터
	B	여성	A 민간단체
	C	여성	B 민간단체
	D	여성	B 민간단체 & 한부모 당사자이자 활동사
2	E	여성	공무원
	F	남성	00 한부모가족지원사업단
	G	여성	공무원
3	H	여성	00한부모거점기관
	I	여성	가족센터
	J	여성	가족센터

나. 분석 목적 및 분석 틀

한부모가족의 삶의 경험을 살펴보고, 관련 정책 이용 경험 과정에서의 어려움을 살펴보고자 하였다. 특히 일하는 한부모의 일과 가정생활을 병행하는 차원에서의 경험을 중심으로 살펴보며, 현재의 지원 정책의 한계점을 확인하는 데 목적을 둔다.

<표 3-7> 이해관계자 심층 면담 평가 항목

대상	항목	내용
수요자	실태 파악	- 경제적 어려움, 일과 가정생활의 병행 어려움 - 자녀를 위한 시간 사용 어려움 - 자기계발과 자립 관련 - 사회 및 직장에서의 인식에 대한 경험 공유
	정책 경험	- 경제적 지원, 긴급상황에서의 지원 - 일-가정 양립을 위한 시간 지원(돌봄서비스, 유연근무 및 휴가제도 이용 등 직장에서의 지원 혜택 여부 및 경험) - 자기계발 지원(국민취업지원제도, 직업훈련 등), 심리 및 정서적 지원 경험 - 정보 획득 경로 - 정책지원 과정에서의 어려움 및 만족도

대상	항목	내용
	전반적 의견 및 정책 제언	- 구체적 지원에 대한 의견(한부모가족 법적 자격 결정 관련, 시간 지원 정책 관련, 인식 관련) - 자녀가 성인이 된 이후 시점의 계획 - 당사자로서 체감하는 지원 정책들의 문제점과 성과 - 실질적 효과를 위한 개선점 - 추가적으로 필요하다고 생각되는 지원이나 서비스 여부
공급자	담당 업무	- 담당 업무 및 관련 분야 경력 등 - 한부모가족을 지원하는 전달체계, 중앙-지자체-민간 운영기관 간의 업무 분담과 협력, 각 주체들 간의 논의 과정 등
	지원 정책	- 한부모가족의 특성 - 한부모가족이 겪는 일반적 상황, 경제적 어려움 및 지원, 긴급상황에서의 지원 - 시간 및 일-가정 양립 관련 어려움과 지원 - 인식 개선, 심리적 및 정서적 어려움과 지원
	전반적 의견 및 정책 제언	- 구체적 지원에 대한 의견(한부모가족 법적 자격 결정 관련, 시간 지원 정책 관련 사각지대 문제, 인식 관련) - 지원 주체로서 체감하는 지원 정책들의 한계점 및 성과 - 경제적 및 시간 지원 두 요소가 함께 가야 하는 정책으로서의 이슈 및 논의 - 실질적 효과를 위한 개선점 - 추가적으로 필요하다고 생각되는 지원이나 서비스

제2절 경제적 및 시간 자원 현황 및 변화

1. 일반적 특성

〈표 3-8〉~〈표 3-10〉은 분석 대상 가구의 가구주 및 배우자의 성별, 연령, 교육 수준 등 개인 특성을 보여준다.10) 성별 분포를 먼저 보면, 일하는 한부모 가구주의 경우, 조사 연도별로 증감이 있기는 하나, 대체로 여성의 비중이 높게 나타난다. 맞벌이 가구주의 경우, 남성의 비중이 더 높기는 하나 시간이 지날수록 그 비중이 감소하는 추이를 보인다.

연령 분포를 보면, 조사 대상의 평균 연령이 시간이 지나면서 대체로 증가해 온 추이를 보이는데, 일하는 한부모 가구주의 경우 2019년 기준 평균 약 45세, 맞벌이 가구주의 경우 평균 약 43세로 나타난다. 맞벌이 가구의 경우, 가구주와 배우자를 모두 포함하여 평균 연령을 산출하면 2019년 기준 약 42세로, 대체로 한부모 가구주보다 다소 젊은 것으로 나타난다.

〈표 3-8〉 일하는 한부모 및 맞벌이 가구의 가구주(또는 배우자 포함) 성별 분포

(단위: %)

구분			2004년	2009년	2014년	2019년
일하는 한부모	가구주	남성	25.5	39.2	27.7	31.2
		여성	74.5	60.8	72.3	68.8
맞벌이	가구주	남성	98.1	97.8	89.3	78.7
		여성	1.9	2.2	10.7	21.3
	가구주+ 배우자	남성	52.2	52.4	51.9	51.5
		여성	47.8	47.6	48.1	48.5

주: 비중 산출 시 가구원가중치를 적용함.
출처: "생활시간조사," 통계청, 2014, 2009, 2014, 2019, MDIS. 데이터 활용하여 저자 작성.

---

10) 생활시간조사에서 가구주는 '주민등록상의 세대주와 관계없이 가정의 주된 생활비를 책임지는 사람임'을 명시하고 조사하고 있음.

<표 3-9> 일하는 한부모 및 맞벌이 가구의 가구주(또는 배우자 포함) 연령 분포

(단위: 세)

구분			2004년	2009년	2014년	2019년
일하는 한부모	가구주	평균	42.9	42.5	44.4	45.1
		중간값	43.0	43.0	44.0	45.0
맞벌이	가구주	평균	41.3	42.7	42.9	42.8
		중간값	42.0	43.0	43.0	43.0
	가구주+ 배우자	평균	40.0	41.4	41.8	42.0
		중간값	41.0	42.0	42.0	42.0

주: 비중 산출 시 가구원가중치를 적용함.
출처: "생활시간조사," 통계청, 2014, 2009, 2014, 2019, MDIS. 데이터 활용하여 저자 작성.

<표 3-10>에서 교육 수준 분포는 고등학교 졸업을 포함한 고졸 이하와 2년제 대학 졸업자를 포함한 초대졸 이상으로 구분하였다. 일하는 한부모 가구주의 경우, 2004년 고졸 이하의 비중이 약 90%로 대부분이었으나, 시간이 흐를수록 고졸 이하 비중은 지속적으로 감소하여 2019년은 약 54%만이 고졸 이하의 교육 수준에 해당하는 것으로 나타난다. 맞벌이 가구의 가구주 및 배우자를 보면, 2004년에는 고졸 이하의 비중이 약 68%, 초대졸 이상이 약 32%로, 고졸 이하의 비중이 높게 나타나지만, 동일한 시점에서의 일하는 한부모 가구주에 비해서는 낮은 편이다. 맞벌이 가구주 및 배우자 또한 시간이 지나면서 교육 수준이 향상되어, 고졸 이하의 비중은 점점 감소하고 초대졸 이상의 비중이 증가하였음을 볼 수 있다. 다만, 2019년 기준 맞벌이 가구에서는 초대졸 이상의 비중이 고졸 이하보다 높게 나타난다. 반면, 일하는 한부모 가구의 경우 과거에 비해 고졸 이하 비중이 크게 감소하였음에도 여전히 고졸 이하 비중이 초대졸 이상보다 높게 나타났다.

〈표 3-10〉 일하는 한부모 및 맞벌이 가구의 가구주(또는 배우자 포함) 교육 수준 분포

(단위: %)

구분			2004년	2009년	2014년	2019년
일하는 한부모	가구주	고졸 이하	90.0	79.7	68.0	54.1
		초대졸 이상	10.0	20.3	32.0	45.9
맞벌이	가구주	고졸 이하	61.5	54.9	42.8	32.6
		초대졸 이상	38.5	45.1	57.2	67.4
	가구주+ 배우자	고졸 이하	68.0	60.1	44.3	33.1
		초대졸 이상	32.0	39.9	55.7	66.9

주: 비중 산출 시 가구원가중치를 적용함.
출처: "생활시간조사," 통계청, 2014, 2009, 2014, 2019, MDIS. 데이터 활용하여 저자 작성.

지금까지 살펴본 분석 대상의 기본 특성을 정리하면, 한부모 가구의 경우 상대적으로 여성 가구주의 비중이 높고, 과거에 비해 교육 수준이 많이 향상되었으나 맞벌이 가구주 및 배우자에 비해서는 여전히 고졸 이하의 비중이 큰 편이다. 그럼에도 맞벌이 가구의 초대졸 이상 비중은 2004년 대비 2019년 약 2배 증가한 반면, 일하는 한부모 가구에서는 약 4배 이상 증가하였다.

사회보장행정데이터를 통해 한부모가족의 일반적 특성이 유사한지 확인한 결과, 가구 구성 비율과 연령 모두 유사한 분포를 보임을 확인할 수 있다. 2021년 기준 한부모 가구 중 부자 가구 비율은 31.2%이며, 모자 가구는 68.8%이다. 이들 중 일하는 한부모 가구 내에서의 가구주 성별에 따른 분포는 부자 가구 34.0%, 모자 가구 66.0%이다. 연령의 경우 일하는 한부모의 평균 연령은 43.2세, 맞벌이 가구주의 평균 연령은 42.4세로 나타났다.

2. 경제적 자원 현황 및 변화

가. 경제활동 현황 및 변화

한부모가족 실태조사에 따르면, 2015년 87.4%, 2018년 84.2%, 2021년 77.7%(사회보장행정데이터는 81.8%)의 한부모가족 당사자는 취업 상태에 있다. 코로나19 충격으로 2021년도의 경제활동은 위축된 것으로 보이나 2020년 통계청 경제활동조사의 15~64세 고용률이 60.1%인 것을 고려하면 한부모가족은 높은 경제활동 상태를 보임을 확인할 수 있다.

〈표 3-11〉 한부모가족의 경제활동 상태

(단위: %)

취업 상태	2015	2018	2021
한부모가족 실태조사	87.4	84.2	77.7
사회보장행정데이터	-	-	82.4

출처: "한부모가족 실태조사," 여성가족부, 2015, 2018, 2021, MDIS. 데이터 활용하여 저자 작성;
"사회보장행정데이터," 사회보장위원회, 2024. 내부자료 활용하여 저자 작성.

〈표 3-12〉~〈표 3-14〉는 한부모 및 맞벌이 가구주(및 배우자)의 근로 관련 현황을 비교한 표이다. 〈표 3-12〉는 종사상지위의 분포를 보여주는데, '비임금'은 고용원이 있는 자영업자, 고용원이 없는 자영업자, 무급가족종사자를 포함한다. 2004년과 2009년의 경우, '임금근로자'로만 조사하였기에 상용, 임시, 일용근로자를 구분하여 나타내지 못하였다. 조사 시점 기준 지난 일주일간 일을 하였다고 응답한 한부모 가구주를 보면, 연도별로 변동이 있기는 하나, 대체로 임금근로자의 비중이 70% 이상으로 나타남을 볼 수 있다. 이는 맞벌이 가구에서도 유사하게 나타나는데, 시간이 지날수록 비임금근로자의 비중이 다소 감소하는 추세를 보이고,

임금근로자의 비중은 70% 이상으로 나타난다. 상용직과 임시·일용직의 구분이 가능한 2014년과 2019년의 현황을 보면, 한부모 가구주의 경우 약 30% 정도가 임시·일용직으로 나타나는 반면, 맞벌이 가구주와 배우자의 경우, 약 10% 초중반의 비중을 보인다. 맞벌이 가구주만 대상으로 할 경우, 임시·일용직은 약 7~8% 비중을 차지하나, 배우자를 함께 고려할 경우 임시·일용직 비중이 증가하는 것으로 나타난다. 만 10세 미만 가구원이 있는 경우에 한정하여 종사상지위의 분포를 보면, 2019년 기준 한부모 가구나 맞벌이 가구 모두 만 18세 미만 자녀가 있는 전체 경우와 종사상지위 분포에 큰 차이를 보이지는 않는다.

〈표 3-12〉 일하는 한부모 및 맞벌이 가구의 가구주(또는 배우자 포함) 종사상지위 분포

(단위: %)

구분			2004년	2009년	2014년	2019년
일하는 한부모	가구주	상용	77.3	70.4	47.4	47.6
		임시·일용			31.9	30.5
		비임금	22.7	29.6	20.7	22.0
	10세 미만 아동 있는 가구주	상용	-	-	40.6	42.6
		임시·일용			40.9	33.3
		비임금			18.5	24.0
맞벌이	가구주	상용	59.9	64.6	63.8	69.5
		임시·일용			8.8	7.4
		비임금	40.1	35.4	27.4	23.1
	가구주+배우자	상용	61.7	66.5	59.3	66.2
		임시·일용			15.3	12.4
		비임금	38.3	33.5	25.4	21.4
	10세 미만 아동 있는 가구주+배우자	상용	-	-	65.9	65.9
		임시·일용			15.0	12.7
		비임금			19.1	21.3

주: 비중 산출 시 가구원가중치를 적용함; 비임금은 고용원이 있는 자영업자, 고용원이 없는 자영업자, 무급가족종사자를 포함함.
출처: "생활시간조사," 통계청, 2014, 2009, 2014, 2019, MDIS. 데이터 활용하여 저자 작성.

〈표 3-13〉은 임금근로자를 대상으로 취업 형태(전일제, 시간제)에 대해 조사한 결과로, 전일제 근로자의 비중이 대체로 높으나, 최근으로 올수록 시간제 근로자의 비중이 증가하였음을 볼 수 있다. 특히, 한부모 가구의 경우, 2014년에 시간제 근로자의 비중이 약 18.5%였던 것에 반해, 2019년에는 약 30%로 증가하여, 맞벌이 가구주 및 배우자보다 시간제 근로자의 비중이 다소 큰 폭으로 증가하였다. 다만, 종사상지위 분포와 유사하게, 만 10세 미만 아동이 있는 가구를 대상으로 한정하였을 때와 그렇지 않았을 때의 취업 형태 분포는 거의 차이가 없는 것으로 나타난다.

〈표 3-13〉 일하는 한부모 및 맞벌이 가구의 가구주(또는 배우자 포함) 취업형태 분포

(단위: %)

구분			2009년	2014년	2019년
일하는 한부모	가구주	전일제	83.9	81.5	69.7
		시간제	16.1	18.5	30.3
	10세 미만 아동 있는 가구주	전일제	-	80.6	70.9
		시간제	-	19.4	29.1
맞벌이	가구주	전일제	95.6	96.1	91.2
		시간제	4.4	3.9	8.8
	가구주+배우자	전일제	84.0	88.0	84.2
		시간제	16.0	12.0	15.8
	10세 미만 아동 있는 가구주+배우자	전일제	-	88.1	84.1
		시간제	-	11.9	15.9

주: 비중 산출 시 가구원가중치를 적용함.
출처: "생활시간조사," 통계청, 2009, 2014, 2019, MDIS. 데이터 활용하여 저자 작성.

〈표 3-14〉는 일한다고 응답한 가구주 및 배우자의 직업 유형을 대분류로 구분하여 나타낸 것으로, 일하는 한부모 가구주의 경우, 2004년에는 서비스 및 판매직, 단순노무직, 그 외 유형이 과반이었던 반면, 시간이 지날수록 직업 유형의 분포가 다양해지고 있음을 볼 수 있다. 2019년 기준, 관리자, 전문가 및 관련 종사자의 비중이 크게 증가(2004년 8.5%에서

2019년 27.2%로 약 3.5배 증가)하여 맞벌이 가구주 및 배우자의 해당 직업 비중과 큰 차이를 보이시 않는다. 다만, 한부모 가구주의 서비스/판매직 및 단순노무직 비중이 대체로 감소해왔음에도 2019년 기준 여전히 맞벌이 가구의 해당 직종 유형 비중에 비해서는 높은 수준을 보인다. 특히, 단순노무직의 종사 비중이 한부모 가구에서 약 2배가량 높게 나타나고 있다.

〈표 3-14〉 일하는 한부모 및 맞벌이 가구의 가구주(또는 배우자 포함) 직업 유형 분포

(단위: %)

구분			2004년	2009년	2014년	2019년
일하는 한부모	가구주	관리자, 전문가	8.5	12.4	16.8	27.2
		사무직	7.0	8.1	17.7	20.5
		서비스/판매직	35.9	37.5	29.8	23.0
		단순노무직	20.3	15.6	23.7	15.3
		그 외	28.2	26.4	12.0	14.0
맞벌이	가구주	관리자, 전문가	22.6	25.1	20.9	29.3
		사무직	14.0	17.5	25.3	24.7
		서비스/판매직	18.9	17.6	19.8	18.7
		단순노무직	5.0	6.5	6.7	5.4
		그 외	39.5	33.4	27.4	21.8
	가구주+ 배우자	관리자, 전문가	19.6	24.1	25.6	30.8
		사무직	14.0	19.0	24.3	24.5
		서비스/판매직	29.0	25.1	22.4	21.8
		단순노무직	9.8	10.0	9.2	7.0
		그 외	27.5	21.8	18.5	16.0

주: 비중 산출 시 가구원가중치를 적용함; '그 외'는 농림어업숙련 종사자, 기능원 및 관련 기능 종사자, 장치/기계 및 조립 종사자를 포함함.
출처: "생활시간조사," 통계청, 2014, 2009, 2014, 2019, MDIS. 데이터 활용하여 저자 작성.

한부모 가구의 경제활동 특성을 정리하면, 대체로 임금근로자로 일하고 있으나, 임시·일용직의 비중이 맞벌이 가구에 비해 높고, 최근으로 올수록 시간제 근로자의 비중이 증가한 모습을 보인다. 직업 유형 분포는

과거에 비해 다양해졌음을 확인할 수 있다. 특히 관리자·전문가 종사자의 비중이 약 3.5배로 증가하여 맞벌이 가구주 및 배우자의 해당 직업 비중과 큰 차이를 보이지 않는다(2004년에는 두 집단의 전문가 관련 종사자 비율이 약 2.5배 차이). 다만, 여전히 한부모 가구주의 서비스/판매직 및 단순노무직의 비중이 맞벌이 가구의 해당 직종 유형 비중에 비해 약 2배 가량 높은 수준을 보인다.

나. 소득·재산 현황 및 변화

사회보장행정데이터(2021년 기준)를 통해 가구 유형별 소득·재산 현황을 살펴봤다. 여기서 가처분소득은 일차소득(근로소득(+일용소득)+사업소득+기타소득+금융소득+부동산소득)에 공적이전소득을 더한 유사 가처분소득을 가구원수의 제곱근으로 나눈 균등화가처분소득을 의미한다. 한부모 가구는 전체적으로 양부모 가구보다 소득과 재산 수준이 현저히 낮은 수준을 보인다. 일하는 한부모 가구는 일을 하고 있음에도 불구하고, 재산 등을 고려하면 구조적으로 취약한 경제 기반 위에 놓여 있다는 점을 보여준다.

〈표 3-15〉 소득 수준

(단위: 만 원)

구분	근로소득 (가구)	사업소득 (가구)	공적이전소득 (현금, 가구)	균등화 경상소득	균등화 가처분소득	가구재산
한부모	2,364	452	359	1,899	1,839	20,538
일하는한부모	2,861	564	316	2,290	2,143	21,610
양부모	6,915	1,110	266	4,419	3,816	51,018
홀벌이	5,410	699	257	3,482	2,966	47,614
맞벌이	7,552	1,284	270	4,816	4,176	52,458

출처: "사회보장행정데이터," 사회보장위원회, 2024. 자료 활용하여 저자 작성.

소득 분위별 가구 유형 분포를 살펴보면, 한부모 가구는 하위 1분위 (31.4%)와 2분위(20.0%)에만 무려 51.4%가 분포되어 있다. 반면 양부모 가구는 고루 분포되어 있으며, 특히 5분위 이상에 집중되어 있다. 일하는 한부모 가구와 맞벌이 가구를 비교하면, 일하는 한부모 가구는 1~2분위 에 집중되어 있으며 4분위 이하에 약 70%가 분포되어 있다. 특히 상위 10분위의 비중은 3.0%에 불과하다. 이에 반해 맞벌이 가구는 상위 8~10 분위에 집중되어 있으며, 하위 1분위의 비중은 4.2%에 불과하다.

재산 분위 기준으로도 한부모 가구는 하위 1분위와 2분위에 약 48.4% 가 집중되어 있으며, 상위 10분위에 속한 비율은 2.8%에 불과하다. 또한 한부모 가구 내에서도 일하는 한부모와 일하지 않는 한부모의 재산 분포 는 큰 차이를 보이지 않음을 확인할 수 있다. 반면 맞벌이 가구는 10분위 비중이 11.1%로, 재산 축적의 기회가 상대적으로 높음을 알 수 있다. 이 는 소득의 불균형뿐 아니라 자산 형성의 측면에서도 한부모 가구가 극히 취약한 구조 속에 있음을 보여준다.

〈표 3-16〉 소득분위별 가구 분포

(단위: %)

균등화 가처분소득	한부모	일하는 한부모	양부모	홑벌이	맞벌이
1	31.4	22.1	7.5	15.4	4.2
2	20.0	20.0	8.6	12.6	6.9
3	14.2	16.4	9.3	10.8	8.6
4	8.8	10.5	10.0	11.0	9.6
5	5.8	6.9	10.4	11.0	10.2
6	5.1	6.1	10.5	10.1	10.6
7	4.9	5.9	10.6	9.1	11.2
8	4.3	5.2	10.8	8.0	12.0
9	3.2	3.9	11.0	6.7	12.9
10	2.5	3.0	11.3	5.3	13.9

출처: "사회보장행정데이터," 사회보장위원회, 2024. 자료 활용하여 저자 작성.

[그림 3-2] 가구 균등화 가처분소득 분위별 가구 유형 분포

(단위: %)

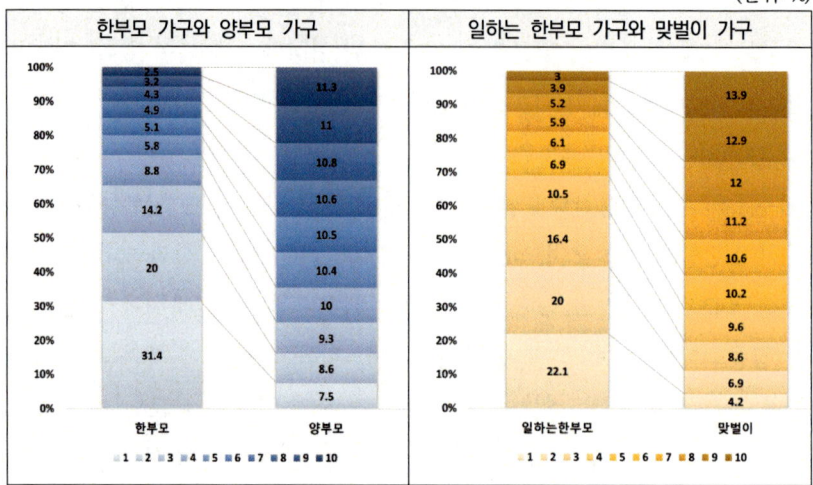

출처: "사회보장행정데이터," 사회보장위원회, 2024. 자료 활용하여 저자 작성.

〈표 3-17〉 재산분위별 가구 분포

(단위: %)

가구재산	한부모	일하는 한부모	양부모	홑벌이	맞벌이
1	30.8	28.0	8.3	11.0	7.2
2	17.6	17.7	8.6	9.4	8.3
3	12.5	12.6	9.7	10.6	9.3
4	8.6	9.1	10.2	10.3	10.2
5	7.1	7.6	10.3	10.0	10.5
6	6.1	6.6	10.5	9.9	10.8
7	5.5	5.9	10.6	10.0	10.8
8	5.0	5.3	10.5	9.8	10.9
9	4.1	4.4	10.6	9.6	11.1
10	2.8	2.9	10.7	9.5	11.1

출처: "사회보장행정데이터," 사회보장위원회, 2024. 자료 활용하여 저자 작성.

다음은 생활시간조사 자료를 통해 2004년~2019년까지의 소득 및 재산의 변화를 살펴봤다. 〈표 3-18〉은 2014년 대비 2019년 가구총소득 분포 변화를 보여준다. 여기서 소득은 조사 시점 기준 지난 1년간 모든 가구원의 근로소득, 사업소득, 재산소득, 이전소득(연금, 생활비 이전) 등을 모두 포함하여 12개월로 나눈 금액으로 정의되며, 해당 항목은 2014년부터 조사되었다. 맞벌이 가구의 경우, 일하는 가구원이 최소 2명 이상이므로, 가구총소득 분포에서 일하는 한부모 가구와 상당한 차이를 보임을 확인할 수 있다. 2014년 기준 일하는 한부모 가구의 경우, 100~200만 원 미만 소득 응답 비중이 가장 높지만, 맞벌이 가구는 500만 원 이상 소득 응답 비중이 가장 높게 나타난다. 2014년과 비교 시 2019년에는 한부모 가구와 맞벌이 가구 모두 전반적인 가구소득 수준이 상향되었음을 볼 수 있으나, 일하는 한부모 가구의 월평균 가구소득은 100~300만 원 미만 사이에 집중되어 있으며, 맞벌이 가구의 경우 500만 원 이상 응답 비중이 과반으로 나타난다.

〈표 3-18〉 일하는 한부모 및 맞벌이 가구의 가구주 응답 기준 가구총소득 분포

(단위: %)

구분		2014년	2019년
일하는 한부모 가구	100만원 미만	12.1	8.8
	100~200만원 미만	44.2	28.4
	200~300만원 미만	18.1	31.7
	300~400만원 미만	18.4	15.6
	400~500만원 미만	2.7	5.3
	500만원 이상	4.5	10.3
맞벌이 가구	100만원 미만	0.1	0.2
	100~200만원 미만	2.6	0.9
	200~300만원 미만	10.8	6.3
	300~400만원 미만	23.9	13.3
	400~500만원 미만	22.4	20.5
	500만원 이상	40.1	58.8

주: 비중 산출시 가구원가중치를 적용함.
출처: "생활시간조사," 통계청, 2014, 2019, MDIS. 데이터 활용하여 저자 작성.

〈표 3-19〉는 가구주 및 배우자 등 개별 가구원의 시간 흐름에 따른 월평균 소득에 대한 응답이다. 조사 시점 기준 지난 1년간 근로소득, 사업소득, 부업소득. 재산소득. 이전소득 등을 모두 포함하여 월평균으로 환산한 금액을 의미하기에, 월임금 수준을 나타내지 않음을 유의할 필요가 있다. 한부모 가구주, 맞벌이 가구주 및 배우자 모두 최근 시점으로 올수록 월평균 소득이 상향되고 있음을 볼 수 있음에도, 일하는 한부모 가구주의 경우 2019년에도 상대적으로 월평균 소득 분포가 100~200만 원 미만, 200~300만 원 미만에 집중되어 있음을 볼 수 있다(약 67.5%). 맞벌이 가구의 경우, 가구주만 대상으로 볼 때보다 배우자를 함께 고려할 때, 저소득 구간(100만 원 미만, 100~200만 원 미만)의 분포 비중이 증가하는 모습을 보이기는 하나, 한부모 가구에 비해서는 월평균 소득 분포가 대체로 분산되어 있는 편이다. 경제활동 인원이 복수일 경우 소득 안정성이 향상되나, 한부모 가구는 가구주 단독으로 생계를 책임지기에 소득 불안정성이 더 크게 나타난다.

〈표 3-19〉 일하는 한부모 및 맞벌이 가구의 가구주(또는 배우자 포함) 월평균 소득 분포

(단위: %)

구분			2004년	2009년	2014년	2019년
일하는 한부모	가구주	100만원 미만	45.5	29.4	15.3	8.7
		100~200만원 미만	39.3	44.5	45.8	35.7
		200~300만원 미만	10.8	19.6	21.1	31.8
		300~400만원 미만	1.9	3.6	13.1	12.6
		400~500만원 미만	0.6	0.8	0.4	3.0
		500만원 이상	1.8	2.1	4.2	8.3
맞벌이	가구주	100만원 미만	8.0	5.1	2.1	3.6
		100~200만원 미만	43.9	29.6	16.4	12.6
		200~300만원 미만	29.9	36.7	32.2	25.4
		300~400만원 미만	12.4	16.7	25.3	25.4
		400~500만원 미만	4.0	5.4	11.9	16.6
		500만원 이상	1.8	6.4	12.0	16.4

구분		2004년	2009년	2014년	2019년
가구주+ 배우자	100만원 미만	30.4	21.7	11.7	10.4
	100~200만원 미만	36.4	33.1	27.6	20.0
	200~300만원 미만	21.4	25.8	26.9	25.5
	300~400만원 미만	8.0	11.6	17.8	19.6
	400~500만원 미만	2.5	3.7	8.0	13.0
	500만원 이상	1.3	4.2	8.0	11.5

주: 비중 산출시 가구원가중치를 적용함.
출처: "생활시간조사," 통계청, 2014, 2009, 2014, 2019, MDIS. 데이터 활용하여 저자 작성.

[그림 3-3] 월평균 소득 분포

(단위: %)

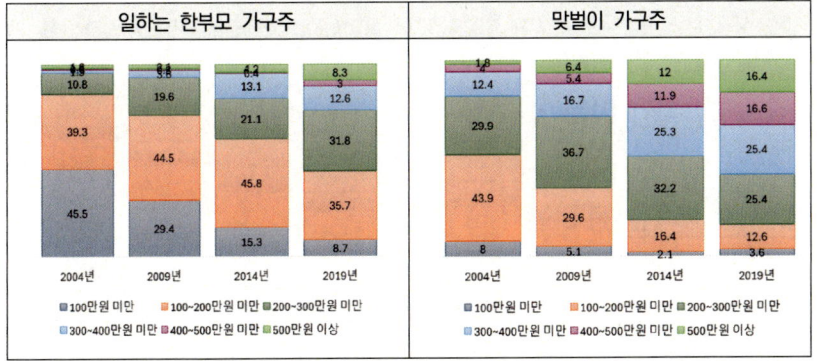

출처: "생활시간조사," 통계청, 2014, 2009, 2014, 2019, MDIS. 데이터 활용하여 저자 작성.

〈표 3-20〉은 조사 대상 가구의 주거 임대 형태를 보여주는데, 연도별로 구체적인 응답 항목이 다소 상이하여,[11] 자가와 그 외의 경우로 구분하여 제시하였다. 일하는 한부모 가구의 경우, 자가 거주 비중이 감소하였다가 2019년에 증가한 모습을 보이며, 맞벌이 가구의 경우, 지속적으로 자가 거주 비중이 증가하는 추세를 보인다. 다만, 일하는 한부모 가구

---

11) 2019년 조사에서는 월세 없는 전세, 보증금 있는 월세, 보증금 없는 월세 등으로 전월세를 구분하였으나, 그 이전까지는 전세, 월세로만 구분하여 조사함. 기타는 관사, 사택 등에 거주하는 경우, 응답 비중이 매우 작음.

중 자가 거주 비중과 맞벌이 가구 중 자가 거주 비중의 격차는 지속되고 있음을 볼 수 있다.

〈표 3-20〉 일하는 한부모 및 맞벌이 가구의 가구주 응답 기준 주거 형태 분포

(단위: %)

구분		2004년	2009년	2014년	2019년
일하는 한부모 가구	자가	33.4	30.9	20.9	37.8
	전월세, 기타	66.6	69.1	79.1	62.2
맞벌이 가구	자가	57.6	61.4	61.8	64.4
	전월세, 기타	42.4	38.6	38.2	35.6

주: 비중 산출 시 가구원가중치를 적용함.
출처: "생활시간조사," 통계청, 2014, 2009, 2014, 2019, MDIS. 데이터 활용하여 저자 작성.

3. 시간 자원 현황 및 변화

가. 시간 부족감 정도 분석

1999년 첫 생활시간조사부터 응답자가 주관적으로 느끼는 시간 부족감에 대한 문항은 지속적으로 조사되어왔다. 질문 내용이 연도별로 다소 변화하기는 하였으나,[12] 응답 내용의 구성이 달라지지는 않았기에, 구체적인 시간 사용 현황을 살펴보기에 앞서, 한부모 가구와 맞벌이 가구에서 느끼는 시간 부족감을 먼저 살펴보고자 한다. 여기서는 한부모 가구의 경우 가구주의 응답을, 맞벌이 가구의 경우 가구주와 배우자 모두의 응답을 활용하였다.

우선, 〈표 3-21〉에서, 일하는 한부모와 맞벌이 가구의 시간 부족감 정

---

[12] 2009년까지는 '평소 바쁘거나 시간이 부족하다고 느끼는 경우가 있습니까?'라고 질문하였으며, 2014년에는 '귀하는 평소 시간이 부족하다고 느끼십니까? 또는 여유 있다고 느끼십니까?'로, 2019년에는 '귀하는 평소 시간이 어떻다고 느끼십니까'로 변화되었음.

도에 대한 응답 분포를 살펴보면, 대체로 부족하다고(항상 부족+가끔 부족) 느낀다는 응답이 80% 내외로 나타난다. 한부모 가구의 경우, 과거와 비교 시 상대적으로 2019년 시간이 부족하다는 응답이 많이 감소하였고, 맞벌이 가구에 비해 시간 부족감을 느낀다는 응답 비중 또한 다소 낮게 나타난다. 〈표 3-22〉는 가구 내 아동의 연령대를 기준으로 구분하였을 때, 시간 부족감에 대한 응답 차이를 보여주는데, 한부모 가구와 맞벌이 가구 모두 10세 미만 아동이 있는 경우, 상대적으로 '항상' 부족하게 느낀다는 응답 비중이 더 높고, 10세 이상 아동이 있는 경우에는 '가끔' 부족하게 느낀다는 응답 비중이 더 높게 나타난다. 10세 미만 아동이 있는 일하는 한부모 가구의 경우, 2014년과 비교 시 2019년에 시간이 부족(항상 부족+가끔 부족)하다고 느낀다는 응답 비중이 97.2%에서 64.7%로 크게 감소한 것이 눈에 띄며, 특히 항상 부족하다는 응답 비중은 다소 증가하였으나, 가끔 부족하다고 느낀다는 응답 비중이 2014년과 비교 시 크게 감소한 것이 눈에 띈다.

〈표 3-21〉 일하는 한부모 및 맞벌이 가구의 시간 부족감 정도 분포

(단위: %)

구분		2004년	2009년	2014년	2019년
일하는 한부모	항상 부족하다고 느낌	41.2	44.5	38.8	33.7
	가끔 부족하다고 느낌	38.9	40.4	40.1	33.4
	약간 여유 있다고 느낌	15.6	13.4	18.7	31.0
	항상 여유 있다고 느낌	4.2	1.7	2.4	1.8
맞벌이	항상 부족하다고 느낌	40.5	41.9	39.0	39.6
	가끔 부족하다고 느낌	46.4	46.8	43.0	38.9
	약간 여유 있다고 느낌	11.5	10.2	15.7	20.1
	항상 여유 있다고 느낌	1.7	1.2	2.3	1.5

주: 비중 산출 시 가구원가중치를 적용함.
출처: "생활시간조사," 통계청, 2014, 2009, 2014, 2019, MDIS. 데이터 활용하여 저자 작성.

<표 3-22> 일하는 한부모 및 맞벌이 가구의 시간부족감 정도 분포: 아동 연령대 구분

(단위: %)

구분		10세 미만 아동 있음		10세 이상 아동 있음	
		2014년	2019년	2014년	2019년
일하는 한부모	항상 부족하다고 느낌	46.0	52.2	37.3	27.8
	가끔 부족하다고 느낌	51.2	12.5	37.9	40.0
	약간 여유있다고 느낌	2.8	35.2	21.9	29.7
	항상 여유있다고 느낌	0.0	0.0	2.9	2.4
맞벌이	항상 부족하다고 느낌	44.5	45.3	33.9	32.1
	가끔 부족하다고 느낌	41.1	38.9	44.8	38.9
	약간 여유있다고 느낌	12.3	14.6	18.8	27.3
	항상 여유있다고 느낌	2.0	1.2	2.5	1.8

주: 비중 산출 시 가구원가중치를 적용함; 아동 연령대 구분은 가구 내 최소 1명이라도 있는 아동 기준임. 즉, 10세 미만 아동과 10세 이상 아동이 모두 있는 경우 10세 미만 아동이 있는 가구로 분류됨.
출처: "생활시간조사," 통계청, 2014, 2019, MDIS. 데이터 활용하여 저자 작성.

<표 3-23>은 앞에서 시간이 부족(항상 부족+가끔 부족)하다고 느낀다고 한 응답자를 대상으로 질문한 것으로, 2019년의 경우 '시간이 부족하다고 느낀다면, 귀하가 앞으로 가장 줄이고 싶은 일은 무엇입니까?'라고 질문하였으며, 나머지 연도에는 시간이 부족하다고 느끼는 주된 이유가 무엇인지에 대해 질문하였다. 조사 연도별로 응답 항목 구성에 다소 차이가 있어, '직장일'과 '자녀 양육, 가사일', '그 외'로 크게 구분하였다. 대체로 가장 줄이고 싶은 일 혹은 시간 부족감의 주된 요인으로 '직장일'에 대한 응답이 높게 나타나며, 그다음으로는 '자녀 양육, 가사일'의 응답 비중이 높게 나타난다. 다만, 맞벌이 가구의 경우 가구주+배우자 전체의 응답 분포와 여성(주로 배우자)의 응답 분포를 보면, '직장일' 못지않게 '자녀 양육, 가사일'을 줄이고 싶다는 응답 비중이 높게 나타나며, 일하는 한부모 여성 가구주와 비교할 때도 해당 항목의 응답 비중이 높게 나타남을 볼 수 있다.

〈표 3-23〉 일하는 한부모 및 맞벌이 가구의 가장 줄이고 싶은 일 분포

(단위: %)

구분		2004년		2009년		2014년		2019년	
		전체	여성	전체	여성	전체	여성	전체	여성
일하는 한부모	직장 일	48.2	52.9	60.5	62.0	81.2	86.0	60.5	53.3
	자녀양육, 가사	19.6	20.1	33.6	31.4	10.2	5.4	24.4	28.4
	그 외	32.2	27.0	5.9	6.6	8.7	8.6	15.1	18.3
맞벌이	직장 일	54.0	44.9	63.3	48.5	69.7	56.2	60.7	47.7
	자녀양육, 가사	19.7	35.5	23.8	40.9	20.6	35.5	23.4	40.9
	그 외	26.3	19.6	12.9	10.6	9.7	8.3	15.8	11.4

주: 비중 산출 시 가구원가중치를 적용함; '그 외' 항목에는 자기학습, 교제와 사회활동, 이동시간, 기타 등이 포함됨.
출처: "생활시간조사," 통계청, 2014, 2009, 2014, 2019, MDIS. 데이터 활용하여 저자 작성.

〈표 3-24〉는 가구 내 아동의 연령대별로 가장 줄이고 싶은 일 또는 시간 부족감의 주된 요인에 대한 응답 분포를 나타낸 것으로, 2014년부터는 응답 항목에 자녀 양육과 가사일이 구분되어 있으므로, 이를 반영하여 제시하였다. 10세 미만 아동이 있는 경우, 한부모 가구와 맞벌이 가구 모두 2014년에는 '자녀 양육'이 '직장일' 다음으로 시간 부족감을 느끼게 하는 주된 요인이었으나, 2019년에는 '자녀 양육'보다도 '가사일'이 '직장일' 다음으로 시간 부족감을 느끼게 하는 요인인 것으로 나타났다. 이는 제도적으로 보육서비스 등이 지속적으로 확대되어 온 것을 반영한 결과일 수 있다. 10세 이상 아동이 있는 경우에도, 2014년과 2019년 모두 상대적으로 '자녀 양육'이 시간 부족감을 느끼게 하는 주요 요인에서는 후순위에 있었으며, 여성 응답자를 대상으로 보면, 2019년에도 '직장일' 다음으로 '가사일'을 줄이고 싶다는 응답이 높았다.

주관적으로 느끼는 시간 부족감에 대한 응답 결과를 정리하면, 일하는 한부모 가구와 맞벌이 가구는 대부분 시간이 부족하다고 느끼고 있으며, 최근으로 올수록 시간 부족감을 느낀다는 응답이 다소 감소하는 추이를

보인다. 시간 부족감을 느끼는 경우, 가장 줄이고 싶은 일 또는 주요 요인으로 '직장일'이 가장 높은 응답 비중을 차지하며, '자녀 양육'과 '가사일'을 비교할 경우, 최근 시점으로 올수록 '가사일'을 줄이고 싶다는 응답 비중이 높게 나타난다. 다만, 본 절에서 다루고 있는 일하는 한부모 가구주의 표본이 많지 않기 때문에, 여기서 제시된 결과를 일반화하여 해석하기에는 어려움이 있음을 유의할 필요가 있다.

〈표 3-24〉 일하는 한부모 및 맞벌이 가구의 가장 줄이고 싶은 일 분포: 아동 연령대 구분

(단위: %)

구분		10세 미만 아동 있음				10세 이상 아동 있음			
		2014년		2019년		2014년		2019년	
		전체	여성	전체	여성	전체	여성	전체	여성
일하는 한부모	직장일	89.1	92.8	55.3	37.4	76.5	84.1	62.1	56.8
	자녀 양육	10.9	7.2	5.2	6.0	6.6	1.6	4.3	5.4
	가사	0.0	0.0	15.5	26.6	5.1	3.3	21.3	22.0
	그 외	0.0	0.0	24.0	30.0	11.7	11.0	12.4	15.7
맞벌이	직장일	64.5	47.1	59.2	45.1	75.6	66.1	63.1	51.7
	자녀 양육	20.5	31.8	9.5	14.2	3.4	5.2	2.9	5.0
	가사	7.1	14.4	16.8	30.2	9.7	19.1	16.0	30.3
	그 외	7.9	6.8	14.4	10.5	11.3	9.7	18.0	13.0

주: 비중 산출 시 가구원가중치를 적용함; 아동 연령대 구분은 가구 내 최소 1명이라도 있는 아동 기준임. 즉, 10세 미만 아동과 10세 이상 아동이 모두 있는 경우, 10세 미만 아동이 있는 가구로 분류됨.
출처: "생활시간조사," 통계청, 2014, 2019, MDIS. 데이터 활용하여 저자 작성.

나. 시간 자원 사용 현황 분석

여기서는 생활시간조사에서 제공하는 행동 분류별 시간량 자료를 활용하여, 본 절의 분석 대상인 일하는 한부모 가구주와 맞벌이 가구주·배우자가 하루 24시간을 어떻게 분배하여 사용하고 있는지 살펴보고자 한다. 본 절에서는 2004년부터의 생활시간조사 자료를 활용함에 따라, 통계청

에서 제공하고 있는 '행동 분류 연계표'를 기반으로 2019년의 행동 분류 기준에 따라, 행동 유형을 수면시간, 개인유지시간, 유급 노동시간, 무급 노동시간, 그 외 학습/여가 등 기타 활동 시간으로 크게 구분하고자 한다. 2019년의 행동 분류를 기준으로 한 행동 유형이 포함하고 있는 세부 항목은 〈표 3-25〉에 제시되어 있으며, 수면시간 이외의 활동은 각각의 활동을 위한 이동시간을 포함하여 분류하였다.

〈표 3-25〉 행동 유형별 분류 기준(2019년 기준)

구분	항목
수면시간	수면(11)
개인 유지시간	식사 및 간식 섭취(12), 개인건강관리(13), 개인위생 및 외모관리(14), 개인유지 관련 이동(91)
유급 노동시간	일(2), 일 관련 이동(92)
무급 노동시간	가정관리(4) 및 관련 이동(94), 가족/가구원 돌보기(5) 및 관련 이동(95)
학습, 여가 등 기타 활동	학습(3) 및 관련 이동(93), 자원봉사/무급연수(6) 및 관련 이동(96), 교제/참여활동(7) 및 관련 이동(97), 문화/여가활동(8) 및 관련 이동(98)

주: 2019년 이전 자료는 '행동 분류 연계표'에 기반하여, 소분류(3자리 코드) 또는 중분류(2자리 코드) 단위로 2019년을 기준으로 재분류하여 활용함.
출처: "생활시간조사," 통계청, 2019, MDIS. 데이터 활용하여 저자 작성.

1) 수면 및 개인유지 시간

수면과 식사, 개인위생 및 건강 관리는 인간이 살아가는 데 있어 필수적으로 필요한 시간이라 볼 수 있으며, 수면 이외 후자의 행동 유형은 개인유지시간으로 구분하여 시간 자원 활용 추이를 살펴보고자 한다. 우선 〈표 3-26〉은 일하는 한부모 가구주와 맞벌이 가구주·배우자의 요일 평균 수면시간을 보여주는데, 대체로 시간이 지나면서 평균 수면시간이 소폭 증가해 온 추이를 보인다. 상대적으로 한부모 가구주의 수면시간이 다소 짧게 나타나는데, 2019년 기준 일하는 한부모의 요일 평균 수면시간은 약 7시간 48분, 맞벌이 가구의 경우 약 7시간 58분으로 나타난다.

〈표 3-27〉은 평일 기준 평균 수면시간과 주말 기준 평균 수면시간을 보여주는데, 한부모 가구주와 맞벌이 가구주·배우자 모두 평일에 비해 주말의 평균 수면시간이 약 1시간가량 더 길게 나타남을 볼 수 있으며, 평일과 주말 모두 대체로 한부모 가구주의 평균 수면시간이 맞벌이 가구주·배우자에 비해 소폭 짧거나 비슷한 수준을 보인다.

〈표 3-26〉 일하는 한부모 및 맞벌이 가구의 평균 수면시간: 전체 요일 평균

(단위: 분)

구분		2004년	2009년	2014년	2019년
일하는 한부모	전체	446.2	441.5	456.8	468.2
	남성	450.8	453.3	469.4	467.1
	여성	444.7	434.4	451.7	468.7
맞벌이	전체	455.5	449.9	460.4	478.0
	남성	464.8	456.1	464.6	474.4
	여성	445.3	443.0	455.9	481.8

주: 비중 산출 시 가구원가중치를 적용함.
출처: "생활시간조사," 통계청, 2014, 2009, 2014, 2019, MDIS. 데이터 활용하여 저자 작성.

〈표 3-27〉 일하는 한부모 및 맞벌이 가구의 평균 수면시간: 평일/주말 평균

(단위: 분)

구분		2004년	2009년	2014년	2019년
평일 기준					
일하는 한부모	전체	436.3	422.9	444.1	447.2
	남성	446.5	434.3	443.1	441.4
	여성	433.1	415.7	444.5	449.7
맞벌이	전체	433.3	433.5	439.6	452.3
	남성	442.6	441.2	443.1	447.4
	여성	423.2	425.2	435.9	457.4

구분		2004년	2009년	2014년	2019년
주말 기준					
일하는 한부모	전체	461.3	490.7	488.5	527.0
	남성	456.3	507.3	527.7	527.5
	여성	463.2	481.6	470.6	526.7
맞벌이	전체	487.5	489.6	516.0	540.3
	남성	496.8	492.5	522.2	540.0
	여성	477.2	486.4	509.4	540.6

주: 비중 산출 시 가구원가중치를 적용함.
출처: "생활시간조사," 통계청, 2014, 2009, 2014, 2019, MDIS. 데이터 활용하여 저자 작성.

〈표 3-28〉~〈표 3-29〉는 식사, 개인 건강 관리, 개인 위생 관리 등 수면을 제외한 개인유지시간 활용 추이를 보여준다. 〈표 3-28〉에서 전체 요일 평균을 보면, 대체로 한부모 가구주의 평균 개인유지시간이 맞벌이 가구주·배우자에 비해 짧게 나타나나, 5~10분 내외로 큰 차이를 보이지는 않으며, 평균 약 3시간~3시간 20분 사이 정도의 시간을 소요하는 것으로 나타난다. 다만, 성별로 구분하여 보면, 한부모의 경우 상대적으로 여성 가구주의 평균 개인유지시간이 남성에 비해 높게 나타나나, 맞벌이의 경우, 반대로 남성의 평균 개인유지시간이 여성에 비해 다소 높게 나타남을 볼 수 있다. 평일과 주말을 구분하여 평균 개인유지시간을 보면(〈표 3-29〉 참조), 한부모 가구와 맞벌이 가구 모두 최근 시점으로 올수록 평균 개인유지시간의 평일과 주말의 격차가 커짐을 볼 수 있다. 그런데 주말 평균 수면시간이 약 1시간가량 증가한 것과 달리 개인유지시간은 주말에 약 30분 정도 증가한 것으로 나타난다. 그리고 평일과 주말 모두 한부모와 맞벌이 부부 간의 평균 개인유지시간은 한부모가 다소 짧은 시간을 활용하기도 하나 대체로 그리 큰 차이를 보이지 않음을 확인할 수 있다.

〈표 3-28〉 일하는 한부모 및 맞벌이 가구의 평균 개인유지시간: 전체 요일 평균

(단위: 분)

구분		2004년	2009년	2014년	2019년
일하는 한부모	전체	160.3	183.0	189.7	196.3
	남성	153.4	171.9	174.2	185.5
	여성	162.6	189.7	195.9	201.2
맞벌이	전체	168.2	187.2	201.4	200.9
	남성	169.5	191.2	204.5	203.0
	여성	166.8	182.9	198.1	198.6

주: 비중 산출 시 가구원가중치를 적용함.
출처: "생활시간조사," 통계청, 2014, 2009, 2014, 2019, MDIS. 데이터 활용하여 저자 작성.

〈표 3-29〉 일하는 한부모 및 맞벌이 가구의 평균 개인유지시간: 평일/주말 평균

(단위: 분)

구분		2004년	2009년	2014년	2019년
평일 기준					
일하는 한부모	전체	159.9	183.7	187.1	187.5
	남성	154.8	174.6	169.9	178.2
	여성	161.4	189.4	193.6	191.4
맞벌이	전체	164.9	182.6	196.7	192.7
	남성	165.7	186.3	200.5	195.3
	여성	164.0	178.4	192.4	189.8
주말 기준					
일하는 한부모	전체	160.8	181.0	196.2	220.9
	남성	151.6	164.2	183.8	202.8
	여성	164.5	190.2	201.8	230.9
맞벌이	전체	173.1	198.5	214.2	220.8
	남성	175.1	203.0	215.2	221.8
	여성	170.8	193.6	213.2	219.7

주: 비중 산출 시 가구원가중치를 적용함.
출처: "생활시간조사," 통계청, 2014, 2009, 2014, 2019, MDIS. 데이터 활용하여 저자 작성.

2) 유급 노동시간(일)

수면시간 이외에 하루 일과 중 상당한 시간을 사용하게 되는 것은 근로 활동이다. 특히, 본 절의 대상이 일하는 한부모와 맞벌이 부부이기에, 하루 24시간 중 1/3은 일 관련 활동에 활용될 것으로 예상할 수 있다. 〈표 3-30〉과 〈표 3-31〉은 전체 요일 평균, 평일 및 주말 기준 평균 일 관련 시간을 한부모 가구주, 맞벌이 가구주·배우자를 대상으로 산출한 결과를 보여준다. 우선, 〈표 3-30〉에서 일하는 한부모의 경우, 전체 요일 평균 일 관련 사용 시간은 연도별로 소폭 증가하다 2019년에 상당히 감소한 모습으로, 2019년 기준 평균 약 6시간을 사용하는 것으로 나타난다. 성별로 구분하여 보면, 조사 연도별로 차이가 있어서 2019년을 기준으로 보면, 한부모 남성 가구주의 경우 약 7시간 22분, 여성 가구주는 약 5시간 34분간 일과 관련하여 시간을 활용하는 것으로 나타난다. 맞벌이 부부의 경우, 평균 일 관련 사용 시간은 최근으로 올수록 감소하는 추이를 보이며, 상대적으로 남성보다 여성의 일 관련 시간 사용이 적게 나타난다. 2019년 기준, 맞벌이 부부의 평균 일 관련 시간은 약 6시간 20분 정도로 나타나며, 맞벌이 가구 내 남성의 경우 약 7시간 26분, 여성의 경우 약 5시간 9분 정도 일 관련 시간을 사용하는 것으로 나타난다.

〈표 3-30〉 일하는 한부모 및 맞벌이 가구의 평균 일 관련 시간: 전체 요일 평균

(단위: 분)

구분		2004년	2009년	2014년	2019년
일하는 한부모	전체	419.2	437.1	444.6	368.1
	남성	374.0	421.6	463.7	442.5
	여성	434.6	446.5	436.9	334.1
맞벌이	전체	396.1	412.5	397.8	380.7
	남성	454.3	466.6	464.3	447.7
	여성	332.5	353.4	325.9	309.5

주: 비중 산출 시 가구원가중치를 적용함.
출처: "생활시간조사," 통계청, 2014, 2009, 2014, 2019, MDIS. 데이터 활용하여 저자 작성.

일 관련 시간 사용의 경우, 평일과 주말을 구분하여 보면 더욱 극명한 시간 사용 대비가 나타난다. 〈표 3-31〉에서 평일 기준 한부모와 맞벌이 부부의 일 관련 평균 시간 사용 추이를 보면, 맞벌이 가구 내 남성의 경우 평균 약 9시간 15분 내외로, 조사 연도별로 큰 차이를 보이지 않는다. 한부모 남성 가구주의 경우, 평일 기준 일 관련 시간이 점차 증가하여 2019년에는 맞벌이 가구 내 남성과 유사한 시간 사용 수준을 보인다. 한부모 여성의 경우, 맞벌이 가구 내 여성에 비해 평일 기준 평균 근로시간이 약 1시간~1시간 30분 정도 길었으나, 2019년에는 6시간 34분 정도로 감소하여 맞벌이 가구 여성과 비슷한 시간 사용 수준을 보인다.

주말의 경우, 대체로 일하는 한부모의 일 관련 시간 사용이 맞벌이 부부에 비해 많게 나타나는데, 이는 앞에서 살펴본 일하는 한부모와 맞벌이 부부의 개인적 특성과 직업 특성 변화를 고려한다면, 상대적으로 임시·일용직, 시간제 비중이 높고, 서비스/판매직, 단순노무직 비중이 높은 한부모의 직업 분포 관련 특성에 일부 기인하는 것으로 생각된다. 또 다른 한편으로, 평일 기준 한부모와 맞벌이 부부의 평균 일 관련 시간 사용 수준이 비슷하게 변화하여 온 것은 한부모 가구의 교육 수준, 직업 유형 등의 분포가 맞벌이 가구와 점차 유사한 방향으로 변화하여 온 것이 일부 반영된 결과로 생각된다.

〈표 3-31〉 일하는 한부모 및 맞벌이 가구의 평균 일 관련 시간: 평일/주말 평균

(단위: 분)

구분		2004년	2009년	2014년	2019년
평일 기준					
일하는 한부모	전체	482.4	503.7	500.3	442.2
	남성	453.9	486.8	538.8	555.7
	여성	491.2	514.3	485.6	394.0
맞벌이	전체	484.2	490.6	483.2	479.1
	남성	553.7	550.4	554.9	555.6
	여성	408.4	425.3	405.6	397.5
주말 기준					
일하는 한부모	전체	323.5	261.4	305.0	160.4
	남성	273.1	235.1	297.5	177.0
	여성	343.4	275.9	308.5	151.3
맞벌이	전체	268.9	222.4	169.7	142.5
	남성	311.0	262.4	221.9	185.4
	여성	222.7	178.8	113.4	97.1

주: 비중 산출 시 가구원가중치를 적용함.
출처: "생활시간조사," 통계청, 2014, 2009, 2014, 2019, MDIS. 데이터 활용하여 저자 작성.

3) 무급 노동시간

　무급 노동시간은 가정관리 및 가족·가구원 돌보기에 활용하는 시간으로 정의하였으며, 가정관리에는 음식 준비, 청소 및 정리, 주거 관리, 생활용품 구입(오프라인, 온라인) 등 전반적인 가사일이 포함되어 있다. 가족 및 가구원 돌보기는 자녀뿐만 아니라 성인 가족 구성원의 돌봄도 포함되어 있으며, 자녀돌봄의 경우, 2004년과 2009년에는 미취학 아이와 초·중·고등학생 아이로 구분하여 조사하였고, 2014년부터는 만 10세 미만과 만 10세 이상 미성년자로 구분하여 사용 시간을 조사하고 있다.

(1) 가정관리 시간

우선, 가정관리에 활용하는 평균적인 시간을 살펴보면, 대체로 일하는 한부모 가구에서 맞벌이 가구에 비해 좀 더 많은 시간을 사용하고 있음을 볼 수 있다(〈표 3-32〉 참조). 2019년을 기준으로 보면, 한부모 가구의 가정관리 시간은 전체 요일 평균 약 2시간 15분 정도이며, 맞벌이 가구의 경우 약 1시간 41분 정도로 나타난다. 일하는 한부모 가구와 맞벌이 가구 내 구성원(가구주와 배우자)의 성별로 가정관리에 활용하는 시간량을 보면, 여성이 훨씬 더 많은 시간을 가정관리에 사용하고 있음을 볼 수 있다. 한부모 가구의 남성 가구주는 한부모 가구의 특성상 맞벌이 가구의 남성에 비해 가정관리에 더 많은 시간을 투입하고 있으나, 한부모 가구나 맞벌이 가구의 여성에 비해서는 더 적은 시간을 활용하고 있다. 맞벌이 가구를 보면, 남성이 가정관리에 투입하는 시간은 점차 증가하여 왔으나, 여전히 맞벌이 가구 내 여성에 비해서는 적은 수준으로, 2019년 기준 여성의 사용 시간 대비 약 27% 수준으로 나타난다.

〈표 3-32〉 일하는 한부모 및 맞벌이 가구의 평균 가사일 시간: 전체 요일 평균

(단위: 분)

구분		2004년	2009년	2014년	2019년
일하는 한부모	전체	125.5	112.3	126.8	135.3
	남성	75.7	82.0	76.3	95.7
	여성	142.6	130.5	147.0	153.4
맞벌이	전체	107.6	98.9	99.6	101.9
	남성	27.8	27.9	30.8	44.5
	여성	194.6	176.5	173.9	163.0

주: 비중 산출 시 가구원가중치를 적용함.
출처: "생활시간조사," 통계청, 2014, 2009, 2014, 2019, MDIS. 데이터 활용하여 저자 작성.

〈표 3-33〉 일하는 한부모 및 맞벌이 가구의 평균 가사일 시간: 평일/주말 평균

(단위: 분)

구분		2004년	2009년	2014년	2019년
평일 기준					
일하는 한부모	전체	122.3	94.3	113.1	126.4
	남성	68.5	70.6	68.6	83.6
	여성	139.0	109.2	130.1	144.7
맞벌이	전체	95.0	84.3	85.6	83.1
	남성	19.5	18.5	20.0	28.6
	여성	177.3	156.3	156.6	141.3
주말 기준					
일하는 한부모	전체	130.4	159.5	160.9	160.2
	남성	84.9	114.7	93.4	124.2
	여성	148.3	184.2	191.6	180.2
맞벌이	전체	125.8	134.4	136.8	147.4
	남성	39.9	50.8	59.7	83.0
	여성	219.8	225.6	220.0	215.3

주: 비중 산출 시 가구원가중치를 적용함.
출처: "생활시간조사," 통계청, 2014, 2009, 2014, 2019, MDIS. 데이터 활용하여 저자 작성.

위의 〈표 3-33〉은 평일과 주말을 구분하여 가정관리에 활용하는 평균적인 시간을 보여준다. 한부모 가구와 맞벌이 가구 모두 평일보다 주말에 가정관리에 더 많은 시간을 활용하고 있음을 볼 수 있는데, 2019년을 기준으로 보면, 한부모 가구는 주말에 평일보다 약 33분 정도 가정관리에 더 시간을 쓰며, 맞벌이 가구는 약 64분 정도 더 시간을 사용하고 있다. 성별로 보면, 한부모 가구와 맞벌이 가구 모두 여성의 가정관리 사용 시간이 평일, 주말 모두 더 많게 나타나며, 맞벌이 가구 내 남성의 경우, 평일 대비 주말 가정관리 시간이 약 2.9배(2019년 기준)로 가장 크게 증가하나, 절대적인 사용 시간은 2019년 기준 83분으로 가장 적게 나타난다.

(2) 가족 및 가구원 돌보기 시간

일하는 한부모 및 맞벌이 가구가 전체 요일 기준 평균적으로 가족돌봄에 사용하는 시간은 〈표 3-34〉에 정리되어 있다. 대체로 한부모 가구의 가족돌봄 사용 시간이 맞벌이 가구에 비해 적게 나타나며, 2019년 기준 일하는 한부모 가구의 가족돌봄 시간은 평균 약 38분을 활용하고 있으며, 맞벌이 가구의 경우 약 64분 정도 사용하는 것으로 나타난다. 연도별로 보면, 일하는 한부모 가구의 가족돌봄 시간은 뚜렷한 추세를 보이지는 않는 반면, 맞벌이 가구의 경우 가족돌봄에 활용하는 시간이 점차 증가해오는 추이를 보인다. 성별로 구분하여 보면, 대체로 여성이 가족돌봄에 활용하는 시간이 남성보다 많게 나타나는데, 일하는 한부모의 여성 가구주와 맞벌이 가구의 여성을 비교할 때 후자에서 가족돌봄에 사용하는 시간이 2019년 기준 약 2.2배 더 많은 것으로 나타난다.

〈표 3-35〉에서 평일과 주말을 구분하여 가족돌봄에 사용하는 평균 시간을 비교해보면, 일하는 한부모 가구의 경우 연도별로 차이가 있어 주말에 가족돌봄에 더 많은 시간을 활용한다고 보기 어렵고, 맞벌이 가구의 경우 주말에 가족돌봄에 소폭 더 시간을 활용하나 그 차이가 미미하게 나타난다. 다만, 맞벌이 가구의 경우, 성별로 구분하여 보면 남성의 경우 대체로 평일보다 주말에 가족돌봄에 좀 더 많은 시간을 활용하고 있으며(4개 연도 평균 약 15분 정도), 여성은 반대로 주말에 다소 적은 시간을 사용하는 것으로 나타난다.

〈표 3-34〉 일하는 한부모 및 맞벌이 가구의 평균 가족돌봄 시간: 전체 요일 평균

(단위: 분)

구분		2004년	2009년	2014년	2019년
일하는 한부모	전체	36.6	33.3	21.6	38.3
	남성	54.1	25.5	11.7	31.8
	여성	30.6	38.1	25.7	41.3
맞벌이	전체	42.1	45.9	50.4	64.2
	남성	22.2	23.7	27.5	38.8
	여성	63.8	70.2	75.1	91.2

주: 비중 산출 시 가구원가중치를 적용함.
출처: "생활시간조사," 통계청, 2014, 2009, 2014, 2019, MDIS. 데이터 활용하여 저자 작성.

〈표 3-35〉 일하는 한부모 및 맞벌이 가구의 평균 가족돌봄 시간: 평일/주말 평균

(단위: 분)

구분		2004년	2009년	2014년	2019년
평일 기준					
일하는 한부모	전체	32.2	34.5	19.7	40.6
	남성	35.7	26.4	9.7	27.6
	여성	31.1	39.6	23.5	46.1
맞벌이	전체	40.1	44.2	49.2	63.9
	남성	17.1	19.9	23.6	33.1
	여성	65.1	70.7	77.0	96.9
주말 기준					
일하는 한부모	전체	43.4	30.2	26.5	32.0
	남성	77.5	22.8	16.1	41.5
	여성	29.9	34.3	31.3	26.8
맞벌이	전체	45.0	50.2	53.4	64.7
	남성	29.6	32.9	38.0	52.6
	여성	61.9	69.0	70.0	77.4

주: 비중 산출 시 가구원가중치를 적용함.
출처: "생활시간조사," 통계청, 2014, 2009, 2014, 2019, MDIS. 데이터 활용하여 저자 작성.

가족 및 가구원 돌보기 활동에는 자녀뿐만 아니라 성인 가족 구성원을 돌보는 시간도 포함되어 있으므로, 〈표 3-36〉과 〈표 3-37〉에서는 자녀

돌봄에 한정하여 일하는 한부모와 맞벌이 가구가 사용하는 시간을 제시하였다. 〈표 3-34〉와 비교하여 보면, 가족돌봄 시간은 대체로 자녀에게 사용되고 있으며, 맞벌이 가구에서 한부모 가구에 비해 자녀돌봄에 좀 더 많은 시간을 활용하고 있음을 알 수 있다. 2019년 기준, 한부모 가구의 자녀돌봄 사용시간은 전체 요일 평균 약 29분, 맞벌이 가구는 약 52분으로 나타난다. 성별로 구분하여 보면, 한부모 가구의 경우 남성 및 여성 가구주의 자녀돌봄 사용시간 차이가 맞벌이 가구의 남성 및 여성보다 적게 나타남을 볼 수 있다. 맞벌이 가구의 경우, 여성은 남성에 비해 자녀돌봄에 최소 2배 이상의 시간을 평균적으로 사용한 것으로 나타난다.

〈표 3-37〉은 평일 및 주말에 자녀돌봄에 활용하는 평균 시간을 산출한 것으로, 전반적인 특성은 가족돌봄 시간 활용(〈표 3-35〉 참조)과 유사하게 나타난다. 즉, 한부모 및 맞벌이 가구 모두 전반적으로 평일과 주말에 자녀돌봄에 사용하는 시간이 큰 차이를 보이지 않으며, 맞벌이 가구의 경우, 남성은 대체로 평일보다 주말에 자녀돌봄에 더 시간을 사용하는 것으로 나타난다.

〈표 3-36〉 일하는 한부모 및 맞벌이 가구의 평균 자녀돌봄 시간: 전체 요일 평균

(단위: 분)

구분		2004년	2009년	2014년	2019년
일하는 한부모	전체	24.5	23.5	17.1	29.4
	남성	26.7	19.5	9.8	25.1
	여성	23.8	25.9	20.1	31.4
맞벌이	전체	31.1	34.0	41.2	51.9
	남성	12.8	14.8	20.7	31.0
	여성	51.0	55.0	63.3	74.1

주: 비중 산출 시 가구원가중치를 적용함.
출처: "생활시간조사," 통계청, 2014, 2009, 2014, 2019, MDIS. 데이터 활용하여 저자 작성.

〈표 3-37〉 일하는 한부모 및 맞벌이 가구의 평균 자녀돌봄 시간: 평일/주말 평균

(단위: 분)

구분		2004년	2009년	2014년	2019년
평일 기준					
일하는 한부모	전체	20.6	24.1	15.8	32.1
	남성	11.9	20.1	7.9	25.5
	여성	23.3	26.7	18.7	34.9
맞벌이	전체	30.5	32.7	40.1	51.0
	남성	9.9	11.9	17.4	25.6
	여성	53.0	55.4	64.6	78.1
주말 기준					
일하는 한부모	전체	30.5	21.7	20.5	21.9
	남성	45.5	17.7	13.8	24.2
	여성	24.6	23.9	23.6	20.7
맞벌이	전체	31.9	37.2	44.2	53.8
	남성	17.1	21.7	29.6	44.0
	여성	48.1	54.1	59.9	64.2

주: 비중 산출 시 가구원가중치를 적용함.
출처: "생활시간조사," 통계청, 2014, 2009, 2014, 2019, MDIS. 데이터 활용하여 저자 작성.

본 절에서 분석 대상으로 하는 18세 이하 자녀가 있는 한부모 및 맞벌이 가구의 경우, 자녀의 연령대에 따라 자녀돌봄에 활용하는 시간에 큰 차이를 보일 수 있기에, 〈표 3-38〉과 〈표 3-39〉는 자녀가 만 10세 미만 또는 미취학인 경우와 그렇지 않은 경우를 구분하여 평균적인 자녀돌봄 시간을 산출하여 나타내었다. 한 가지 유의할 점은 앞에서 언급하였듯이, 조사 시점별로 차이가 있기 때문에 2010년 이전은 미취학 아동이 있는 경우와 초중고 아이만 있는 경우로 구분되며, 이후 시점은 만 10세 미만 아이와 만 10세 이상 아이만 있는 경우로 구분된다는 것이다. 또 일하는 한부모 가구는 자녀 연령대까지 고려할 경우, 미취학 또는 만 10세 미만 아이가 있는 가구의 표본 수가 더 적어지기에, 산출 결과를 일반화시키기에는 어려움이 있다는 것이다.

이러한 점을 염두에 두고, 〈표 3-38〉을 보면, 미취학 아동 또는 만 10세 미만 자녀가 있는 경우, 일하는 한부모 및 맞벌이 가구 모두 상대적으로 자녀돌봄에 사용되는 시간이 더 많음을 알 수 있으며, 일하는 한부모의 경우, 자녀돌봄에 사용하는 시간이 대체로 감소해왔음을 알 수 있다.

〈표 3-38〉 일하는 한부모 및 맞벌이 가구의 평균 자녀돌봄 시간: 전체 요일 평균

(단위: 분)

구분		2004년	2009년	2014년	2019년
일하는 한부모	전체	24.5	23.5	17.1	29.4
	10세 미만 or 미취학 아동 有	126.2	72.7	64.7	60.0
	10세 이상 or 초중고 아동 有	9.9	14.5	7.8	20.6
맞벌이	전체	31.1	34.0	41.2	51.9
	10세 미만 or 미취학 아동 有	68.9	82.9	77.3	83.1
	10세 이상 or 초중고 아동 有	12.4	14.5	7.8	11.8

주: 비중 산출 시 가구원가중치를 적용함.
출처: "생활시간조사," 통계청, 2014, 2009, 2014, 2019, MDIS. 데이터 활용하여 저자 작성.

평일 및 주말에 따라 자녀돌봄에 사용하는 시간에 차이가 있는지 〈표 3-39〉을 보면, 만 10세 미만 또는 미취학 아동이 있는 경우, 평일보다 주말에 자녀돌봄에 활용하는 시간이 증가하는 경향이 나타난다. 다만, 만 10세 미만 또는 미취학 아동이 있는 일하는 한부모의 경우, 2019년에는 평일에 자녀돌봄에 좀 더 많은 시간을 사용한 것으로 나타난다. 만 10세 미만 또는 미취학 아동이 있는 맞벌이 가구의 경우 주말에 평일보다 좀 더 많이 자녀돌봄에 시간을 할애하는 것으로 나타나나, 평일과 주말의 활용 시간 차이가 조사 시점별로 다소 상이하며, 그 차이는 최대 20분을 넘지 않는 것으로 나타난다.

〈표 3-39〉 일하는 한부모 및 맞벌이 가구의 평균 자녀돌봄 시간: 평일/주말 평균

(단위: 분)

구분		2004년	2009년	2014년	2019년
평일 기준					
일하는 한부모	전체	20.6	24.1	15.8	32.1
	10세 미만 or 미취학 아동 有	103.5	69.8	58.2	65.2
	10세 이상 or 초중고 아동 有	11.1	14.5	8.3	21.7
맞벌이	전체	30.5	32.7	40.1	51.0
	10세 미만 or 미취학 아동 有	65.4	77.3	74.6	78.9
	10세 이상 or 초중고 아동 有	13.2	14.7	8.6	12.8
주말 기준					
일하는 한부모	전체	30.5	21.7	20.5	21.9
	10세 미만 or 미취학 아동 有	148.1	86.4	77.0	41.0
	10세 이상 or 초중고 아동 有	8.0	14.7	6.5	17.6
맞벌이	전체	31.9	37.2	44.2	53.8
	10세 미만 or 미취학 아동 有	74.1	96.9	84.3	94.3
	10세 이상 or 초중고 아동 有	11.2	13.9	5.5	9.7

주: 비중 산출 시 가구원가중치를 적용함.
출처: "생활시간조사," 통계청, 2014, 2009, 2014, 2019, MDIS. 데이터 활용하여 저자 작성.

저출산 대응의 일환으로 아동이 있는 가구에 대한 일과 생활 병행을 지원하기 위한 시간 지원 정책의 경우 빠른 속도로 확대되어온 경향이 있다. 이러한 영향을 일부 반영하듯 2004년 이후 맞벌이 가구의 부모가 자녀를 돌보는 시간은 지속적으로 증가해왔다. 그러나 한부모 가구의 경우 평일 기준 시간은 증가하나, 주말은 오히려 줄어듦을 확인할 수 있다.

4) 기타 여가 등 시간

마지막으로, 수면 및 개인유지를 위한 필수시간, 일 관련 유급 노동시간, 가사 및 가족 돌봄 관련 무급 노동시간에 활용하는 시간을 제외하고, 나머지 행동 유형에 활용되고 있는 시간은 일하는 한부모와 맞벌이 가구에서 어떠한 차이가 있는지 살펴보고자 한다. 〈표 3-40〉 및 〈표 3-41〉의 시간 활용에 포함되는 행동 유형은 학습, 자원봉사, 무급연수, 교제활동, 참여활동, 문화생활, 여가활동을 모두 포함한다.

〈표 3-40〉에서 전체 요일 기준 평균 사용 시간을 보면, 일하는 한부모의 남성 가구주, 맞벌이 가구의 남성 가구주는 최근 시점으로 올수록 여가 등 기타 부문에 사용하는 시간이 감소하는 추이를 보인다. 한부모 여성 가구주의 경우, 2014년까지는 감소 추세를 보였으나, 2019년에는 여가 등 기타 부문에 활용하는 시간이 상당히 증가한 것으로 나타난다. 전체적으로는 2014년까지는 맞벌이 가구가 한부모 가구에 비해 기타 활동에 좀 더 긴 시간을 사용하였으나, 2019년에는 반대로 한부모 가구가 더 긴 시간을 할애한 것으로 나타난다. 이는 한부모 여성 가구주의 시간 활용에 영향을 받은 것으로 보이는데, 2019년을 기준으로 보면, 일하는 한부모 여성 가구주가 전체 요일 평균 약 4시간을 기타 활동에 사용하는 것으로 나타난다. 상대적으로 맞벌이 가구의 남성은 평균 약 3시간 51분, 한부모 남성 가구주는 평균 약 3시간 37분, 맞벌이 가구의 여성은 가장 적은 평균 약 3시간 16분을 기타 활동에 사용하는 것으로 나타난다.

〈표 3-40〉 일하는 한부모 및 맞벌이 가구의 평균 기타 활용 시간: 전체 요일 평균

(단위: 분)

구분		2004년	2009년	2014년	2019년
일하는 한부모	전체	252.2	232.8	200.6	233.8
	남성	331.9	285.8	244.8	217.3
	여성	224.9	200.8	182.9	241.4
맞벌이	전체	270.5	245.7	230.4	214.3
	남성	301.3	274.6	248.2	231.5
	여성	237.0	214.0	211.1	196.0

주: 비중 산출 시 가구원가중치를 적용함.
출처: "생활시간조사," 통계청, 2014, 2009, 2014, 2019, MDIS. 데이터 활용하여 저자 작성.

추가로 〈표 3-41〉은 여가 등 기타 부문에 활용하는 시간을 평일과 주말로 구분하여 살펴본 것으로, 전반적으로 평일보다는 주말에 기타 활동에 더 많은 시간을 사용하는 것을 확인할 수 있다. 한부모 여성 가구주를 제외하고는 평일에 기타 활동에 사용하는 시간은 시간이 지나면서 감소해온 추이를 보이며, 주말의 경우 어떤 특정 방향으로의 추세는 관찰되지 않는다. 성별로 구분하여 볼 경우, 2019년 한부모 여성 가구주를 제외하고는 한부모 및 맞벌이 가구에서 남성이 여성보다 기타 활동에 평균적으로 더 많은 시간을 사용하고 있음을 볼 수 있다.

〈표 3-41〉 일하는 한부모 및 맞벌이 가구의 평균 기타 활용 시간: 평일/주말 평균

(단위: 분)

구분		2004년	2009년	2014년	2019년
평일 기준					
일하는 한부모	전체	206.9	200.8	175.7	196.1
	남성	280.6	247.3	210.1	153.5
	여성	184.1	171.8	162.6	214.2
맞벌이	전체	222.5	204.9	185.6	168.8
	남성	241.4	223.8	197.8	179.8
	여성	202.0	184.2	172.4	157.1
주말 기준					
일하는 한부모	전체	320.7	317.1	262.8	339.4
	남성	396.6	395.9	321.5	366.9
	여성	290.7	273.8	236.2	324.2
맞벌이	전체	339.8	344.9	349.9	324.4
	남성	387.5	398.5	383.0	357.2
	여성	287.6	286.5	314.1	289.8

주: 비중 산출 시 가구원가중치를 적용함.
출처: "생활시간조사," 통계청, 2014, 2009, 2014, 2019, MDIS. 데이터 활용하여 저자 작성.

2019년 일하는 한부모 여성 가구주가 기타 활동에 사용하는 평균 시간이 크게 증가한 것은 앞에서 살펴본 일하는 한부모 가구의 근로 형태 변화와도 어느 정도 연관이 있을 것으로 생각된다. 〈표 3-13〉을 보면, 임금근로자의 취업 형태 중 일하는 한부모 여성 가구주의 시간제 비율이 2014년에 비해 크게 증가하였으며, 〈표 3-30〉에서 볼 수 있듯이 평균적인 유급 노동시간도 2014년 대비 약 100분 정도 감소하였다. 하루 주어진 시간 중 유급 노동시간에 활용하는 시간의 감소는 다른 행동 유형에서의 활용 시간을 증가시켰을 것이며, 이러한 증가분의 과반은 기타 활동으로 할애된 것으로 생각된다.

제3절 이해관계자 심층 면담을 통해 파악한 지원 정책의 한계점

1. 환경 변화와 사각지대

한부모가족에게는 한부모가 됨에 따라 생긴 환경 변화로 인한 어려움과 이로 인해 유발되는 시간 부족 및 경제적 상황 악화를 중심으로 대부분의 문제들이 복합적으로 연관성을 가지며 발생한다. 가장 큰 변화는 혼자 아이를 키우며 생계도 책임지는 상황으로 변화된다는 점이다. 이러한 환경 변화로 한부모는 경제적 어려움, 심리·정서적 문제, 자녀 양육 어려움, 그리고 사회적 편견이라는 고충을 겪는다.

"우리가 많이 알고 있듯이 한부모 가정이 경제적으로 굉장히 어렵잖아요. 경제적인 문제, 그리고 심리적으로 굉장히 어려워요. 심리, 정서적인 문제. 그리고 자녀 양육. 이 가정의 양육을 잘하려면 자녀 관리가 잘 돼야 되는데 이쪽에 굉장한 스트레스를 받고 있어요. 그러니까 자녀를 양육하는 데 스트레스를 받고 있어요. 중요한 거는. 물론 일반 사람들도 다 받지만 혼자서 하려니 너무 힘이 드는 거죠. 왜냐면 일도 해야 되고, 가정도 꾸려야 되니까. 그래서 상당한 자녀 양육에 대한 스트레스가 있어요. 그게 한부모 가정의 4대 고충 중에 세 번째인데. 자녀 양육의 스트레스. 그리고 네 번째가 사회적 편견이라고 우리가 얘기를 해요. 이런 한부모 가정 4대 고충들을 조금 아우르서, 모아서 이것들을 우리 한부모 가정보다 더 효과적으로. 뭐 사실 쉽지는 않지만. 나라님도 어떻게 못 하잖아. 경제적인 부분은. 근데 이런 다른 것들을 좀 더 잘 케어해서 이분들이 소위 말하는 경제적인 문제를 딛고 일어날 수 있도록. 견디는 힘이 있으면 조금 가난해도 견디거든요." (공급자 그룹1 B)

특히 이들 중에서도 관계 갈등, 폭력 및 아동학대 등의 문제로 한부모가 되는 경우 심리적 고충뿐 아니라 제도적 사각지대가 함께 발생한다. 긴 소송 기간 동안 이들은 자녀를 위한 어린이집 우선 이용, 한부모가족 지원 혜택 등에서 배제될 가능성이 높다. 또한 이혼이라는 과정에서 발생하는 관계성들로 인한 사각지대가 또 발생한다.

"형사재판이라는 게 해보신 분들은 아시겠지만 굉장히 오래 걸려요. 2년, 3년 정도 걸리는데 그 기간 동안 저는 사실상 한부모임에도 불구하고 그걸 신청을 할 수가 없거나 그 증명서가 나오지 않으니까 어린이집 순위도 밀리고. 그래서 그 부분에 대해서 상담을 해도 결과가 나오지 않거나 이혼 확정이나 어떤 그게 절차를 하는 데 3~4년 걸리는데 그동안 저는 혜택을 못 받는 게 너무 힘들더라고요. 실질적으로 친부로부터 양육비도 하나도 받지 못하고. 그런 게 좀 보완이 됐으면. 어떤 절차에 들어가면서 혜택을 줬으면 좋겠다. 제가 임신했을 때 저는 이혼을 시작했고 혼자서 아기를 낳았는데 그 과정 중에 아무 혜택을 못 누렸어요." (한부모 당사자 그룹1 A)

"소급 적용을 하더라도 그 긴 기간을 겪는 동안에는 도움을 줬으면 좋겠어요." (한부모 당사자 그룹1 B)

"국장님께서 알려주신 게 법정 한부모가족 그거를 해봐라 해서 주민센터에 했어요. 그래서 전 급여도 많지 않고 재산도 없기 때문에 당연히 될 줄 알았는데 주민센터 직원분은 될 것 같다고 했는데 나중에 구청에서 연락 오기를 제가 남편하고 공동소유로 아파트를 가지고 있었는데 남편이랑 헤어지면서 그거를 팔고, 남편이 사업하면서 진 빚을 갚고 아파트 대출이자 갚고, 나머지 얼마 안 되는 것만 반 갈라서가지고 나온 거거든요. 근데 거기서 공동 소유로 갖고 있었기 때문에 그거에 대한 뭐가 사용한 내역을 제가 증빙을 제출을 해야지만 된대요. 근데 그때는 이런 지원받는 거를 생각을 안 했기 때문에 남편이 빚 갚고 뭐 대출 뭐 이런 거 갚고 그런 거는 남편이 다 가지고 있지 전 없거든요. 근데 그거를 전남편한테 얘기를 해서 받아오라고 하더라고요. 근데 지금 솔직히 사이도 안 좋아서 헤어졌는데 그걸 줄 리도 없고 저도 연락하고 싶지도 않고. 그래서 저는 지금 그냥 못 받으면 할 수 없지. 이런 식으로 해서 그냥 어떠한 지원 같은 거 하나도 안 받고 생활을 하고 있거든요." (한부모 공급자 그룹2 D)

아래는 소송 및 가정폭력 관련 실제 사례에서의 대응 방식이다. 현실적으로 신청주의 방식인 제도를 고려하면 대부분은 관련 정보가 부족하고, 소송 및 가정폭력 관련 상황에서는 제도에 대한 접근성이 낮을 수밖에 없다. 이와 관련한 제도적 사각지대를 해소하기 위해 유연한 제도 운영에 대한 검토가 필요해 보인다.

〈표 3-42〉 관련 사례에서의 대응 방법

구분	대응 방법
이혼 소송	장기간 배우자와 별거 중이고 이혼 소송이 진행 중이며, 소송 종결까지 오랜 기간이 소요되므로, 접수증만으로 한부모가족으로 선정해 줄 것을 주장할 경우. ⇒ 지원 불가. 이혼 소송 중일지라도 향후 소송 결과 여부는 신청인 본인이 신고하지 않는 한 확인이 불가능하므로 이혼 성립 후 재신청할 것을 안내하고 있음.
가정 폭력	가정폭력으로 배우자와 이혼하지 않은 상태에서 배우자에게 접근금지명령이 내려졌으며, 주소는 배우자와 같이 되어 있고, 실제 생활은 다른 주소지에서 자녀와 함께 하고 있을 경우의 한부모가족 선정 여부 ⇒ 가정폭력범죄의 처벌 등에 관한 특례법상 접근금지는 다음의 2가지 경우가 있음. 1. 동법 제29조에 의한 "임시조치결정"으로서의 접근금지. 2. 동법 제40조에 의한 "보호처분 결정"의 접근금지 임시조치결정으로서의 접근금지인 경우에도 지자체 담당자의 사실확인 결과 가정폭력 사실이 확인되는 경우에는 "임시조치결정"으로서의 접근금지도 "보호처분결정"과 동일하게 한부모가족지원법에 따라 지원 대상으로 선정하여 즉각적인 지원을 할 수 있음. 다만, 법 제29조에 따른 "임시조치결정"으로서의 접근금지는 가정폭력 사건이 재판에 회부되거나 보호사건으로 법원에 송치되기 전 최장 6개월의 한시적 조치로서, 임시조치결정의 효력이 종료되는 경우에는 관련 제반 서류 및 지자체 담당자의 사실조사 등을 거쳐 한부모가족 지원 지속 여부를 결정하여야 함.
관계로 인한 어려움	이혼 과정에서 전 배우자로부터 분할받은 재산을 이혼 후 처분하는 과정에서, 재산 분할 전 해당 재산을 담보로 대출받은 전 배우자 명의의 대출을 상환한 경우, 해당 부채를 기타 산정되는 재산에서 공제할 수 있는지 여부 - 원칙적으로 기타 산정되는 재산에서는 본인 명의의 부채를 상환한 경우에만 공제가 가능하나, - 기타 산정되는 재산 산정 시 이혼 과정에서 발생하는 위자료 등을 공제하는 점을 고려했을 때, 사실조사를 통해 해당 재산 처분을 통해 전 배우자의 부채를 상환한 것이 명확하게 확인되는 경우 기타 산정되는 재산 산정 시 해당 재산을 담보로 한 전 배우자 명의의 대출 상환액 공제 가능함. 그러나 현실적으로 이혼한 부부가 이러한 확인 증빙 자료를 요청 및 증빙하는 것이 쉽지 않음.

출처: "2023년 한부모가족지원사업 안내," 여성가족부, 2023, 여성가족부. 저작권 2023. 여성가족부.

2. 경제적 어려움으로 인한 소비 지출 재배분

경제적 어려움은 소비 지출에 대한 재배분으로 이어질 수밖에 없다. 소비를 제한함에 있어 자녀와의 여가 및 문화 활동 관련한 지출을 우선적으로 줄이며, 교육비 등에 대한 제한도 생긴다. 그리고 이로 인한 자녀에 대한 죄책감이 함께 따라온다. 이러한 지출 재배분 과정은 아동의 인적자본 형성에 부정적인 영향을 미칠 수밖에 없는 방향으로 작용된다.

"원래는 주말에도 비용적인 부분 때문에. 모르겠어요, 저 같은 경우에는 페이를 많이 내가 번다기보다는 그냥 좀 절약한다 쪽으로 그렇게 생활을 했었거든요. 그러다 보니까 자녀의 욕구 부분을 먼저 맞춰주기보다는 절약하는 쪽으로 가다 보니까 그냥 생략하거나 안 나가거나 집에서 어떻게 최대한 시간을 보내거나 아니면 공원 가까운 데 걸어가는 정도? 저는 차도 없거든요. 그래서 대중교통을 타고 멀리 가는 자체가 저한테는 무리고. 제가 허리도 디스크 파열 때문에 이동하기 더 힘들고 해서 그런 식으로 거의 버티거나 때우는 식으로 하다가 얼마 전부터 애기가 또 고학년이 되다 보니까 학교에서도 그렇고 뭐라고 해야 되지? 비교하고 그런 얘기를 많이 하기도 하고, 또 저희 딸은 웬만하면 거의 결석이 없거든요. 근데 요즘은 결석이 너무 없는 것도 학교에서 계속 미워하는 어떤 그런 아이들 사이에서 좀 그런 게 있는 것 같아요. 그런 분위기들이. 그러다 보니까 요즘은 그냥 어떻게 좀 줄여서 아껴서 이렇게 모아서라도 문화누리카드로 갈 수 있는. 그니까 일부는 문화누리카드에 좀 기대고 웬만하면 현금은 아껴서 가고. 그렇게 조정해서 나가려고 노력하고 있는 것 같아요. 요즘은." (한부모 당사자 그룹1 E)

3. 제도의 구조적 문제점으로 인한 자립의 어려움

한부모가 되는 순간, 생계 책임을 혼자 감당해야 하는 상황에 처하게 되며, 이에 따라 생계 지원 대상이나 법정 한부모 자격을 새롭게 부여받는 경우가 발생한다. 현그러나 현행 한부모가족 지원 정책에서는 한부모가족 증명서를 보유하지 않은 경우 대부분의 지원에서 배제되고 있으며, 이로 인해 실질적인 정책 사각지대가 발생하고 있다. 특히 '전부 또는 전무(All or nothing)' 형태의 제도 구조는 한부모 가구가 일정 소득 수준 이하를 유지해야만 모든 지원 혜택을 받을 수 있도록 설계되어 있어, 안정적이고 지속 가능한 일자리보다는 불안정한 저소득 일자리를 선택하게 만드는 구조적 유인을 초래한다. 이러한 상황은 한부모 당사자에게 정서적 위축과 자존감 저하를 유발할 뿐 아니라, 자립을 위한 경로를 오히려 제한하는 결과로 이어진다. 즉, 자격 대상자가 되어야지만 모든 관련 혜택을 받을 수 있는 방식은 제도 참여자에게 수급 상태를 유지하려는 동기를 강화하고, 결과적으로 빈곤의 악순환(poverty trap)을 심화시킨다.

"사무직 했었고요. 한 1년 전에 했었는데 갑자기 우울증이 와가지고. 이혼이랑 그게 겹치면서 이혼하자마자 기초 수급자가 됐어요. 그래가지고 지금 일은 쉬고 있는 상태고 지금 조건부 수급자라서 우울증으로 서류를 내니까 3년 정도는 일을 안 하는 조건으로 돈을 받을 수 있다고 해서 그렇게 지내고 있어요." (한부모 당사자 그룹1 C)

"한부모는 애들 한 명당 들어가는 비용이 만만치 않아요. 근데 올려주는 것도 중요하지만요. 내가 일을 할 수 있게끔. 사실 그게 제일 중요한 것 같아요. 저는 처음에 신청할 때랑 비교하면 지금은 되게 많이 오른 거거든요. 되게 많이 좋아진 것 같아요. 사실. 좋아졌는데 일을 할 수 있게끔. 그냥 좀 평범하게 할 수 있게끔. 고민하지 않고." (한부모 당사자 그룹2 J)

"한 4학년? 저학년 지날 때쯤에는 제 손을 많이 안 타니까 스스로 할 수 있고. 그래서 그때부터 많이 일을 찾아서 했던 것 같아요. 근데 또 어디 회사 들어가면 금액이 너무 차이가 나면 한부모가 지원이 안 되잖아요. 그래서 회사를 들어갈 수가 없었어요. 왜냐면 내가 지원받고 있는 이거를 못하면 그 돈이 너무 작은 거예요. 그래서 결정하다 보니까 저는 그냥 알바식으로 많이 하게 됐거든요. 오히려 그게 더 나은 것 같아서." (한부모 당사자 그룹2 F)

4. 돌봄으로 인한 시간 부족 문제

다음으로 시간 부족 문제이다. 한부모는 자녀돌봄에 있어 혼자서 모든 역할을 해야 하므로 시간적 여유가 부족하다. 특히 영유아 자녀를 둔 한부모 가구주의 경우 자녀돌봄을 위한 시간 비용으로 소득, 경력, 안정적 일자리를 스스로 포기하는 경우가 잦다. 자녀가 아프거나 긴급한 돌봄의 경우 유연한 대응이 가능한 일자리를 찾다보니, 시간제 일자리 혹은 아르바이트를 전전하는 등 노동 지위를 스스로 하향시키는 선택을 한다. 이는 중장기적으로 빈곤 위험 악순환과 자립의 어려움을 유발한다. 동시에 이러한 일자리 특성으로 이들의 돌봄 공백은 일반적인 시간의 공백이 아니게 된다. 새벽, 저녁, 주말 등의 돌봄 공백이 발생하며, 이는 공식 돌봄 활용을 어렵게 한다. 또한 한부모의 경우 비공식 관계망(가족, 친지, 지인 등)과의 관계도 원활하지 않은 경우가 많아 자녀돌봄에 더욱 큰 어려움을 느낀다. 이러한 시간 부족은 정보 접근성을 낮추게 되며, 또 다른 사각지대를 발생시킨다. 시간 자원은 부모 자신의 경제적 자립뿐 아니라 자녀의 발달에도 영향을 미친다. 기존 연구들에서 부모의 아동에 대한 돌봄 시간은 장기적으로 아동발달에 중요한 역할을 한다고 밝히고 있다(Milligan & Stabile, 2009; González, 2013).

"저는 이혼 전까지는 공인중개사로 일을 했었는데 애기 혼자 키우면서 공인중개사를 하기가 스케줄이 쉽지 않거든요. 그래서 이혼하면서부터 업종을 바꿔서 카페 매니저로 바꿔서 일을 하고 있고 10시 출근 6시 퇴근이거든요. 그래서 9시에 등원을 시켜서 저녁까지 먹이고 7시에 제가 하원을 해요. 어린이집이라서 야간 연장반에서 석식도 먹고. 그리고 주말에는 또 일식집에서 일을 해요." (한부모 당사자 그룹1 D)

"저 같은 경우는 당사자 한부모이기도 하거든요. 애 5살 때 제가 이혼하고 아이를 키우면서. 저는 계속 30년간 지금 일을 하고 있거든요. 그러면서 그때는 이런 한부모가족 지원제도도 없었을 때였어요. 그러니까 더 힘들었겠죠. 제가 다 사교육 그런. 그니까 어린이집에 7시까지 맡기고 그 이후에 10시까지 또 이렇게. 제가 부동산 일을 했거든요. 그래서 어린이집에 또 조손가정이 있어서 그 할머니한테 우리 애를 맡겨가지고 제가 퇴근하면 아이를 픽업하고 집으로 가고. 그다음에 주말에도 일하는 부동산이었기 때문에 주말에 아이를 데리고 출근을 하고. 이렇게 했던 시절이었거든요. 근데 지금은 그때에 비하면 사실 많이 좋아졌다고 하는데 여전히 시간 빈곤에 시달리고 있고, 다시 직장에서 퇴근하면 다시 집으로 출근한다. 이런 말이 있을 정도로 그런 것들이 필요하죠." (공급자 그룹1 C)

"그런 거는 제가 인터넷으로 공부하고, 찾아보고 그렇게 정보를 얻어서. 저는 바우처 카드도 나오는지도 몰랐고 제가 취업지원제도 그 평생 바우처 그런 카드를 받아서 하는 것도 아예 몰랐어요. 그러니까 이혼 후 1, 2년은 그냥 아예 다 혜택을 전혀 몰라서 받지를 못하고 그냥 넘어갔어요. 애기 급식 뭐 도시락으로 이거는 동사무소에서 그냥 자동으로 하라고 해서 한 거고, 나머지는 제가 공부해가지고 해야 하니. 카드가 되는데 나는 세상에 이걸 그냥 모르고 넘어갔네? 이런 게 엄청 많았어요. 그래서 그런 부분이. 지금은 수월하게. 이제 인식을 했으니까 그런 혜택을 받고 있는 건데 그전에는 아예 몰라서 넘어가고 혜택을 전혀 받을 수가 없었어요. 가장 힘든 시기에 아무런 혜택을 받지 못하는. 애초에 처음에 어떤 혜택이 있다는 거를 안내를 전혀 받을 수가 없다 보니까. 그게 처음에 그런 것들 꾸려가는 것 자체? 그런 게 좀 어려웠다." (한부모 당사자 그룹1 E)

"한부모를 위한 혜택 어플 같은 게 있으면 좋겠다. 한 데 모아져 있으면 그 앱에 들어가서 내가 해당하는지. 왜냐하면 이게 누가 알려주는 게 아니고 정말 자기가 발로 뛰어서 알아봐야 되거든요. 그러니까 여기 들어갔다, 여기 들어갔다 하는 게 아니고 어떤 앱이 혹시 있으면 그런 걸 개발해 주시면 거기서 뭐. 돌봄도 저도 가끔 신청하는데 그것도 한부모 거기로 들어가서 하면 할인이 된다든지 뭐 그런 게 있으면 되게 편할 것 같다는 생각이 들어요." (한부모 당사자 그룹1 A)

5. 사회적 편견 및 낙인

한부모 당사자들이 공통으로 염려하는 부분은 낙인이다. 한부모라는 사실로 인한 자녀의 위축, 특히 어린 자녀를 둔 부모의 경우 낙인 및 사회적 편견에 대한 걱정이 큰 것으로 나타났다. 일부 한부모가족 자녀들은 학교나 사회에서 편견을 경험했다고 밝혔다. 학교를 통한 한부모 지원사업 안내 등 가정 상황 노출 문제를 통한 낙인에 대한 걱정이 많았다. 한부모가족에 대한 사회적 편견은 계속적으로 풀어가야 할 숙제이다.

"큰 아이다 보니까 혼자 놔두면 게임하고 그런 게 걱정이 돼서 우리 동네 돌봄센터가 있어요. 근데 거기는 직장 다니는 엄마들이 워낙 경쟁이 세서. 거기는 밥도 주고 간식도 주고 다 해주거든요. 근데 경쟁이 너무 세서 들어가기가 하늘에 별 따기예요. 그 시간마다 이렇게 신청하는 게 있는데. 정기돌봄이 있는데 근데 거기 한부모가정이라고 하면 우선순위가 되기는 돼요. 근데 그거 내기가 내가 싫은 거예요. 왜냐하면 다 동네이기 때문에 말 도는 것도 조심스럽고." (한부모 당사자 그룹1 B)

"학교에 한부모가정 체크해서 학교 차원에서 면제받게 안 했으면 좋겠어요. 그러니까 그 면제받는 그런 혜택을 나한테 줘서 내가 지원을 받아서 그거를 내가 학교에 돈을 낼 수 있게. 이런 식으로 하지 학교 차원에서 서류를 이렇게 해서 학교가 정부에서 지원을 받아서 나를 면제 시켜준다. 이렇게 안 했으면 좋겠어요. 뭐든지. 아이를 통해서 말고 나를 지원해달라고요." (한부모 당사자 그룹1 A)

6. 한부모가족의 특수성 반영 부족으로 인한 정책적 한계

한부모 가구의 특성을 고려한 복지 지원에 대한 고려가 필요하다. 한부모는 혼자서 일을 하며 자녀의 등·하원 등 자녀를 돌보기 위해 차량 소유가 필수이다. 한부모가족의 법적 자격을 결정할 때 차량이 재산으로 간주됨에 따라 수급 자격을 얻는 데 어려움을 겪는 문제가 있다고 지적하였다. 자동차 재산 기준 문제는 기초생활보장 수급자 선정에서도 계속적으로 제기된 부분이다. 지방이나 교통 인프라가 부족한 지역에서는 자동차가 생활에 필수적이고, 생계 활동을 위해 이용되기도 한다. 자동차에 대한 과도한 재산가액 산정으로 소유주들의 실질적인 경제 상황을 반영하지 못한다는 지적이 있어왔다. 이에 기초생활보장제도에서는 내년부터 자동차 재산가액 산정 기준을 완화한다고 밝혔다. 한부모가족을 위한 지원 정책에서, 지원 자격을 결정할 때 한부모 가구의 특성을 반영한 설계 및 운영이 필요해 보인다.

"근데 너무 억울했던 게 예전에 차도 계산을 하잖아요. 근데 한부모고 저는 애가 둘이라서 차가 없으면 안 되는데. 그것도 이혼할 때 어떻게 보면 유일하게 남은, 어떤 고액의. 그래도 제가 받은 생활 필수품인데 이게 내 명의로 있으면은 기준이 안 되니까 그게 좀. 그래서 가족 명의로 해가지고 해야 된다든지. 차는 좀 빼줬으면. 우리는 차가 필요하거든요." (한부모 당사자 그룹 A)

"저도 차 가족 명의로 샀거든요. 차 없으면 애기 키우기 힘들어요. 이런 부분들은... 현실적으로 반영이 안 되니." (한부모 당사자 그룹1 B)

"소득 인정액 산정할 때 방식이 자동차 있으면 100% 매월 소득으로 잡죠. 그니까 자동차 있으면 안 돼. 그리고 만약에 내가 돈이 있어, 그러면 그거를 6.26%를 계산을 해요. 매월 소득으로 잡아요. 보험 해약 환급금도 다 그렇게 잡아요. 그리고 또 뭐 개인 일반 재산 4.17로 잡고. 그니까 지금 이자율이 6.26%가 나오냐고요. 근데 그걸 소득으로 잡아서 예를 들어 내가 1,000만 원 갖고 있어도 6.26%로 하면 얼마죠? 60만 원이 소득으로 잡혀요. 매월 소득으로. 그럼 가난하게 계속 살라는 거예요. 그러다가 중년 되면은. 애한테 우리도 투자하고 싶잖아요. 중년 되면은 애한테 다 투자하고 없는 거예요. 우리는. 그럼 다시 방법이 없잖아요. 기초생활 수급 되어야지. 그렇게 가는 거예요. 순서가." (공급자 그룹1 C)

복지 정책에서 한부모가족을 맞벌이 가구로 반영하여 자격 조건을 결정할 필요성에 대한 점을 지적하였다. 그러나 복지 정책마다 맞벌이에 대한 정의가 다름에 따라 제도 지원 취지와 맞벌이에 대한 정의 등을 고려해 논의될 필요가 있다. 그럼에도 시간 지원 정책에서는 한부모가족을 맞벌이 가구로 고려하여 반영하는 부분에 대한 적극 검토가 필요해 보인다.

"EITC나 육아휴직 제도도 저는 맞벌이로 해줘야 된다고 생각해요. 만약에 정말 한부모 가정이 잘 자녀를 양육하고 그다음에 그런 어떤 재산 기준을 좀 완화시켜가지고 조금 경제적으로 자립을 할 수 있게끔 하려면 어떤 유리 천장에 부딪히면 안 된다고 생각하거든요. 근데 그게 딱 정해놓은 금액이 거기에 딱 부딪히게 만들어가지고 거기서 더 이상 더 치지 못하게 해놨어요."(공급자 그룹1 C)

한부모가족 지원에 있어 경제적 지원 외에 비경제적 지원이 부족한 상황이며, 현재 지원하는 비경제적 지원도 대부분이 법정 한부모 자격 조건과 연결된 측면이 강하다. 현재의 경제적 지원으로 집중된 부분을 다양한 형태의 비경제적 지원으로 확대할 필요가 있다. 일과 가정의 양립을 위한 가사 및 돌봄 지원 서비스의 확대, 취업 지원, 여가·문화 활동, 한부모 가정의 사회적 편견이나 고립감 해소를 위한 정서적 지원 등 관련 논의가 계속적으로 검토되며 변화되어 가야 할 부분이다.

"저희 부산 같은 경우에는 경제적 지원, 시간 지원 연계 관련해서 사실 생각하고 운영했던 사업이 가사 지원 서비스이거든요. 그래서 작년부터 시범적으로 운영해서 올해는 시에서 예산을 더 확보를 해서 본격적으로 저희가 한부모가정 100가구에 대해서 연 최대 20회까지 가사 서비스를 이용하고 이용료를 지원하는 형태로 지원하고 있습니다. 실제로 가사 서비스를 이용하면서 가사 부담도 경감되지만 그 가사노동에 할애하는 시간 자체를 자녀돌봄이라든지 자녀와 함께 보내는 시간으로 활용하신다는 이야기들이 있었고, 뭐 이용 후기에서도 본인의 삶의 질이 개선되었다라는 그런 이야기들을 주신 바 있습니다." (공급자 그룹2 F)

"한부모 가정분들이 되게 경제적인 것도 어렵지만 사실 정서적으로도 이분들 굉장히 힘들거든요. 모든 걸 나 혼자 책임지고. 이게 1~2년이 아니고 10년, 20년을 이렇게 살아야 된다고 할 때 엄청 지치고 정말 힘드세요. 그래서 저희가 이분들을 위해서 아까 선생님이 말씀하신 대로 자조 모임을 만들거나 이분들 심리정서 프로그램을 저희가 만들어요. 그렇지만 못 오세요. 시간이 안 되시는 거예요. 아까 선생님 말씀하신 대로 애들 맡길 데도 없고 선생님 저 너무 힘들어요, 저 쉬고 싶어요. 이렇게 하면은 오시지도 못해요. 근데 오시는 분들도 저희가 진짜 얘기 다 봐드리고 막 이러거든요. 근데 막상 오시면 또 같은 상황에 놓이신 분들끼리 얘기하면서 힘을 또 많이 받긴 하세요. 그분들끼리 라포가 형성이 돼서 본인들끼리 연락도 주고받고 하시면서 힘을 또 받으시긴 하지만 지속적으로 이분들이 이렇게 참여하고 이런 게 힘들어요." (공급자 그룹3 I)

"이분들이 그 상대적 빈곤감을 느끼고 이런 것들이 실은 굉장히 심리적인 게 영향을 많이 받아요. 그니까 이분들이 굉장히 심리적으로 혼란스럽고 안정이 안 돼 있으니까 그런 어떤 박탈감 이런 것들을 더 많이 느끼는 거거든요. 그래서 이분들을 심리 정서적 측면에서 많이 지원을 해주고. 하여튼 그게 상담이 됐든 교육이 됐든 어떤 꾸준한 지원을 해주고 난 후에 이분들이 만약에 임파워링이 되면은 그 빈곤을 그전에 빈곤 같이 느끼질 않는다는 거죠. 그거는 저희들이 상담소 하면서 계속 그런 결과치를 많이 얻고 있거든요. 이분들이 그 빈곤을 "난 빈곤해" 이렇게 안 느껴야 되는 거예요. "그래, 내가 경제적으로 풍족하진 않지만" 이런 단어로 바뀌어가고 있다는 거죠. 나 풍족하진 않지만 내가 열심히 자녀와 살겠다. 뭐 이런 정도로 언어들이 바뀌고 있는 걸 볼 수가 있거든요. 그니까 저는 어떤 면에서 일가정 양립, 일가정 균형도 결국은 심리적으로 안정이 안 되니까. 일은 일대로 고되고, 집에 오면은 또 나 혼자 다 해야 되잖아요. 한부모로 얘기할 때. 가사를. 그니까 이런 거에 지칠 대로 지치는 건데 거기에 심리적인 안정까지 안 되고 너무너무 불편하니까 마음들이. 그런 데서 오는 게 그것들을 훨씬 더 크게 느끼는 거죠" (공급자 그룹1 B)

제4절 소결

 일하는 한부모 가구와 맞벌이 가구의 시간 및 경제적 자원 현황과 변화를 살펴보았다. 우선, 분석 대상이 되는 한부모 및 맞벌이 가구의 가구주·배우자의 기본 특성을 살펴본 바에 따르면, 과거에 비해 한부모 가구주의 교육 수준, 월평균 소득이 상향되어 왔고, 직업 유형의 분포도 과거 서비스/판매직, 단순노무직, 기능직/조립종사자에 집중된 모습에서 관리자 및 전문가, 사무직의 비중이 상당히 증가하였음을 확인할 수 있었다. 자료상 가장 최근 시점이 2019년이기에, 2024년 현재는 또 다른 모습일 수 있으며, 맞벌이 가구에 비해서 여전히 소득 및 재산 수준 등이 낮기는 하나, 전형적인 취약계층으로 인식되고 있는 한부모 가구 내에서도 지난 20여 년의 시간 동안 그 안에서 특성이 다양화되어 오고 있음을 짐작할 수 있다.

 한부모 가구의 경제활동 특성을 정리하면, 대체로 임금근로자로 일하고 있으나, 임시·일용직의 비중이 맞벌이 가구에 비해 높고, 최근으로 올수록 시간제 근로자의 비중이 증가한 모습을 보인다. 직업 유형 분포는 과거에 비해 다양해졌음을 확인할 수 있다. 특히 관리자·전문가 종사자 비중이 약 3.5배로 증가하여 맞벌이 가구주 및 배우자의 해당 직업 비중과 큰 차이를 보이지 않는다(2004년에는 두 집단의 전문가 관련 종사자 비율이 약 2.5배 차이). 다만, 여전히 한부모 가구주의 서비스/판매직 및 단순노무직 비중이 맞벌이 가구의 해당 직종 유형 비중에 비해 약 2배가량 높은 수준을 보인다.

 한부모 가구는 전체적으로 양부모 가구보다 소득과 재산 수준이 현저히 낮은 수준을 보인다. 일하는 한부모가구는 일을 하고 있음에도 불구하고, 재산 등을 고려하면 구조적으로 취약한 경제 기반 위에 놓여 있다는 점을 보여준다. 소득 분위(1~10분위)별 가구 유형 분포를 보면, 한부모 가구의 약 51.4%가 하위 2분위 이하에 속하며, 이 중 일하는 한부모 가구도 대부분 2분위 이하에 집중되어 있다. 특히 일하는 한부모 가구는 약 70%가 4분위 이하에 분포하는 것으로 나타났다. 반면, 맞벌이 가구는 상위 분위에 집중되어 있으며, 하위 1분위에 해당하는 비율은 4.2%에 불과하다. 재산 분위별로도 유사한 경향이 나타난다. 한부모가구의 절반가량(약 50%)이 하위 1·2분위에 속해 있으며, 상위 10분위에 속한 비율은 2.8%에 그친다. 반면 맞벌이 가구는 상위 10분위 비율이 11.1%로 나타났다. 이처럼 한부모 가구는 소득뿐만 아니라 자산 형성 측면에서도 취약한 구조 속에 있음을 확인할 수 있다.

일하는 한부모 가구와 맞벌이 가구는 대부분 시간이 부족하다고 느끼고 있으며, 최근으로 올수록 시간 부족감을 느낀다는 응답이 다소 감소하는 추이를 보인다. 시간 부족감을 느끼는 경우, 가장 줄이고 싶은 일 또는 주요 요인으로 '직장일'이 가장 높은 응답 비중을 차지하며, '자녀 양육'과 '가사일'을 비교할 경우, 최근 시점으로 올수록 '가사일'을 줄이고 싶다는 응답 비중이 높게 나타난다. 가정관리에 활용하는 평균적인 시간을 살펴보면, 대체로 일하는 한부모 가구에서 맞벌이 가구에 비해 좀 더 많은 시간을 사용하고 있음을 볼 수 있다. 한부모 가구의 가족돌봄 사용 시간은 맞벌이 가구에 비해 적게 나타난다. 일하는 한부모 가구의 경우 연도별로 차이가 있어 주말에 가족돌봄에 더 많은 시간을 활용한다고 보기 어렵고, 맞벌이 가구의 경우 주말에 가족돌봄에 소폭 더 시간을 활용한다. 가족돌봄 시간은 대체로 자녀에게 사용되고 있으며, 맞벌이 가구에서 한부모 가구에 비해 자녀돌봄에 좀 더 많은 시간을 활용하고 있음을 알 수 있다. 미취학 아동 또는 만 10세 미만 자녀가 있는 경우, 일하는 한부모 및 맞벌이 가구 모두 상대적으로 자녀돌봄에 사용되는 시간이 더 많음을 볼 수 있으며, 일하는 한부모의 경우, 자녀돌봄에 사용하는 시간이 대체로 감소해왔음을 볼 수 있다. 저출산 대응의 일환으로 아동이 있는 가구에게 일과 생활 병행을 지원하기 위한 시간 지원 정책의 경우 빠른 속도로 확대되어온 경향이 있다. 이러한 영향을 일부 반영하듯 2004년 이후 맞벌이 가구의 부모가 자녀를 돌보는 시간은 지속적으로 증가해왔다. 그러나 한부모 가구의 경우 평일 기준 시간은 증가하나, 주말은 오히려 줄어듦을 확인할 수 있다.

전반적으로 일하는 한부모와 맞벌이 부부의 하루 24시간의 시간 사용을 보면, 수면 및 개인유지 등의 필수시간은 큰 차이를 보이지 않고, 유급 및 무급 노동시간, 기타 활동 시간 사용에서 다소 차이가 나타난다. 특히, 무급 노동시간에서 한부모와 맞벌이 부부의 시간 사용 차이가 상대적으로 크게 나타나는데, 가족돌봄은 한부모에서 더 적은 시간을, 가정관리는 한부모에서 더 많은 시간을 사용하고 있다. 가족돌봄의 경우, 한부모와 맞벌이 모두 절대적 시간량은 다른 행동 유형에 비해 적으나, 자녀(특히, 만 10세 미만) 양육 측면에서 한부모 가구에서 자녀돌봄에 좀 더 많은 시간을 사용할 수 있도록 정책적 지원이 필요하다고 생각된다.

〈표 3-43〉 2019년 기준 일하는 한부모 및 맞벌이 가구의 행동 유형별 평균 사용 시간 (전체 요일 평균)

(단위: 분, %)

구분		일하는 한부모 가구				맞벌이 가구			
		전체		여성		전체		여성	
수면시간		468.2	(32.51)	468.7	(32.55)	478.0	(33.19)	481.8	(33.46)
개인유지시간		196.3	(13.63)	201.2	(13.97)	200.9	(13.95)	198.6	(13.79)
유급 노동시간(일)		368.1	(25.56)	334.1	(23.20)	380.7	(26.44)	309.5	(21.49)
무급 노동시간	가정관리	135.3	(9.40)	153.4	(10.65)	101.9	(7.08)	163.0	(11.32)
	가족돌봄	38.3	(2.66)	41.3	(2.87)	64.2	(4.46)	91.2	(6.33)
여가 등 기타 활동		233.8	(16.24)	241.4	(16.76)	214.3	(14.88)	196.0	(13.61)

주: 본 장 제2절의 분석 결과표를 토대로 재구성함.

질적 분석을 통한 핵심 내용과 이로 인해 유발되는 문제점을 정리하면 아래 표와 같다. 한부모가족의 큰 문제점 중 하나로 사각지대를 들 수 있다. 신청주의, 사회적 낙인 및 편견으로 인한 회피, 이혼 과정에서의 관계 갈등, 폭력 및 아동학대 등의 문제로 인해 사각지대가 발생한다. 특히 긴 소송 기간 동안 이들은 자녀를 위한 어린이집 우선 이용, 한부모가족 지원 관련 모든 혜택에서 배제될 가능성이 높다. 또한 이러한 과정에서 시간 및 정서적 여유 부족으로 인한 낮은 정보 접근성은 또 다른 사각지대를 만든다. 이러한 환경 변화로 인해 발생될 수 있는 사각지대에 대한 적극적 논의가 필요하다.

한부모가족의 경우 경제적 빈곤 상태에 있는 가족이 많음에 따라 이들에 대한 정부 지원도 주로 경제적 자원 제공에 초점을 맞추고 있다. 한부모 가구주가 적정 수준으로 일을 하며 일·생활을 잘 병행해 나가기란 쉽지 않다. 한부모 지원제도를 활용하며 장기간 수급자로 사는 유형과 외주화를 통해 적당한 일자리를 유지하는 유형으로 양분화되는 경향이 있을 것으로 추측된다. 장기간 수급자로 사는 유형의 경우 자녀가 성인이 된 후에 가구주는 대개 빈곤층으로 전락할 수밖에 없을 것이다. 실제, 심층 면담 및 기존 문헌들을 통해 확인한바, 수급 지위를 유지하는 것이 이들의 삶을 위한 전략이나, 이들 또한 원하지 않는 전략임을 확인할 수 있었다. 이처럼 아이돌봄서비스, 주거복지정책 등 대부분의 정책들이 법정 한부모 기준의 적용을 받음에 따라, 그 대상이 미취업을 유지하며 계속 취약계층으로 남게 되는 부정적 효과를 유발한다. 또는 단기 현금성 지원 일자리를 전전함에 따라 보호의 사각지대에 있는 일자리로 가는 부정적 효과가 발생하고 있다.

〈표 3-44〉 면담 내용 및 문제점

구분	내용	문제점
환경 변화	- 혼자 아이를 키우며 생계도 책임지는 상황으로 변화됨. - 관계 갈등, 폭력 및 아동학대 등의 소송, 사회적 낙인 및 편견으로 인한 회피 등으로 인해 사각지대 발생	연쇄적 어려움 정책적 사각지대 발생
경제적 상황 악화	- 경제적 상황 악화에 따른 소비 제한 - 특히 자녀와의 여가 및 교육비 등에 대한 제한, 자녀에게 죄책감	지출 재배분 과정에서 아동 인적자본 형성에 부정적 영향
경제활동 장벽	- 자녀돌봄을 위한 시간 비용으로 소득, 경력, 안정적 일자리 스스로 포기 - 돌봄 어려움으로 인해 시간제 일자리 및 아르바이트 전전	자녀돌봄을 위해 노동지위 하향 → 빈곤 위험 악순환과 자립 어려움
취약계층 지위로 전환	- 생계비 지원 대상으로 전환 - 선정 기준 내에 포함된 대상자에게 혜택을 집중하는 현 제도 구조는 한부모가족 증명서가 없는 한부모를 대부분의 정책 대상에서 배제시키는 결과 초래 → 최소한의 생계를 유지하기 위해 불안정한 일자리를 전전 vs. 안정적 일자리에 대한 저울질을 할 수밖에 없는 상황에 대한 자괴감 - 한부모가족 특수성 반영되지 않는 제도 설계·운영	제도의 구조적 문제는 한부모의 자립을 제약
돌봄으로 인한 시간 부족	- 노동 지위 하향시키는 전략을 취할 수밖에 없으며, 이로 인해 이들의 돌봄 공백은 일반적인 공백이 아님. 공적 돌봄, 비공식 관계망(가족, 친지, 지인 등) 활용한 돌봄 어려움 - 본인을 위한 미래 준비 어려움(미취학자녀를 돌보며 국비 지원이 되는 직업훈련 스케줄 소화하기 어려움, 특히 자녀가 아플 때 고비) - 낮은 정보 접근성	시간 자원의 부족과 비정형적인 돌봄 공백 → 낮은 정보 접근성으로 인한 사각지대 발생, 공식 돌봄 활용 어려움, 경제적 자립 어려움
낙인	- 한부모라는 사실로 인한 자녀 위축 - 학교생활(특히 저학년)에서 자녀가 한부모가족이라는 사실이 드러날까 걱정함 - 상실감, 우울감, 자녀에 대한 애처로움	심리·정서적 어려움
정책 제언	- 복지정책 대상 선정에서 한부모 가구의 상황은 맞벌이 가구와 유사하다고 보고 선정하는 것을 고려 - 법정 한부모가족 선정 기준에서 차량 관련 문제 개선 고려 - 심리 부담 경감 및 정서적 지원의 중요성 - 자립을 위한 직업 훈련 지원 - 일과 가정을 병행하는 어려움으로 인한 가사 및 돌봄 지원 서비스 확대	비경제적 지원 확대와 가구 특성을 고려한 복지 지원

제4장

한부모가족 지원 정책 분석

제1절 지원 정책 현황
제2절 경제적 지원 정책 분석
제3절 시간 지원 정책 활용 분석
제4절 소결

제4장 한부모가족 지원 정책 분석

본 장에서는 한부모가족을 지원하는 정책에서 경제적 지원 목적으로 이루어지는 정책과 자녀돌봄을 위한 시간 지원을 목적으로 이루어지는 정책을 살펴보고, 정책의 심층 분석을 수행한다. 제3장을 통해 살펴본 연구 결과를 토대로 실제 지원되고 있는 제도의 구조상 문제는 없는지, 즉 현재 이들을 지원하는 정책 구조 및 체계가 이들의 안정적 생활과 더불어 자립 및 미래 삶을 위한 설계가 가능하도록 설계되어 있는지에 관해 분석한다.

제1절 지원 정책 현황

한부모가족 지원 기본계획 및 국정과제 등을 통해 살펴본 한부모가족 지원을 위한 최근 정책 방향은 한부모가족의 사각지대 해소, 이를 통한 경제적 부담 및 자녀 양육 부담 경감임을 알 수 있다.

〈표 4-1〉 한부모가족 지원 관련 국정과제

국정 목표	국민께 드리는 약속	국정과제
3. 따뜻한 동행, 모두가 행복한 사회	9. 필요한 국민께 더 두텁게 지원하겠습니다	▪48. 누구 하나 소외되지 않는 가족, 모두가 함께하는 사회 구현 한부모 증명서 발급기준 및 복지급여 지급 대상 소득 기준 단계적 상향 등을 통한 한부모가족 지원 강화 한부모가족의 자녀 양육 부담 경감

출처: "윤석열정부 120대 국정과제," 대한민국정부, 2022.7., 대한민국정부, p. 87. 저작권 2022. 대한민국정부.

〈표 4-2〉 제1차 한부모가족정책 기본계획

비전	한부모가족과 동행하는 따뜻한 사회, 든든한 국가	
목표	한부모가족의 안정적인 자녀 양육 환경 조성	한부모의 경제활동 참여 활성화

	대과제	중과제
추진 과제	1. 한부모가족 생활 안정 지원	1. 저소득 한부모가족 생계 지원 2. 저소득 한부모가족 주거 안정 3. 한부모가족 건강관리 지원
	2. 비양육 부모의 자녀 양육 책무성 강화	1. 자발적 양육비 이행 촉진 2. 고의적 양육비 채무 이행 강화
	3. 한부모 자립 역량 강화	1. 한부모 직업 훈련 및 취업 지원 2. 한부모 학업 지원 3. 한부모가족 일·가정 양립 지원
	4. 한부모가족 지원 기반 구축	1. 한부모가족 발굴 및 맞춤형 지원 기반 강화 2. 한부모가족 차별 해소 및 인식 개선

출처: "2023~2027 제1차 한부모가족정책 기본계획," 관계부처합동, 2023.4.10., 관계부처합동, p.11. 저작권 2023. 관계부처합동.

본 연구에서는 한부모가족 생활 안정 지원과 한부모 자립 역량 강화를 중심으로 경제적 지원 정책과 자녀돌봄을 위한 시간 지원 정책을 살펴보고자 한다. 한부모 가구를 위한 지원 정책은 전체 자녀 양육 가구에게 제공되는 지원, 저소득층에게 제공되는 지원, 저소득 한부모에게 제공되는 지원으로 구분할 수 있다. 우선 경제적 지원 정책 중 자녀 양육 가구에게 제공되는 지원으로는 부모급여, 아동수당, 가정양육수당 등이 있다. 저소득층에게 제공되는 지원으로는 기초생활보장제도, 근로·자녀장려세제, 그리고 국민취업지원제도 등 차상위 관련 혜택이 있다. 그리고 저소득 한부모에게 제공되는 지원으로는 한부모가족 아동양육비, 한부모증명서로 인한 혜택 등이 있다. 다음으로 자녀돌봄을 위한 시간 지원으로 자녀 양육 가구 중 일하는 부모라면 이용할 수 있는 육아휴직, 육아기 근로시간 단축, 유연근무제, 출산전후휴가가 있다. 그리고 저소득층을 위한 지원으로 보육시설 입소 우선순위, 아이돌보미, 온가족보듬사업, 그 외 한부모증명서로 인한 혜택 등이 해당된다.

〈표 4-3〉 지원 정책

구분	생활 안정을 위한 경제적 지원	자녀돌봄을 위한 시간 지원
전체 자녀 양육 가구	부모급여, 아동수당, 가정양육수당지원 등	육아휴직, 육아기 근로시간 단축, 유연근무제, 출산전후휴가, 가족돌봄휴가 등
저소득층	국민기초생활보장제도, 근로·자녀장려세제, 국민취업지원제도 등 차상위 관련 혜택	보육시설 입소우선순위, 아이돌보미, 온가족보듬사업(사례관리측면), 한부모증명서로 인한 혜택 등
저소득 한부모	한부모가족 아동양육비, 한부모증명서로 인한 혜택, 한시적 양육비 긴급지원 등	

출처: 저자 작성

한부모가족을 위한 가장 대표적인 지원 정책으로 한부모가족 지원 정책에 근거해 지원하는 여성가족부의 한부모가족지원사업이 있다. 한부모가족 지급 기준을 충족 시 한부모가족자녀 양육비 등 복지급여를 지원받을 수 있다. 한부모가족 증명서 발급 대상자는 경제적 지원 외에도 의료 및 기타 복지 혜택을 받을 수 있다. 의료 혜택으로 한부모 가정은 국민건강보험료가 일정 비율 경감되며, 의료비를 일부 또는 전액 지원해 주는 의료비 지원제도가 있다. 한부모가정 자녀는 대학 진학 시 국가 장학금 혜택을 받을 수 있으며, 임대주택에 거주할 수 있도록 주거 지원이 제공되기도 한다. 그 외에도 문화 및 체육 프로그램 참여 지원과 전기·수도·도시가스 요금 등 공공요금이 일부 감면될 수 있다.

2018년 1월 1일부터 한부모가족 선정 기준(한부모가족 증명서 발급 대상)과 한부모가족 복지급여 지급 기준이 분리되어 운영되고 있다. 그러나 한부모가족 지원의 경우 2022년까지는 증명서 선정 기준이 복지급여 지급 기준에 비해 기준 중위소득 기준이 높았으나, 2023년부터 동일한 상황이다. 즉, 결국 단일 기준 안에 들어오는 대상자에 한해 경제적 지원, 의료 및 복지 혜택, 기타 혜택 등 혜택의 최대화 지원이라는 '전부 또는 전무(All or nothing)' 구조임을 확인할 수 있다. 이러한 구조에 대한 인식은 수급자가 전략적 행동을 강화하는 요인으로 작용할 수밖에 없다.

〈표 4-4〉 저소득 한부모에게 제공되는 지원

사업명 및 개요	사업 대상	수행 기관

〈한부모가족자녀 양육비 등 지원〉
- 아동양육비: 18세 미만 자녀(단, 고등학교 이하 재학 중인 경우 22세 미만), 월 21만 원
- 추가 아동양육비
  · 조손 및 35세 이상 미혼 한부모가족 5세 이하 자녀, 월 5만 원
  · 25~34세 한부모가족 자녀, 월 5~10만 원 지원
- 학용품비: 중학생·고등학생 자녀, 연 9.3만 원
- 생활보조금: 시설 입소가구, 월 5만 원
	소득인정액 기준 중위소득 63% 이하 한부모 및 조손가족	지방자치단체

〈청소년 한부모 자립지원〉 - 아동양육비: (0~1세 자녀) 월 40만 원, (2세 이상 자녀) 월 35만 원 - 검정고시 등 학습지원(연 154만 원 이내), 자립촉진수당 월 10만 원 등	소득인정액 기준 중위소득 65% 이하 24세 이하 한부모가족	지방자치단체
〈한부모가족복지시설 지원〉 - 시설 기능보강: 신축, 개보수, 기자재구입 등 - 시설 입소자 상담·의료 지원 - 시설 아이돌봄서비스 지원 - 공동생활가정형(매입임대주택) 주거 지원 - 시설배치 사회복무요원 인력경비 지원	소득인정액 기준 중위소득 100% 이하 한부모가족 ※ 24세 이하 위기임산부 소득기준 무관	지방자치단체, 한부모가족 관련 시설·단체
〈한부모가족 무료법률구조〉 - 한부모가족 대상 법률상담, 소송대리, 기타 법률사무 등 무료법률구조 지원	한부모가족지원법 제5조, 제5조의 2 제2항 한부모가족	대한법률구조공단

출처: "2024년 한부모가족지원사업 안내," 여성가족부, 2024, 여성가족부. 저작권 2024. 여성가족부.

〈표 4-5〉 한부모가족지원법 지원 대상자 선정 기준(기준 중위소득 % 이하)

(단위: %)

구분	선정 기준 (한부모가족 증명서 발급 대상)				지급 기준 (아동양육비 등 복지급여 지급 기준)			
	2018	2022	2023	2024	2018	2022	2023	2024
한부모가족	60	60	60	63	52	52	60	63
청소년 한부모가족	72	72	72	72	60	60	65	65

출처: "한부모가족지원사업 안내," 여성가족부, 각 연도, 여성가족부. 저작권 각 연도. 여성가족부.

한편, 한부모가족지원법에 따른 한부모가족 지원은 제12조 2항에 따라 한부모가족 지원 대상자가 다른 법령에 따라 유사한 성격의 지원을 받고 있는 경우에는 중복하여 지원하지 않게 되어 있다. 본 연구의 분석 범위인 한부모가족 자녀 양육비의 경우 2021년 이전까지는 국민기초생활보장제도와 중복되는 경우 병급을 금지하고 있었다. 그러나 한부모가족이라는 특성으로 인해 추가적으로 발생하는 아동양육 비용에 대해 지급하는 지원제도의 본래 취지를 고려한다면, 국민기초생활보장법에 따른 지원과 한부모가족지원법에 따른 아동양육비 지원은 중복이라고 보기 어렵다. 한부모가족 지원의 사각지대를 해소하고, 한부모가족 지원 대상자가 「국민기초생활 보장법」 등 다른 법령에 따라 지원을 받은 경우에도 이 법에 따른 아동양육비는 지급할 수 있도록 한부모가족지원법이 2020년 10월 20일 일부 개정되었다. 이에 2021년 4월 21일 시행, 국민기초생활보장법 등 다른 법령에 따라 지원받은 경우에도 한부모가족지원법에 따른 아동양육비 지원은 지급 가능하도록 되었다[한부모가족지원법 제12조 제2항 단서(2021.4.21. 시행)]. 또한 아동 생존권 보장을 위한 양육비 선지급제 도입을 추진하였으며, 2024년 9월 23일 양육비 선지급제 도입 근거를 담은 「양육비 이행확보 및 지원에 관한 법률」 개정안이 국회 여가위 전체 회의를 통과하였다(여성가족부, 2024.09.23.).

〔그림 4-1〕 중복 지급 관련

중복 지급
「국민기초생활 보장법 시행령」 제5조의 2(소득평가액의 범위 및 산정 기준) 법 제6조의 3 제1항에 따른 소득평가액은 제5조에 따른 실제 소득에서 제1호부터 제12호까지에 해당하는 금액을 뺀 금액으로 한다. 〈개정 2015. 12. 31., 2016. 6. 21., 2017. 5. 29., 2017. 12. 26., 2019. 7. 16., 2019. 10. 15., 2019. 12. 24. 3. 「한부모가족지원법」 제12조 제1항 제4호에 따른 아동양육비
「한부모가족지원법」 제12조(복지 급여의 내용) ② 이 법에 따른 지원 대상자가 「국민기초생활 보장법」 등 다른 법령에 따라 지원을 받고 있는 경우에는 그 범위에서 이 법에 따른 급여를 하지 아니한다. 다만, 제1항 제4호의 아동양육비는 지급할 수 있다.〈신설 2020.10.20.〉

〈표 4-6〉 한부모가족 지원 종류와 중복 지급 제한 대상

지원 종류	중복 지급 제한 대상
아동양육비, 추가 아동양육비	아동복지법에 의한 가정위탁 양육보조금
생활보조금	국민기초생활보장법에 의한 생계급여 긴급복지지원법에 의한 생계지원 아동복지법에 의한 가정위탁 양육보조금
아동교육지원비(학용품비)	국민기초생활보장법에 의한 교육급여 장애인복지법에 의한 교육비 지원 긴급복지지원법에 의한 교육지원

출처: "2024년 한부모가족지원사업 안내," 여성가족부, 2024, 여성가족부. 저작권 2024. 여성가족부.

이렇듯 한부모가족의 경제적 여건의 열악성을 고려하면 지원 정책의 충분성 차원에서의 문제가 여전히 발생하고 있으나, 경제적 지원을 위한 현금성 급여에 관한 지원은 계속적으로 확장되고 있음을 알 수 있다. 복지급여를 위한 선정 기준은 연령 및 단가가 계속적으로 확대되어 왔으며, 2021년 기준 중위소득 52% 이하에서 2024년 기준 중위소득 63%까지로 소득 선정 기준도 확장되었다(여성가족부, 2024). 그러나 비경제적 지원에 대한 부분은 여전히 부족한 실정이다. 한부모 가구의 경제적 여건의 열악성과 자립 기반의 취약성을 함께 고려해 주기 위해서는 이들에 대한 시간 지원이 함께 이뤄져야 한다. 한부모가족지원법 적시 법령 중 시간

지원 관련 내용을 살펴보면 고용보험법에 의한 육아휴직 급여 특례, 남녀고용평등과 일·가정 양립 지원에 관한 법률에 의한 가족돌봄휴가(휴직)의 사용기간과 분할 횟수, 그리고 아이돌봄 지원법에 의한 아이돌봄서비스의 우선 제공이 있다.

[그림 4-2] 육아휴직 급여 특례 관련

고용보험법 시행령

제95조의 3(출생 후 18개월 이내의 자녀에 대한 육아휴직 급여 등의 특례) ① 제95조 제1항 및 제95조의 2 제1항·제2항에도 불구하고 같은 자녀에 대하여 자녀의 출생 후 18개월이 될 때까지 피보험자인 부모가 모두 육아휴직을 하는 경우(부모의 육아휴직 기간이 전부 또는 일부 겹치지 않은 경우를 포함한다) 그 부모인 피보험자의 육아휴직 급여의 월별 지급액은 다음 각 호의 구분에 따라 산정한 금액으로 한다. 〈개정 2023. 12. 26.〉

 1. 육아휴직 시작일부터 6개월까지: 육아휴직 시작일을 기준으로 한 각 피보험자의 월 통상임금에 해당하는 금액. 이 경우 그 월별 지급액의 상한액은 다음 각 목의 구분에 따르며, 그 월별 지급액의 하한액은 부모 각각에 대하여 70만 원으로 한다.
  가. 부모가 육아휴직을 사용한 기간이 각각 1개월인 경우: 부모 각각에 대하여 월 200만 원
  나. 부모가 육아휴직을 사용한 기간이 각각 2개월인 경우: 부모 각각에 대하여 첫 번째 달은 월 200만 원, 두 번째 달은 월 250만 원
  다. 부모가 육아휴직을 사용한 기간이 각각 3개월인 경우: 부모 각각에 대하여 첫 번째 달은 월 200만 원, 두 번째 달은 월 250만 원, 세 번째 달은 월 300만 원
  라. 부모가 육아휴직을 사용한 기간이 각각 4개월인 경우: 부모 각각에 대하여 첫 번째 달은 월 200만 원, 두 번째 달은 월 250만 원, 세 번째 달은 월 300만 원, 네 번째 달은 월 350만 원
  마. 부모가 육아휴직을 사용한 기간이 각각 5개월인 경우: 부모 각각에 대하여 첫 번째 달은 월 200만 원, 두 번째 달은 월 250만 원, 세 번째 달은 월 300만 원, 네 번째 달은 월 350만 원, 다섯 번째 달은 월 400만 원
  바. 부모가 육아휴직을 사용한 기간이 각각 6개월인 경우: 부모 각각에 대하여 첫 번째 달은 월 200만 원, 두 번째 달은 월 250만 원, 세 번째 달은 월 300만 원, 네 번째 달은 월 350만 원, 다섯 번째 달은 월 400만 원, 여섯 번째 달은 월 450만 원
 2. 육아휴직 7개월째부터 육아휴직 종료일까지: 육아휴직 시작일을 기준으로 한 각 피보험자의 월 통상임금의 100분의 80에 해당하는 금액. 다만, 해당 금액이 150만 원을 넘는 경우에는 부모 각각에 대하여 150만 원으로 하고, 해당 금액이 70만 원보다 적은 경우에는 부모 각각에 대하여 70만 원으로 한다.
② 제1항을 적용할 때 임신 중인 여성 근로자가 임신을 이유로 육아휴직을 하는 경우에는 임신 중인 태아를 자녀로 보고, 임신 중인 여성 근로자와 그 배우자를 부모로 본다.
③ **제95조 제1항에도 불구하고「한부모가족지원법」제4조 제1호의 모 또는 부에 해당하는 피보험자가 육아휴직을 하는 경우 그 육아휴직 급여는 다음 각 호의 구분에 따른다.**
 1. 육아휴직 시작일부터 3개월까지: 육아휴직 시작일을 기준으로 한 월 통상임금에 해당하는 금액. 다만, 해당 금액이 250만 원을 넘는 경우에는 250만 원으로 하고, 해당 금액이 70만 원보다 적은 경우에는 70만 원으로 한다.
 2. 육아휴직 4개월째부터 종료일까지: 육아휴직 시작일을 기준으로 한 월 통상임금의 100분

고용보험법 시행령

의 80에 해당하는 금액. 다만, 해당 금액이 150만 원을 넘는 경우에는 150만 원으로 하고, 해당 금액이 70만 원보다 적은 경우에는 70만 원으로 한다.
④ 제1항 제1호 및 제3항 제1호에 따른 육아휴직 급여는 제95조 제4항에도 불구하고 육아휴직 급여의 월별 지급액 전부를 매월 지급한다.
[본조신설 2021. 12. 31.][제목 개정 2023. 12. 26.]

[그림 4-3] 휴가 관련

남녀고용평등과 일·가정 양립 지원에 관한 법률

제22조의 2(근로자의 가족돌봄 등을 위한 지원) ① 사업주는 근로자가 조부모, 부모, 배우자, 배우자의 부모, 자녀 또는 손자녀(이하 "가족"이라 한다)의 질병, 사고, 노령으로 인하여 그 가족을 돌보기 위한 휴직(이하 "가족돌봄휴직"이라 한다)을 신청하는 경우 이를 허용하여야 한다. 다만, 대체인력 채용이 불가능한 경우, 정상적인 사업 운영에 중대한 지장을 초래하는 경우, 본인 외에도 조부모의 직계비속 또는 손자녀의 직계존속이 있는 경우 등 대통령령으로 정하는 경우에는 그러하지 아니하다. 〈개정 2012. 2. 1., 2019. 8. 27.〉
② 사업주는 근로자가 가족(조부모 또는 손자녀의 경우 근로자 본인 외에도 직계비속 또는 직계존속이 있는 등 대통령령으로 정하는 경우는 제외한다)의 질병, 사고, 노령 또는 자녀의 양육으로 인하여 긴급하게 그 가족을 돌보기 위한 휴가(이하 "가족돌봄휴가"라 한다)를 신청하는 경우 이를 허용하여야 한다. 다만, 근로자가 청구한 시기에 가족돌봄휴가를 주는 것이 정상적인 사업 운영에 중대한 지장을 초래하는 경우에는 근로자와 협의하여 그 시기를 변경할 수 있다. 〈신설 2019. 8. 27.〉
③ 제1항 단서에 따라 사업주가 가족돌봄휴직을 허용하지 아니하는 경우에는 해당 근로자에게 그 사유를 서면으로 통보하고, 다음 각 호의 어느 하나에 해당하는 조치를 하도록 노력하여야 한다. 〈신설 2012. 2. 1., 2019. 8. 27.〉
1. 업무를 시작하고 마치는 시간 조정
2. 연장근로의 제한
3. 근로시간의 단축, 탄력적 운영 등 근로시간의 조정
4. 그 밖에 사업장 사정에 맞는 지원조치
④ 가족돌봄휴직 및 가족돌봄휴가의 사용기간과 분할 횟수 등은 다음 각 호에 따른다. 〈신설 2019. 8. 27., 2020. 9. 8.〉
1. 가족돌봄휴직 기간은 연간 최장 90일로 하며, 이를 나누어 사용할 수 있을 것. 이 경우 나누어 사용하는 1회의 기간은 30일 이상이 되어야 한다.
2. **가족돌봄휴가 기간은 연간 최장 10일[제3호에 따라 가족돌봄휴가 기간이 연장되는 경우 20일(「한부모가족지원법」 제4조 제1호의 모 또는 부에 해당하는 근로자의 경우 25일)] 이내로 하며, 일단위로 사용할 수 있을 것. 다만, 가족돌봄휴가 기간은 가족돌봄휴직 기간에 포함된다.**
3. **고용노동부장관은 감염병의 확산 등을 원인으로 「재난 및 안전관리 기본법」 제38조에 따른 심각단계의 위기경보가 발령되거나, 이에 준하는 대규모 재난이 발생한 경우로서 근로자에게 가족을 돌보기 위한 특별한 조치가 필요하다고 인정되는 경우 「고용정책 기본법」 제10조에 따른 고용정책심의회의 심의를 거쳐 가족돌봄휴가 기간을 연간 10일(「한부모가족지원법」 제4조 제1호에 따른 모 또는 부에 해당하는 근로자의 경우 15일)의 범위에서 연장할 수 있을 것. 이 경우 고용노동부장관은 지체 없이 기간 및 사유 등을 고시하여야 한다.**

[그림 4-4] 아이돌봄서비스 이용 관련

```
「아이돌봄지원법」
제13조의 2(아이돌봄서비스의 우선 제공) 국가 또는 지방자치단체와 서비스기관은 다음 각
호의 어느 하나에 해당하는 사람에게 우선적으로 아이돌봄서비스를 이용할 수 있도록 하여야 한
다. 다만, 예산 부족이나 아이돌보미 수급이 원활하지 아니하는 등 정당한 사유가 있는 경우에
는 그러하지 아니하다. <개정 2017. 12. 19., 2020. 5. 19., 2022. 12. 27.>
 1. 「국민기초생활 보장법」 제2조 제2호에 따른 수급자의 자녀
 2. 「국민기초생활 보장법」 제2조 제11호에 따른 차상위계층의 자녀
 3. 「한부모가족지원법」 제5조 및 제5조의 2에 따른 보호대상자의 자녀
 3의 2. 「청소년복지 지원법」 제2조 제6호에 따른 청소년 부모의 자녀
 4. 「장애인복지법」 제2조에 따른 장애인 중 여성가족부령으로 정하는 장애 정도에 해당하는
    사람의 자녀
 4의 2. 「장애인복지법」 제2조에 따른 장애인 중 여성가족부령으로 정하는 장애 정도에 해당
    하는 사람이 형제자매인 아이
 5. 「다문화가족지원법」 제2조 제1호에 따른 다문화가족의 자녀
 6. 「국가유공자 등 예우 및 지원에 관한 법률」 제6조의 4에 따른 상이등급 중 여성가족부령
    으로 정하는 상이등급 이상에 해당하는 사람의 자녀
 7. 부모의 취업 또는 생계활동 등으로 양육을 원활히 할 수 없는 맞벌이 가정의 자녀
 8. 그 밖에 소득 수준 등을 고려하여 여성가족부령으로 정하는 사람의 자녀
 [본조신설 2013. 5. 28.]
```

한부모 근로자의 육아휴직 급여 특례는 한부모가족지원법 제4조 제1호의 모 또는 부에 해당하는 한부모 근로자는 첫 3개월 통상임금 100%(상한 250만 원), 4~12개월 통상임금 80%(상한 150만 원)를 지원하는 사업이다. 중요한 부분은 한부모 근로자 육아휴직 급여 특례가 적용된 달(첫 3개월)은 육아휴직 급여 사후 지급분 제도가 적용되지 않는다는 점이다. 이는 2024년 1월 1일부터 시행하는 '6+6 부모육아휴직제'에서 한부모에 대한 특례가 포함되었다. 그러나 2024년 6월에 발표된 '저출생 추세반전을 위한 대책'에서는 한부모에 대한 별도의 대책이 포함되지 않았다. 또한 2024년 7월 기준 한부모 근로자 육아휴직 급여 특례 관련 내용은 전체 대상으로 확대할 예정이다. 이럴 경우 홀로 육아를 담당하는 한부모가족의 특수성을 고려한 혜택이 사라지게 된다.

아이돌봄서비스는 양육 공백에 따른 돌봄 수요에 탄력적으로 대응하여

시설보육의 사각지대를 보완함을 주요 목적으로 하는 사업이다. 즉 아이돌봄서비스는 돌봄 공백을 해소하고자 하는 목적으로 도입되었고 지금도 여전히 1차적인 목표이다. 일하는 한부모는 돌봄에서 가장 취약한 사람들 중 하나이며, 혼자 일을 하며 자녀를 양육해야 하는 상황이다. 이때 이들의 돌봄 공백은 일반적인 시간 공백이 아니다. 한부모가 취업해 있는 일자리의 형태로 인해 야간, 주말, 공휴일 등에 대한 수요가 상대적으로 높으며, 이로 인해 시설보육의 사각지대를 누구보다 경험할 가능성이 높은 집단이다. 현재 저소득 한부모가족은 "가"형의 정부 지원으로 판정되며, 한부모가족지원법 지원 대상자 선정 기준상 소득인정액 기준을 충족하지 못하나, 가구 선정 기준은 충족하는 한부모 가정까지 포함하고 있다. 아이돌봄지원사업이 국정과제로 선정됨에 따라 아이돌봄서비스의 대상자를 확장하는 방향으로 진행하고 있다. 동 서비스는 일대일 지원 방식을 채택하고 있다. 아이 한 명당 필요한 재정 부담이 클 수밖에 없기 때문에, 재정 투자 대비 효과가 높지 않을 수 있다. 사업의 효과를 극대화하기 위해서는 정말 필요한 대상에게 집중적으로 지원하는 표적화 전략이 필수이다. 돌봄 공백을 국가가 어느 정도 수준과 범위까지 지원해주어야 하는지에 대해서는 심도 있는 논의가 필요해 보인다.

제2절 경제적 지원 정책 분석

이 절에서는 소득 수준별로 지원받을 수 있는 정책을 도식화하여 시뮬레이션 분석을 통해 지원 정책에서의 구조적 문제를 살펴보고, 제3장의 질적 연구에서 확인된 수급자들의 전략적 행동이 존재하는지 분석하고자 한다.

일하는 한부모 가구주를 대상으로, 수급 조건이 된다면 모든 수당의 완전한 수용을 가정한다. 표준 고용계약하에 민간에서 일한다고 가정한다. 유치원 및 어린이집 이용 가능한 자녀의 경우 유치원 및 어린이집을 이용하지 않는 것으로 가정하며, 조기 교육 및 보육에 대한 비용은 없다고 가정한다. 표준가구는 한부모 가구의 가구주 연령 40세, 자녀 수 2명(첫째 6세, 둘째 4세)으로 가정하고, 주당 40시간(전일제) 근로 시 평균 임금 100%로 가정하며, 평균 임금의 1~200%로 가정한다. 시뮬레이션을 위한 기준이 되는 기준 임금으로 가상 임금 자료를 우선 생성한다. 기준 임금은 2023년 기준 평균 임금을 고려하여, 평균 임금의 1%에서 200% 수준까지의 데이터를 생성한다. 이는 고용노동부의 고용 형태별 근로실태조사의 2023년 기준 정규 근로자 연간 평균 임금을 활용한다. 연간 평균 임금은 정액급여, 초과급여, 전년도 연간 특별급여로 산출한다.

국민기초생활보장제도 중 본 모형에서는 생계급여 수급자의 선정 기준을 활용하여 포함한다. 소득평가액에서 아동수당, 한부모가족의 아동양육비에 해당하는 금액은 뺀 금액으로 한다. 소득인정액은 다음과 같다. 소득인정액=소득평가액(실제 소득-가구 특성별 지출 비용-근로소득공제)+재산의 소득환산액[(재산-기본재산액-부채)×소득환산율]. 본 모형에서 재산을 고려하지 않음에 따라 소득평가액=근로소득의 70%- 국민연금 가입자 기여금의 75%, 재산의 소득환산액은 '0'으로 가정한다.13)

가족수당으로 아동수당, 가정양육수당, 한부모가족지원금을 고려한다. 아동수당은 인적 특성 조건으로 2023년 기준 연령 만 8세 이하 아동에게 월 100,000원의 현금이 지급된다. 가정양육수당의 경우 24개월(2살)~85개월(7살)의 경우 아이당 100,000원이 지급된다. 한부모아동양육비는 만 18세 미만 자녀를 지원 대상으로 하며, 선정 소득 기준은 지원 가구의 소득인정액이 기준 중위소득 60%(2023년 기준) 이하인 경우에 해당된다. 지원 종류 및 지원액은 만 18세 미만 아동에게 월 200,000원을 지원하는 아동양육비, 조손 또는 만 25세 이상 미혼 한부모 만 5세 이하 아동에게 월 5만 원 지급하는 추가 아동양육비, 중학생 및 고등학생 자녀에게 연 5만 원 지급하는 아동교육지원비로 구성된다.

근로자녀장려금은 소득 구간별, 자녀 수 등에 따라 지급액을 달리하며, 아래 표를 기준으로 산정한다.

〈표 4-7〉 근로장려금 지급액

가구원	소득 구간	근로장려금
단독	400만 원 미만	총급여액 등×165/400
	400만 원 이상~900만 원 미만	165만 원
	900만 원 이상~2200만 원 미만	165만 원-(총급여액 등-900만 원)×165/1300
홑벌이	700만 원 미만	총급여액 등×285/700
	700만 원 이상~1400만 원 미만	285만 원
	1400만 원 이상~3200만 원 미만	285만 원-(총급여액 등-1400만 원)×285/1800
맞벌이	800만 원 미만	총급여액 등×330/800
	800만 원 이상~1700만 원 미만	330만 원
	1700만 원 이상~3800만 원 미만	330만 원-(총급여액 등-1700만 원)×330/2100

---

13) 국민취업지원제도 등 고용노동부 프로그램 및 자활사업 등 참여자로 얻는 수당 중 성과급 성격 금액 소득산정에서 제외(취업성공수당, 자립성과금, 자활기업 근로 유지 성과금 등). 본 모형에서는 표준 고용계약하에 민간에서 일한다고 가정함. 따라서 구직급여 및 조기재취업수당은 소득평가액 시 고려되나 모두 '0'으로 간주

제4장 한부모가족 지원 정책 분석

〈표 4-8〉 자녀장려금 지급액

가구원	소득 구간	자녀장려금
홑벌이	2100만 원 미만	자녀 수×0.8
	2100만 원 이상~4000만 원 미만	자녀 수×[0.8-(총급여액-2100만 원)×30/1900]
맞벌이	2500만 원 미만	자녀 수×0.8
	2500만 원 이상~4000만 원 미만	자녀 수×[0.8-(총급여액-2500만 원)×20/1500]

[그림 4-5] 3인 가구(40세 일하는 한부모 가구주, 6세 & 4세 자녀)

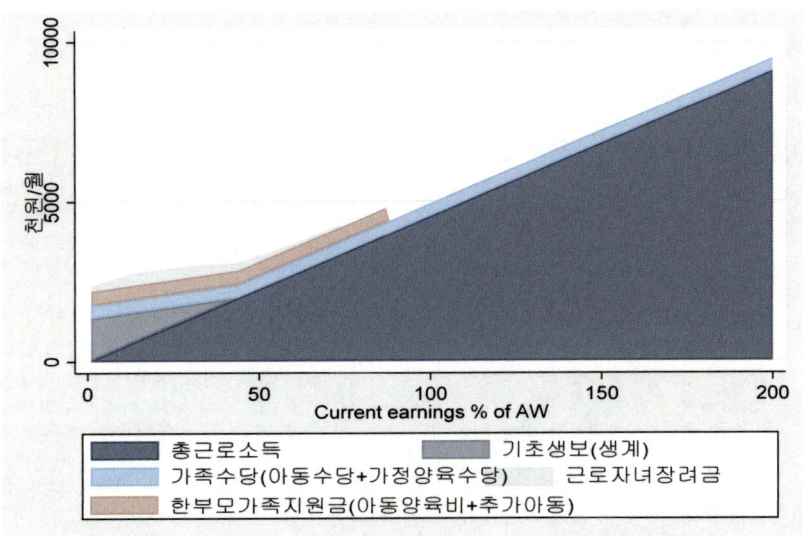

출처: 저자 작성

 한부모가족을 위한 현금 지원 정책에 대한 시뮬레이션 분석 결과, 근로소득의 증가에도 불구하고 전체 소득이 감소하는 소득 역전 현상이 발생함을 확인할 수 있다. 한부모가족지원제도의 양육비 지원은 개인별 지원이므로 자녀 수가 증가할수록 이러한 현상은 심화될 가능성이 있다. 또한 위 시뮬레이션은 현금 지원만을 고려한 분석이다. 한부모가족지원제도 내 자격증명을 통해 이뤄지는 현물 지원제도와 아이돌봄서비스, 주거복지 정책 등 기타 한부모가족을 위한 복지 정책들을 모두 고려하면, 역전 현상은 더욱 커질 수밖에 없는 구조이다. 한부모가족 지원 정책은 단일 기준 안에 들어오는 대상자에 한해 경제적 지원, 의료 및 복지 혜택, 기타 혜택 등 혜택의 최대화 지원14) 구조이다. 이러한 구조에 대한 인식은 수급자가 전략적 행동을 강화하는 요인으로 작용할 수밖에 없다. 이러한 구조는 제도의 의도와 달리 수급자의 근로 유인을 저해할 우려가 있으며, 오히려 사회적 비용을 높이는 결과를 초래할 수 있다.

한부모 가구 관련 기존 문헌뿐 아니라 제3장의 이해관계자 심층 면담에서도 확인했듯이, 대부분의 정책들이 법정 한부모 기준의 적용을 받음에 따라 이들은 전략적으로 단기 현금성 지원 일자리를 전전하거나 혹은 미취업을 선택한다. 심층 면담을 통해 확인한 '전략적 행동'이 발생한다면 특정 소득 수준에서의 수급자 밀도가 높게 나타나는 현상이 존재할 수

---

14) 한부모가족을 위한 가장 대표적인 지원 정책으로 한부모가족 지원 정책에 근거해 지원하는 여성가족부의 한부모가족지원사업이 있음. 한부모가족 지급 기준을 충족하면 한부모가족 자녀 양육비 등 복지급여를 지원받을 수 있음. 한부모가족 증명서 발급 대상자는 경제적 지원 외에도 의료 및 기타 복지 혜택을 받을 수 있음. 의료 혜택으로 한부모가정은 국민건강보험료가 일정 비율 경감되며, 의료비를 일부 또는 전액 지원해주는 의료비 지원제도가 있음. 한부모가정 자녀는 대학 진학 시 국가 장학금 혜택을 받을 수 있으며, 임대주택에 거주할 수 있도록 주거 지원이 제공되기도 함. 그 외에도 문화 및 체육 프로그램 참여 지원과 전기·수도·도시가스 요금 등 공공요금이 일부 감면. 2018년 1월 1일부터 한부모가족 선정 기준(한부모가족 증명서 발급 대상)과 한부모가족 복지급여 지급 기준이 분리(2018년 1월 1일부터)되어 운영되고 있음. 그러나 한부모가족 지원의 경우 2022년까지는 증명서 선정 기준이 복지급여 지급 기준에 비해 기준 중위소득 기준이 높았으나, 2023년부터 동일한 상황. 즉, 결국 단일 기준 안에 들어오는 대상자에 한해 경제적 지원, 의료 및 복지 혜택, 기타 혜택 등 혜택의 최대화 지원이라는 All or nothing 구조임을 확인할 수 있음. 이러한 구조는 수급자가 전략적 행동을 강화하는 요인으로 작용할 가능성이 높음.

기준 중위소득	선정 기준 (한부모가족 증명서 발급 대상)				지급 기준 (아동양육비 등 복지급여 지급 기준)			
	2018	2022	2023	2024	2018	2022	2023	2024
한부모가족	60	60	60	63	52	52	60	63
청소년 한부모가족	72	72	72	72	60	60	65	65

자료: 여성가족부(2018; 2022; 2023; 2024). 한부모가족지원사업 안내

있다. 이를 확인하기 위해 사회보장위원회의 '사회보장행정데이터'[15]를 사용하여 소득 분포별 여성가족부의 한부모 지원 정책 수급자 현황을 살펴봤다.

소득 분포별 한부모 지원제도 수급자 밀도를 살펴본 결과, 소득 분포별로 수급자 밀도의 이중 봉우리(double-peaked distribution) 현상이 관찰된다. 일반적으로 기대되는 소득 분포는 완만한 단봉형을 보이나, 아래 그림은 두 번의 봉우리가 생김을 확인할 수 있다. 복지 수급자의 소득 분포에서 관찰되는 봉우리 현상은 종종 제도의 구조적 문제와 수급자의 전략적 행동으로 설명될 수 있다. 그러나 복지 선정 기준 근처에서 나타나는 정책적 관대함(beneficial leniency)의 결과임을 배제할 수 없다.

Atkinson(1998)과 Moffit(1992)은 수급 기준선 근처의 소득 구간에서의 밀집현상을 확인했다. 이러한 현상은 정책적 관대함과 연결될 수 있으며, Blank(2002)는 특정 개인의 소득이 수급 기준선에 위치할 경우, 연간 소득 변동성을 고려해 관대한 판단이 이루어질 수 있다고 밝혔다. 동시에 선정 기준에 근접한 개인에 대한 복지 배제는 사회적 불평등을 악화시킬 우려가 있어 일부 정책 결정자는 이를 완화하려는 경향을 보인다고 주장한 바 있다(Bradshaw & Finch, 2003). 그러나 한 번의 봉우리는 소득 기준 근처에서의 유연한 집행 또는 제도적 관대함과 같은 정책적 요소로 설명될 가능성이 있으나(Blank, 2002), [그림 4-6]과 같은 분포는 수급자들이 전략적으로 소득을 조정한 결과일 가능성이 높다.

---

[15] 사회보장 행정데이터의 가처분소득은 '유사 가처분소득'을 의미함에 유의할 필요가 있음. 가처분소득은 시장소득에 공적이전소득을 더해야 하지만 사회보장행정데이터에서 사적 이전 소득을 파악할 수 없기 때문에 일차소득(근로소득+일용소득)+사업소득+기타소득+금융소득+부동산소득)에 공적이전소득을 더했기 때문에 엄밀하게는 유사 가처분소득을 의미. 이러한 가처분소득을 가구원 수의 제곱근으로 나눈 소득인 가구균등화 소득을 활용함.

[그림 4-6] 소득 분포별 한부모가족 지원제도 수급자 밀도

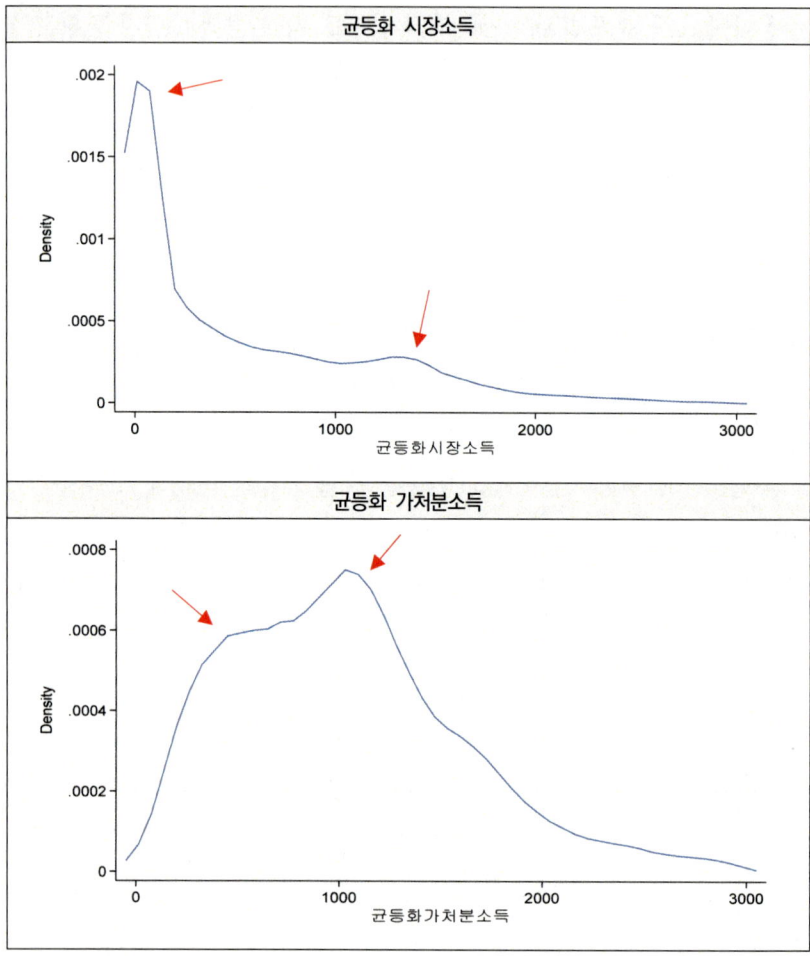

주: 한 번이라도 수급한 경험 있는 사람
출처: "사회보장행정데이터," 사회보장위원회, 2024 자료 활용하여 저자 작성.

  Chetty et al.(2013)은 추가적 소득으로 인한 수급 자격 박탈 위험을 줄이기 위해 기준선 근처에서의 의도적 소득 조정(근로시간 감소 및 낮은 소득 신고)의 행태를 보임을 입증했다. 한부모 가구 지원제도 같은 소득 역전 효과는 기준선 초과 시 복지 혜택의 급격한 감소가 가처분 소득의

실제 감소로 이어짐에 따라 수급자가 기준선 내로 전략적으로 이동하도록 유도할 가능성이 높다(Atkinson, 1998). 이는 기준선 근처에서의 "혜택의 최대화=All or nothing 구조"에 대한 인식이 수급자로 하여금 전략적 행동을 강화하게 하는 요인으로 작용할 수밖에 없다(Hernanz et al., 2004). 따라서 이러한 현상은 단순히 제도의 관대함이 아닌 제도의 구조적 문제로 인한 수급자의 전략적 행동으로 설명될 가능성이 크다. 즉 제도의 구조적 문제와 개인의 전략적 행동이 결합된 결과로, 제도의 기본 취지와 다르게 수급자의 자립 및 근로 유인을 저해하는 상황이 발생한다. 이러한 전략적 행동은 보호의 사각지대에 있는 일자리로 가는 부정적 효과를 발생시킬 수 있으며, 자녀가 성인이 된 이후 기초생활보장 수급자가 될 가능성을 높인다. 아래 표를 통해 현재 한부모가족 지원제도 수급자의 특성을 살펴보면, 약 80.2%가 모자 가구이며, 약 74.2%는 일을 하고 있음에도 한부모가족 지원제도의 수급자이며, 32.2%는 기초생활보장제도의 생계급여 수급자임을 확인할 수 있다. 따라서 한부모가족 당사자가 자립에 대한 유인을 보존할 수 있는 방식으로의 제도 보완이 필요하다.

〈표 4-9〉 한부모가족 지원제도 수급자 특성

(단위: %)

한부모가족지원제도 수급자 특성		
구분	미수급	수급
기초생활보장제도 수급 여부	0.4	99.6
생계급여 수급 여부	67.8	32.2
구분	부자 가구	모자 가구
가구주 성별	19.8	80.2
구분	일 안 함	일 함
일 여부	25.8	74.2

출처: "사회보장행정데이터," 사회보장위원회, 2024. 내부자료 활용하여 저자 작성.

제3절 시간 지원 정책 활용 분석

　한부모가족의 경제적 여건의 열악성을 고려하면 지원 정책의 충분성 차원에서 여전히 문제가 발생하고 있으나, 경제적 지원을 위한 현금성 급여에 관한 지원은 계속적으로 확장되고 있음을 알 수 있다(제4장 1절 참조). 그러나 비경제적 지원에 대한 부분은 여전히 부족한 실정이다. 한부모 가구의 경제적 여건의 열악성과 자립 기반의 취약성을 함께 고려해주기 위해서는 이들에 대한 시간 지원이 함께 이뤄져야 한다. 한부모가족 지원법 적시 법령 중 시간 지원 관련 내용을 살펴보면 고용보험법에 의한 육아휴직 급여 특례, 남녀고용평등과 일·가정 양립 지원에 관한 법률에 의한 가족돌봄휴가(휴직)의 사용기간과 분할 횟수, 그리고 아이돌봄 지원법에 의한 아이돌봄서비스의 우선 제공이 있다. 본 절에서는 한부모 가구의 시간 지원 정책 욕구 및 활용 정도를 살펴보기 위해 사회보장위원회의 '사회보장행정데이터'를 중심으로 여성가족부의 한부모가족 실태조사와 관련 연구 문헌의 통계 자료를 사용하고자 한다.

　자녀돌봄을 위한 시간 지원제도의 이용 및 이용 가능 비율이 소득 수준별로 어느 정도의 차이를 보이는지 확인하였다. 월평균 소득이 높을수록 자녀돌봄을 위한 시간 지원 정책의 활용률 및 활용 가능성이 높아짐을 확인할 수 있다. 이를 통해 저소득 가구에 집중된 한부모 가구의 경우 자녀돌봄을 위한 시간 지원제도를 사용하기가 어렵다는 것을 추측해 볼 수 있다. 실제 한부모가족 실태조사를 통해 살펴본 자녀돌봄을 위한 시간 지원제도의 이용 경험은, 첫째아 기준으로 출산전후휴가 3.2%, 육아휴직 2.3%, 육아기 근로시간 단축의 경우 0.1%로 나타난다.

〈표 4-10〉 월평균 가구소득별 돌봄시간 지원제도 이용 및 이용 가능 비율

(단위: %, 명)

구분	육아기 근로시간 단축	유연근무	재택근무	가족돌봄휴가	(수)
전체	26.0	27.1	15.1	25.4	(1,558)
월평균 가구소득					
200만 원 이하	14.8	11.1	22.2	7.4	(27)
201~300만 원	22.2	24.6	13.5	23.0	(126)
301~400만 원	20.9	17.6	12.0	22.1	(267)
401~500만 원	27.2	28.5	12.4	23.3	(305)
501~600만 원	25.6	25.2	11.6	27.0	(285)
601~700만 원	27.0	29.9	20.9	29.4	(211)
701~800만 원	34.0	34.7	19.6	30.8	(153)
801만 원 이상	28.9	35.8	19.5	26.1	(184)

주: 1) '현재 이용 중'과 '필요시 이용 가능' 응답을 합한 비율임. 2) 가구 단위로 응답한 결과이며, 맞벌이 가구의 경우는 둘 중에서 각 제도별로 사용이 쉬운 사람을 기준으로 함.
출처: "영유아와 초등자녀의 긴급돌봄 수요 분석과 제도화 방안 연구," 유해미 외, 2023, 육아정책연구소, p. 152. 저작권 2023. 육아정책연구소.

〈표 4-11〉 모부성보호제도 이용 경험 및 이용 기간

(단위: %, n=3,300)

	출산전후휴가	배우자출산휴가	육아휴직	육아기근로시간 단축
이용 경험				
첫째아	3.2	1.2	2.3	0.1
둘째아	3.0	0.4	1.3	0.1
셋째아	2.1	0.4	0.6	0.0
이용 기간				
첫째아	2.4개월	4.1일	8.8개월	6.2개월
둘째아	2.7개월	2.7일	8.5개월	7.0개월

출처: "2021년 한부모가족 실태조사," 배호중, 정가원, 박미진, 선보영, 성경, 2021, 여성가족부. 저작권 2021. 여성가족부.

한부모 가구주의 경우 자녀 양육을 위한 시간과 그로 인한 상실 소득을 보전해주는 고용보험을 통한 휴직제도 역시 활용하기 어려운 불안정 노

동계층이 광범위하게 존재하여, 제도적 사각지대와 실질적 사각지대의 문제가 크게 나타난다. 이와 관련해 사회보장위원회의 사회보장행정데이터에서 확인 가능한 아이돌봄을 위한 시간 지원 정책의 활용 수준을 맞벌이 가구와 비교하여 살펴보고자 한다.

육아휴직 조건 만족자 전체 가구주 중 91.5%가 양부모 가구의 가구주이며, 8.5%가 한부모 가구 가구주이다. 양부모 가구 중에서는 약 62.4%가 맞벌이 가구의 가구주이다. 조건 만족자 중에서 실제 육아휴직을 사용한 사람의 경우 한부모 가구 가구주는 11.4%, 맞벌이 가구 가구주 72.6%, 홑벌이 가구 가구주는 16.1%로 나타난다. 각 가구 유형 내에서의 육아휴직 사용률을 살펴보면 한부모 가구에서 6.0%의 가구주가 육아휴직을 사용했으며, 맞벌이 가구 내에서 5.2%의 가구주가 육아휴직을 사용하였다. 가구주를 여성으로 좁힐 경우 한부모 가구 내 여성 가구주의 8.0%, 맞벌이 가구 내 여성의 15.0%가 육아휴직을 사용함에 따라, 이들의 절대적 규모는 큰 차이를 보이나, 각 가구 유형별 사용 비율에 있어서는 상대적으로 차이가 크지 않음을 알 수 있다. 육아기 근로시간 단축16)의 사용률은 전반적으로 육아휴직보다 낮은 경향을 보이나, 가구 유형별 사용 현황에 있어서는 유사한 패턴을 보임을 확인할 수 있다.

다음으로 육아휴직을 사용한 사람과 사용하지 않은 사람들의 소득분포를 살펴본 결과, 소득 수준이 높은 집단에서의 육아휴직 사용이 높은 것을 확인할 수 있다. 소득 분포를 살펴보면, 맞벌이 가구는 사용 집단의 소득 분포가 미사용 집단에 비해 오른쪽으로 축이 이동되어 있음을 확인할

---

16) 육아기 근로시간 단축은 육아휴직에 비해 상대적으로 늦게 도입. 육아휴직 대신 근로시간을 15~30시간으로 단축하는 육아기 근로시간 단축제도가 2008년 6월 22일부터 도입되었으며, 2011년 9월 21일부터 육아기 근로시간 단축에 대해서도 육아휴직 급여액에 단축 비율을 곱한 금액을 육아기 근로시간 단축 급여로 지급. 이후 계속적인 제도 변화 및 확대가 있으며, 2024년 7월 1일부터 최초 10시간 단축분에 대하여 통상임금 100%(상한액 200만원)로 인상(손연정, 2024. 12. 23).

수 있다. 한부모 가구의 소득 분포를 살펴보면, 전체적으로 단기 일자리 등 실질적 사각지대가 높은 것으로 추측가능하다.

〈표 4-12〉 육아휴직과 육아기 근로시간 단축급여 사용 비율(전체 가구=100%)

(단위: %)

구분		일하는 한부모	외벌이	맞벌이	Total
조건 만족자 (가구주)		8.5	29.1	62.4	100.0
육아휴직	조건 만족자 중 가구주 사용률	11.4	16.1	72.6	100.0
	조건만족자 중 여성 사용률	18.4	7.2	74.4	100.0
육아기 근로시간 단축	조건만족자 중 사용률(부모전체)	4.6	9.2	96.3	100.0
	조건만족자 중 여성 사용률	4.9	4.9	90.2	100.0

주: 2021년 기준 고용보험 가입, 8세 이하 자녀, 가입 기간 180일 이상
출처: "사회보장행정데이터," 사회보장위원회, 2024. 자료 활용하여 저자 작성.

〈표 4-13〉 육아휴직과 육아기 근로시간 단축급여 사용 여부(가구 내)

(단위: %)

구분			한부모	외벌이	맞벌이
육아휴직	조건 만족자 중 가구주 사용률	사용	6.0	2.5	5.2
		미사용	94.0	97.5	94.8
		Total	100.0	100.0	100.0
	조건 만족자 중 여성 사용률	사용	8.0	4.0	15.0
		미사용	92.0	96.0	85.0
		Total	100.0	100.0	100.0
육아기 근로시간 단축	조건 만족자 중 사용률(부모 전체)	사용	2.2	0.9	3.0
		미사용	97.8	99.1	97.0
		Total	100.0	100.0	100.0
	조건 만족자 중 여성 사용률	사용	3.4	0.7	6.6
		미사용	96.6	99.3	93.4
		Total	100.0	100.0	100.0

주: 2021년 기준 고용보험 가입, 8세 이하 자녀, 가입 기간 180일 이상
출처: "사회보장행정데이터," 사회보장위원회, 2024. 자료 활용하여 저자 작성.

[그림 4-7] 가구 유형별 소득 수준에 따른 육아휴직 사용 여부

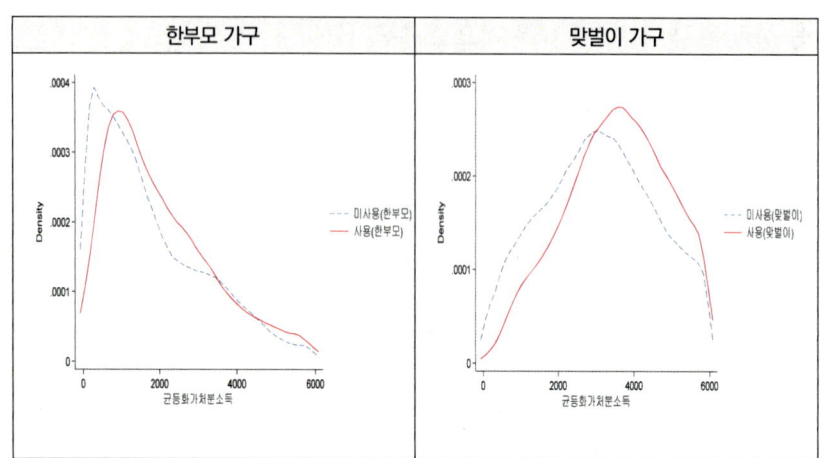

주: 육아휴직 조건 만족자 중 여성 사용자 기준으로 살펴봄
출처: "사회보장행정데이터," 사회보장위원회, 2024. 자료 활용하여 저자 작성.

아래 표는 한부모 가구주가 미취학 자녀가 혼자 있을 때 바라는 서비스 지원이다. 가장 높은 비율로 야간보육 활성화를 응답하고 있다. 이를 통해 한부모 가구의 시간 공백이 일반적 공백이 아님을 유추할 수 있다. 제3장에서 한부모 당사자 면담을 통해 확인하였듯이, 이들은 자녀가 아프거나 긴급한 돌봄이 필요한 경우에 유연한 대응이 가능한 일자리를 찾다 보니, 시간제 일자리 혹은 아르바이트를 전전하는 등 노동 지위를 스스로 하향시키는 선택을 한다. 저녁, 야간, 주말, 공휴일 등에 돌봄 공백이 발생하면 공식 돌봄을 활용하기가 어렵다. 또한 한부모의 경우 비공식 관계망(가족, 친지, 지인 등)과의 관계도 원활하지 않은 경우가 많아서 자녀돌봄에 더욱 큰 어려움을 느낀다. 한부모가족에서 자녀가 기관을 이용하는 이유로 아이를 돌볼 사람이 없어서라는 응답률이 가장 높았다. 이용하는 기관별로 보면 어린이집 연장보육, 초등돌봄교실, 지역아동센터, 건강가정지원센터 아이돌보미 등으로 응답률이 높았다. 이러한 시간 부족은 정

보 접근성을 낮추고, 또 다른 사각지대를 발생시킨다. 시간 자원은 부모 자신의 경제적 자립뿐 아니라 자녀의 발달에도 영향을 미친다. 기존 연구들에서 부모의 아동에 대한 돌봄 시간은 장기적으로 아동발달에 중요한 역할을 한다고 밝히고 있다(Milligan & Stabile, 2009; González, 2013).

〈표 4-14〉 미취학 자녀가 혼자 있을 때 바라는 서비스

(단위: %)

구분	야간보육 활성화	등·하원 서비스	식사 제공 서비스	학습지도 도우미 파견	키즈폰 등 비상통신 수단지원	가정 내 CCTV 설치
전체	45.0	16.4	17.3	12.1	1.3	8.0
종사상지위						
상용	42.7	21.9	17.0	10.9	1.1	6.2
임시/일용	54.3	10.4	23.7	9.4	1.3	0.9
비임금	60.1	10.8	9.9	12.3	0.0	6.9
비취업	38.1	14.5	15.7	15.2	1.7	14.7
정부 지원						
지원 가구	43.2	16.1	16.7	14.2	1.6	8.1
일반 가구	46.7	16.6	17.8	10.1	0.9	7.9
소득 수준						
100만 원 미만	35.5	8.6	37.0	8.4	7.4	3.1
100~200만 원 미만	43.0	13.3	14.9	15.2	1.5	12.1
200~300만 원 미만	52.7	15.9	14.3	14.1	0.4	2.7
300만 원 이상	42.0	20.2	18.7	8.7	0.9	9.4

출처: "2021년 한부모가족 실태조사," 배호중, 정가원, 박미진, 선보영, 성경, 2021, 여성가족부. 저작권 2021. 여성가족부; "자녀돌봄을 위한 시간 지원 정책과 한부모가족," 배윤진, 2024.7.4., 한국보건사회연구원. 저작권 2024. 한국보건사회연구원.

<표 4-15> 자녀의 기관 이용 이유

(단위: %)

구분	아이를 돌볼 사람이 없어서	양육 부담을 줄이기 위해	아이의 학습이나 특기 교육에 도움이 되어서	아이의 사회성 등 전반적 발달에 도움이 되어서	기타
어린이집 시간 연장형 보육	81.8	9.1	6.1	3.0	0.0
어린이집 방과 후 보육(초등)	55.6	0.0	44.4	0.0	0.0
초등 방과 후 교실	21.1	8.3	56.4	12.0	2.3
초등 돌봄교실	76.9	5.8	5.8	11.5	0.0
지역아동센터	65.8	2.6	7.9	21.1	2.6
건강가정지원 아이돌보미	58.3	16.7	8.3	16.7	0.0
민간 베이비시터	50.0	0.0	0.0	50.0	0.0
학원 등 시설기관	18.9	1.0	55.7	23.9	0.5
기타	26.7	0.0	13.3	46.7	13.3

주: 어린이집 시간연장형보육은 야간연장형보육으로 명칭 변경
출처: "2021년 한부모가족 실태조사," 배호중, 정가원, 박미진, 선보영, 성경, 2021, 여성가족부. 저작권 2021. 여성가족부; "자녀돌봄을 위한 시간 지원 정책과 한부모가족," 배윤진, 2024.7.4., 한국보건사회연구원. 저작권 2024. 한국보건사회연구원.

아이돌봄서비스 이용 비율은 전체적으로 낮은 수준이다. 전체 사용가구 중 맞벌이 가구 65.0%, 일하는 한부모 가구 16.6% 순으로 높은 이용률을 보인다. 가구 유형 내 이용률을 살펴보면 일하는 한부모가구, 일을 안 하는 한부모 가구 순으로 높게 나타난다. 아이돌봄서비스 이용자와 미이용자의 소득 분포를 살펴보면, 상대적으로 소득 수준이 낮을수록 서비스를 사용하는 비율이 높게 나타난다. 이는 제도 특성상 이용 가능 대상자의 소득제한으로 인한 결과일 수 있으나, 그럼에도 소득 수준이 낮은

집단에서의 사용 수요가 높음을 나타내는 결과이기도 하다. 소득 수준이 낮은 집단의 일자리일수록 일하는 시간이 정형화되어 있지 않을 가능성이 높음에 따라 돌봄 공백에 대한 수요가 높을 것으로 추측된다.

〈표 4-16〉 아이돌봄서비스 이용 비율

(단위: %)

구분		한부모		양부모		Total
		일 안 하는	일하는	외벌이	맞벌이	
전체 사용 가구 비율		2.7	16.6	15.6	65.0	100.0
가구 유형별 이용률	미사용	99.1	98.8	99.6	99.4	-
	사용	0.9	1.2	0.4	0.6	-
	total	100.0	100.0	100.0	100.0	-
유형	가형	4.1 (76.1)	23.2 (69.3)	19.2 (60.9)	53.5 (40.8)	100.0
	나형	0.7 (6.1)	10.4 (14.4)	14.2 (21.0)	74.7 (26.6)	100.0
	다형	0.8 (1.7)	9.0 (2.9)	8.6 (3.0)	81.5 (6.8)	100.0
	라형	2.0 (16.1)	10.2 (13.4)	10.9 (15.2)	76.9 (25.8)	100.0
	total	(100.0)	(100.0)	(100.0)	(100.0)	

출처: "사회보장행정데이터," 사회보장위원회, 2024. 자료 활용하여 저자 작성.

[그림 4-8] 소득 분포에 따른 아이돌봄서비스 사용 여부

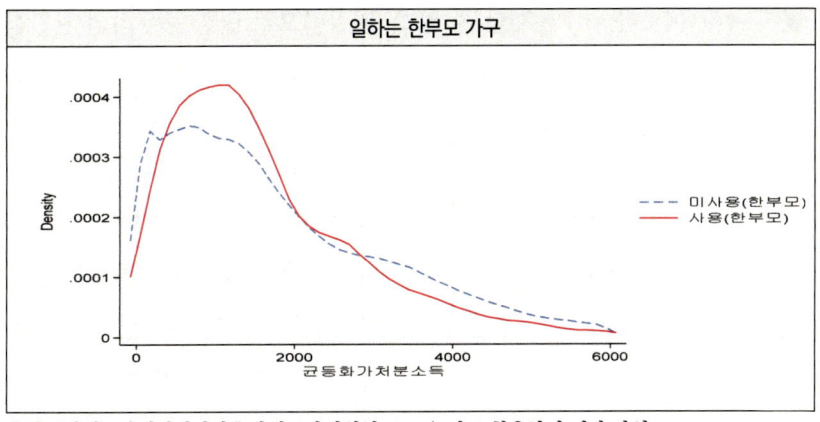

출처: "사회보장행정데이터," 사회보장위원회, 2024. 자료 활용하여 저자 작성.

제4절 소결

　제4장에서는 한부모가족을 대상으로 한 지원 정책의 현황을 점검하고, 제도의 구조적 문제와 실제 사용 수준이 수요에 부합하는지를 중심으로 정책 분석을 수행하였다.

　한부모가족들을 위한 현금성 지원정책에 대한 시뮬레이션 분석 결과, 근로소득이 증가함에도 전체 소득이 오히려 감소하는 소득 역전 현상이 발생하고 있음을 확인하였다. 한부모가족 지원제도의 양육비 지원이 자녀 수에 따라 달라지는 개별 지원 방식으로 설계되어 있어, 자녀 수가 많을수록 이러한 현상은 심화될 가능성이 있다. 특히 한부모가족 지원정책은 단일 기준 안에 들어오는 대상자에 한해 경제적 지원, 의료 및 복지 혜택, 기타 혜택 등 혜택의 최대화 지원이라는 '전부 또는 전무(All or nothing)' 방식으로 운영되고 있다. 이러한 구조는 수급자의 전략적 행동을 강화하는 요인으로 작용할 수 밖에 없다. 실제로, 제3장에서 확인된 바와 같이 수급 지위를 유지하는 것이 현실적인 생존 전략으로 작동하고 있으나, 당사자들 또한 이를 바람직하지 않은 선택으로 인식하고 있었다. 전략적 행동이 실제로 나타날 경우, 특정 소득 수준에서 수급자 밀도가 높게 나타나는 현상이 존재할 수 있다. 일반적으로 단일 봉우리의 완만한 소득 분포가 예상되지만, 본 연구에서는 두 개의 봉우리가 형성된 이중 봉우리(double-peaked distribution) 현상이 관찰되었다. 이는 제도의 구조적 문제와 수급자의 전략적 대응이 복합적으로 작용한 결과로 해석된다. 물론 이는 복지 선정 기준 인근에서 나타나는 정책적 관대함(beneficial leniency)의 결과임을 배제할 수 없으나, 전체 분포를 고려할 때 이중 봉우리의 경우 수급자가 전략적으로 소득을 조정한 결과일 가능성이 높다고 판단된다. 따라서 한부모가족 당사자가 자립에 대한 유인을 유지할 수 있도록 제도를 보완하는 것이 필요하다.

한편, 한부모가족의 경제적 여건의 열악성을 고려하면 지원 정책의 충분성 차원에서 여전히 문제가 발생하고 있으나, 경제적 지원을 위한 현금성 급여에 관한 지원은 계속적으로 확장되고 있다. 이에 반해 자녀돌봄을 위한 시간 지원에 있어서는 보다 적극적인 확장 논의가 필요한 상황이다. 고용보험을 통한 휴직제도는 자녀 양육으로 인한 소득 손실을 보전할 수 있는 주요 제도이나, 한부모 가구주는 주로 비정형·불안정 노동계층에 속해 있어 제도의 활용이 어려운 구조적 제약이 크다. 그럼에도 불구하고 2024년 6월 발표된 '저출생 추세반전을 위한 대책'에는 한부모에 대한 별도의 대응 방안이 포함되지 않았으며, 2024년 7월부터는 기존의 한부모 근로자 육아휴직 급여 특례가 일반 근로자 전체로 확대 적용될 예정이다. 이 경우, 한부모가족의 특수성을 반영한 맞춤형 혜택이 사실상 소멸하게 된다. 상대적으로 활용도가 높은 아이돌봄서비스가 또한, 최근 개편 방향이 한부모와 같은 돌봄 공백 대상자의 표적 지원 강화보다는 보편적 적용 확대에 방점이 맞춰지는 양상을 보이고 있다. 결과적으로 현재 시간 지원 정책의 변화 방향 전반에서 한부모 가구는 정책적 고려에서 소외되고 있는 실정이다.

시간 지원은 한부모의 경제적 자립과 정서적 안정, 그리고 자녀의 발달(인적자본 형성)에 직접적으로 연결되는 핵심 자원이다. 시간 빈곤에 시달리는 계층의 시간을 공공 영역에서 우선 보전해 주기 위한 노력으로 돌봄 휴가 같은 시간 지원 대책을 시간 재분배 정책으로 살펴보는 것에 대한 논의가 제기된 바 있다(김태훈, 2023). 시간 활용이 경직되어 있는(계획이 쉽지 않은) 한부모의 생활 특성을 고려하면, 단순한 재정적 지원만으로는 자립이나 미래 준비로의 전환이 어렵다. 이에 따라 한부모가족의 시간 빈곤 문제 해결을 위해서는 시간 자원의 재분배와 관련된 정책 논의가 보다 적극적으로 제기될 필요가 있다.

제5장

해외 사례: 독일과 영국

제1절 개요
제2절 독일 사례
제3절 영국 사례
제4절 정책적 시사점

제5장   해외 사례: 독일과 영국

제1절 개요

독일과 영국은 한국과 달리 1970년대부터 한부모가족의 수가 급증하였고, 이들을 지원하기 위한 정책적 개입의 필요성을 일찍부터 경험했다. 두 국가 모두 지난 십여 년간 전체 가구 대비 한부모가족의 규모가 상당히 일관되게 유지되고 있으나, 한부모가족의 사회경제적 취약성은 지속적인 사회적 문제가 되고 있다. 한부모가족의 경우, 양부모가족에 비해 경제적 빈곤 위험이 상당히 높게 나타나며 자녀를 양육하는 데 있어서 가용할 수 있는 시간의 부족으로 어려움을 겪고 있는 것으로 나타났다(Kennedy et al, 2023; Camp et al., 2016; Women's Budget Group & Gingerbread, 2022; Bundesministerium für Familie, Senioren, Frauen und Jugend, 2021; 강욱모, 2004).

이러한 배경 속에서 독일과 영국은 현재 한부모가족을 위한 다양한 경제적 지원 정책과 시간 지원 정책을 시행하고 있다. 두 국가에서 한부모가족을 지원하는 정책적 수단은 양육비 선지급 및 이행지원, 세금감면, 공공부조, 아동수당, 육아휴직, 자녀상병휴가, 보육서비스 등으로 큰 틀에서 보면 유사하다고 할 수 있으나, 구체적인 제도 내용을 들여다보면 제도의 충분성 및 사각지대의 측면에서 많은 차이점이 발견된다. 이러한 차이는 양국의 정치 경제적인 요소에 의해 설명되는 부분도 있지만 일차적으로는 두 복지국가의 레짐적 특성의 차이가 한부모에 대한 지원 정책에 근본적인 차이를 가져온 것으로 볼 수 있을 것이다. 독일은 보수주의 복지국가의 대표적인 모델로 생계부양자인 남성과 돌봄 주체인 여성으로 구성된 전통적인 가족의 가치를 중요시하며 가족 구성원 간의 돌봄의 책임을 일차적으로 가족에게 부과하는 특징이 있다. 한편 영국은 대표적인 자유주의 복지국가로 개인의 시장적 역량을 통해 본인의 필요에 대응할 것을 기대하고 국가는 잔여적인 역할을 담당한다(Esping-Andersen, 1990; 1999). 이에 따라 독일은 한부모의 대부분을 차지하는 여성이 자녀를 가정 내에서 양육할 수 있도록 경제적, 시간적 지원을 두텁게 제공하며, 영국은 한부모의 노동시장 참여를 최대한 활성화시킬 수 있도록 한부모 지원 정책의 대부분이 근로연계성을 띠는 방향으로 제도가 발달해왔다(정재훈, 2013).

한국은 독일과 영국에 비교하면 비교적 최근에 한부모가족의 증가를 경험하고 있으며, 이와 함께 한부모가족 지원 정책의 확대 필요성이 대두되고 있는 상황이다. 이에 한국보다 일찍 한부모가족 지원 정책이 중요한 사회적 의제가 되었던 독일과 영국의 경험을 살펴봄으로써 정책적 시행착오를 최소화하는 효과를 기대할 수 있을 것이다. 더욱이 한국은 보수주의, 자유주의, 혹은 이 둘의 요소가 혼합된 복지국가의 성격을 가지고 있다는 점에서(남찬섭, 2002a; 2002b; 조영훈, 2002), 보수주의와 자유주의 복지국가 모델의 대표격인 독일과 영국이 어떻게 유사하게 또는 다르게 한부모가족을 지원하고 있는지 비교해봄으로써 한국의 여건에 부합하는 효과적인 한부모가족 지원 방안에 대한 실마리를 얻을 수 있을 것으로 생각된다.

본 사례 연구는 독일과 영국의 한부모가족 지원 정책과 관련된 다양한 논문과 보고서, 각 정부가 공표한 통계 및 정책자료를 활용하여 문헌 고찰의 방식으로 실시되었다. 제2절과 제3절에 걸쳐 독일과 영국의 한부모가족의 현황을 살펴볼 것이다. 전체 가구에서 한부모 가구가 차지하는 비율과 한부모가족의 인적 특성, 고용 현황, 영유아 보육서비스의 이용 현황, 빈곤 위험에 대한 통계를 통해 독일과 영국의 전반적인 한부모가족 현황 및 변화 양상에 대해 알아본다. 그리고 이어서 독일과 영국의 한부모가족 지원 정책을 살펴볼 것이다. 각국의 대표적인 경제적 지원 정책과 시간 지원 정책에 해당되는 제도의 적용 대상과 수급 요건, 급여 내용 등에 대해 구체적으로 알아본다. 이를 토대로 제4절에서는 독일과 영국의 한부모가족 지원 정책을 비교 분석하고, 한국에 대한 정책적 함의를 도출하고자 한다.

제2절 독일 사례

1. 한부모가족 현황

독일에서 한부모(Alleinerziehende)란 법정 배우자나 동거인 없이 미혼자녀와 함께 한 집에서 거주하는 어머니 또는 아버지를 의미한다. 이때 미혼자녀에는 친생자 외에 입양자와 위탁자가 모두 포함된다(Bürgerliches Gesetzbuch(BGB). § 1626).

독일의 한부모가족의 수는 지난 15년간 상당히 안정되게 유지되고 있다([그림 5-1]). 2019년 기준 약 152만 가구가 한부모 가구로, 이는 미성년 자녀가 있는 가구의 약 19%에 해당한다. 전체 미성년 아동의 16%가 한부모 가구에 속하는 것으로 나타나며, 한부모의 88%는 어머니이다. 양부모 가구에 비해 한부모 가구의 자녀의 수는 적은 편이다. 미성년 자녀가 한 명인 가구의 비율은 양부모 가구가 47%인 것에 비해 한부모 가구는 66%로 높게 나타나고, 자녀가 세 명 이상인 비율은 양부모 가구가 13%인데 비해 한부모 가구는 7%로 낮게 나타나고 있다. 독일은 유럽의 대표적인 유입이민국에 속하며, 특히 2010년 이후부터 취업이민 및 난민, 망명자의 유입이 크게 늘어났다(김영란, 2021; 정연택 외, 2018). 그 결과 현재 독일의 한부모 가구의 31%는 이민 및 난민 등의 이주배경을 가지고 있으나, 이는 양부모 가구의 41%가 이주배경을 가지고 있는 것에 비해 오히려 낮은 편이다. 또한 독일은 동독과 서독의 통일 이후 30여 년이 지났으나 여전히 구 동독지역과 서독지역 간에 경제 문화적 간극이 존재한다. 현재 한부모 가구의 25%가 구 동독지역에 살고 있으며, 이는 양부모 가구의 동독지역 거주율인 18%에 비해 높은 수치이다(Bundesministerium für Familie, Senioren, Frauen und Jugend, 2021).

[그림 5-1] 주거 형태별 미성년 자녀가 있는 가구 수

(단위: 백만 가구)

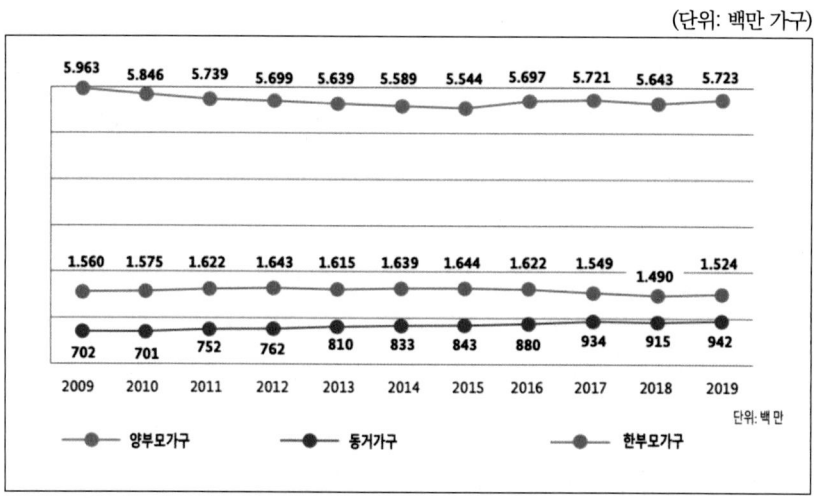

출처: "Allein- oder getrennterziehen - Lebenssituation, Übergänge und Herausforderungen," BMFSFJ, 2021, BMFSFJ. Copyright 2021 by the BMFSFJ.

독일의 한부모 고용 현황을 여성 중심으로 살펴보면 다음과 같다. 2019년도 기준으로 한부모 가구의 어머니의 73%, 양부모 가구의 어머니

의 69%가 고용되어 있는 것으로 나타나 전체적으로 한부모인 어머니의 고용률이 더 높다. 이 고용률은 가구 내 가장 어린 자녀의 연령이 올라갈수록 증가하는데, 자녀의 연령이 만 14세일 때까지는 양부모 가구의 어머니의 고용률이 더 높고, 주당 36시간 이상인 전일제 일자리의 고용률 측면에서도 양부모 가구의 어머니가 상당히 높게 나타난다. 그러나 자녀의 연령이 만 15세를 넘으면 한부모인 어머니의 고용률이 높아지며, 한부모 가구의 어머니는 자녀의 연령이 낮을 때에도 양부모 가구의 어머니보다 더 많은 시간을 일하는 것으로 나타났다(Bundesministerium für Familie, Senioren, Frauen und Jugend, 2021).

[그림 5-2] 한부모 가구 및 양부모 가구 어머니의 취업 현황(2019년도)

(단위: %)

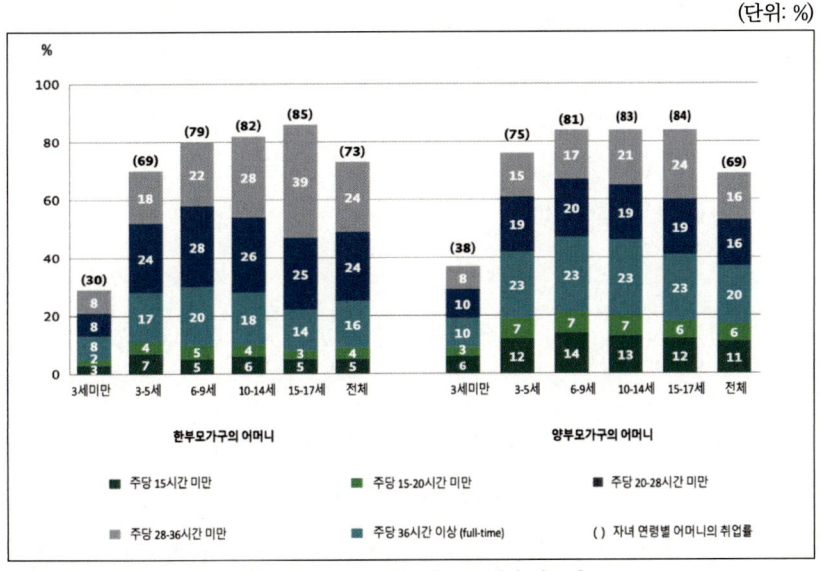

주: 가구 최연소 자녀의 연령에 따른 어머니의 주당 근로시간 기준임.
출처: "Allein- oder getrennterziehen – Lebenssituation, Übergänge und Herausforderungen," BMFSFJ, 2021, BMFSFJ. Copyright 2021 by the BMFSFJ.

독일의 한부모가 근로시간을 더 늘리지 못하는 데는 다양한 이유가 있다([그림 5-3]). 그중에서도 만 6세 미만의 아동을 양육하는 한부모의 경우, 보육과 관련된 사유(보육서비스 이용의 어려움, 자녀와 함께 보낼 시간의 부족, 자녀의 연령)가 가장 큰 비중을 차지한다.

[그림 5-3] 독일의 한부모가 근로시간을 늘리지 않는 이유

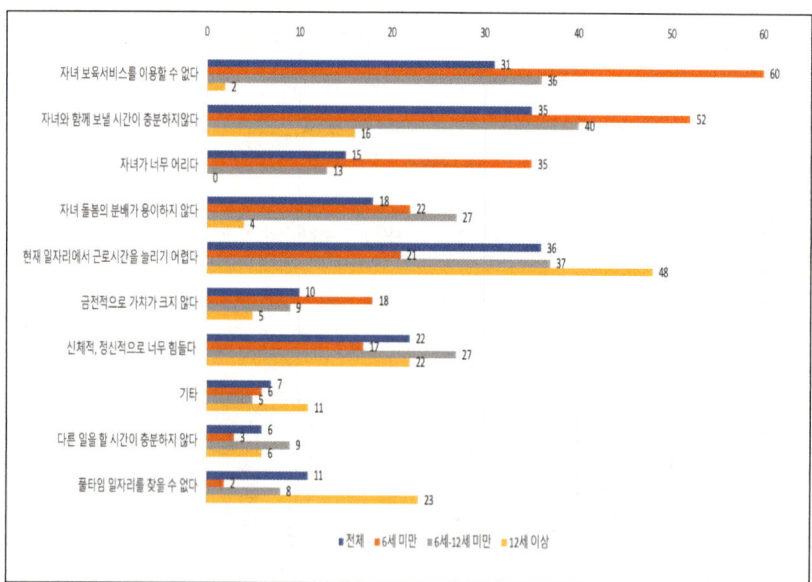

출처: "Allein- oder getrennterziehen - Lebenssituation, Übergänge und Herausforderungen," BMFSFJ, 2021, BMFSFJ. Copyright 2021 by the BMFSFJ.

전통적으로 독일은 자녀에 대한 돌봄 주체로서 가족, 특히 어머니의 역할을 중요시하여 영유아를 위한 사회적 보육서비스의 확대에 소극적인 경향을 보여왔다. 독일의 공공 보육서비스는 지자체가 비용을 분담하기 때문에 부모의 경제적 부담은 높지 않으나, 아동을 수용할 수 있는 기관의 수가 절대적으로 부족하다는 비판이 제기되어 왔다. 2010년대 들어 메르켈 정권에서 보육시설 확대 정책을 실시함에 따라 3세 미만의 보육

서비스 이용률이 높아졌으나, 여전히 현재 독일의 3세 미만 보육시설 이용률은 35.5%에 불과하며, 3세 이상 6세 미만의 보육시설 이용률은 92%이지만 반일제로 보육서비스를 실시하는 기관의 비율이 높다. 이러한 상황 속에서 2019년도 독일의 한부모 가구의 6세 미만의 아동 중 종일반 어린이집/유치원을 이용한 비율은 40%이고, 10세 미만의 아동 중 방과 후 교육을 이용한 비율은 74%로 나타났다(Bundesministerium für Familie, Senioren, Frauen und Jugend, 2021).

빈곤율의 경우, 한부모 가구의 빈곤 위험이 양부모 가구에 비해 평균적으로 상당히 높게 나타난다. 2019년도의 통계에 따르면, 한부모 가구 아동의 49%가 빈곤의 위험에 처해 있는 것으로 나타났다. 이는 양부모 가구 아동의 빈곤율 16%보다 상당히 높은 것으로 한부모 가구의 빈곤 위험이 심각하다는 사실을 보여준다. 한부모 가구의 높은 빈곤율은 공공부조의 수급으로 연결된다. 2019년도의 경우, 전체 한부모 가구의 34.6%가 "사회법전 제2권 급여(SGB II Leistungen)17)"를 수급한 것으로 나타났는데, 이는 양부모 가구의 수급률인 16%에 비해 현저하게 높은 수치이다(Bundesministerium für Familie, Senioren, Frauen und Jugend, 2021).

2. 한부모가족 지원 정책의 주요 내용

독일은 가족정책 및 소득보장제도에서 한부모가족을 특별히 보호해야

---

17) 사회법전 제2권의 정식 명칭은 "시민수당 및 구직자를 위한 기초보장(SGB II: Bürgergeld, Grundsicherung für Arbeitsuchende)". 이 법전에서 규정하던 실업부조제도인 실업급여 II(Arbeitslosengeld II)가 2023년부터 시민수당(Bürgergeld)으로 개편됨에 따라 "사회법전 제2권 급여의 수급권자(SGB II Leistungen)"란 실업급여 II의 기존 수급자와 시민수당 수급자를 포괄하는 뜻으로 사용되고 있음. 자세한 내용은 2. 한부모가족 지원 정책의 주요 내용 중 3) 실업급여/시민수당(SGB II Leistungen)을 참고.

하는 집단으로 표적화하고, 보편적 급여와 선별적 급여의 혼합형태로 한부모가족 지원체계를 구성하고 있다. 먼저 경제적 지원 정책으로는 양육비 선지급제도, 세금감면제도, 시민수당(구 실업급여 II), 아동수당, 아동보충수당이 있다. 이 중 한부모가족을 기본 적용 대상으로 하는 제도로는 양육비 선지급제도와 세금감면제도가 있으며, 모든 저소득계층을 적용 대상으로 하나 특별조항을 통해 한부모가족을 두텁게 보호하는 제도로는 시민수당(구 실업급여 II)이 있다. 아동수당과 아동보충수당 제도는 한부모가족에 대한 별도의 규정을 두고 있지는 않으나, 자녀를 양육하는 가족에게 기본적인 경제적 안전망의 기능을 한다. 또한 독일의 대표적인 시간 지원 정책으로는 육아휴직과 자녀병가휴가제도가 있다. 두 제도 모두 모든 양육자를 대상으로 하는 제도이나 특별조항을 통해 한부모가족이 양부모 가족과 동등한 사회보장 급여를 누릴 수 있도록 하고 있다.

가. 경제적 지원 정책

1) 양육비 선지급제도(Unterhaltsvorschuss)

양육비 선지급제도는 자녀의 부모 중 한쪽이 자녀를 양육하지 않는 상황에서 자녀에게 양육비 지급 의무를 다하지 않을 경우, 정부가 대신 양육비를 지급하고 추후에 이를 비양육 부모로부터 환수하는 사회보장 급여이다. 한부모가족에 대한 독일의 대표적인 경제적 지원 정책이라고 할 수 있다. 연혁을 살펴보면 1977년 함부르크 주에서 도입되었던 양육비 선지급기금(Unterhaltsvorschußkasse)이 제도의 시초이며, 이후 1979년 양육비 선지급법(Unterhaltsvorschussgesetz[18])을 통해 전국적인 제도

---

18) 정식 법률명은 "양육비 선지급 또는 손실금을 통해 한부모가정 자녀의 부양을 보장하는

로 도입되었다. 그리고 현재까지 지속적으로 절차의 간소화, 수급 연령 및 수급 기간의 확대 등 제도의 확장이 이루어졌다(강승묵, 2023). 이에 따라 수급자 규모 역시 지속적으로 확대되어왔다. 특히 수급 범위를 만 12세에서 17세로 확대한 2017년 개정으로 인해 수급자 수는 2016년 427,031명에서 2022년 825,724명으로 약 48% 증가한 것으로 나타났다 (Bundesministerium für Familie, Senioren, Frauen und Jugend, 2022).

적용 대상은 독일에 거주하며 한부모와 생활하고 있는 미성년 자녀로 비양육 부 또는 모로부터 양육비를 지급받지 못하거나 정기적으로 지급받지 못하는 자이다. 양육비를 지급받더라도 그 금액이 양육비 선지급법에서 규정하는 기준에 미치지 못할 경우, 양육비 선지급금 제도에 대한 수급권이 인정된다. 한부모가족이 된 사유는 이혼, 사별, 동반자(Lebenspartner)와의 결별, 법원의 명령에 따른 입원 및 시설입소 등이 모두 포함된다. 후술하는 아동수당이나 아동보충수당과 달리 양육비 선지급금에 대한 수급권은 양육하고 있는 한부모가 아닌 자녀 자신에게 있다. 미성년 자녀가 마땅히 받아야 할 양육비를 사회보장제도를 통하여 수급하는 것이기 때문에 양육 부모의 소득 및 자산 수준은 고려하지 않는다(Bundesministerium für Familie, Senioren, Frauen und Jugend, 2020).

단, 양육비 선지급제도는 실업부조제도와 중복수급 금지조항이 있다. 이는 실업부조의 수급이 장기화되는 것을 방지하고 노동시장 진입을 촉진하려는 제도적 장치이다. 먼저 양육비 선지급 급여의 수급권자인 자녀가 12세 이상 18세 미만일 경우, 자녀 본인이 사회법전 제2권 급여의 수

법률(Gesetz zur Sicherung des Unterhalts von Kindern alleinstehender Mütter und Väter durch Unterhaltsvorschüsse oder -ausfalleistungen)"임.

급권자(SGB II Leistungen)19)"가 아닐 것이 요구된다. 또한 수급권자인 자녀를 양육하는 한부모가 사회법전 제2권상의 급여를 수급하고 있을 경우, 월 600유로 이상의 소득이 있을 경우에만 자녀가 양육비 선지급급여를 수급할 수 있다. 한편 자녀가 양육비 선지급 급여를 수급하고 있는 경우, 그 자녀를 양육하고 있는 한부모는 다른 사회보장 급여 신청 시 양육비 선지급금이 소득으로 간주된다. 예를 들어, 사회법전 제2권 급여의 수급 요건 심사 시 자녀가 수급하고 있는 양육비 선지급 금액의 100%가 가구소득으로 산정되며, 아동보충수당 심사 시에는 선지급 금액의 45%를 소득으로 간주한다. 또한 주거수당 심사 시에도 양육비 선지급 금액이 가구소득의 일부로 간주된다(Bundesministerium für Familie, Senioren, Frauen und Jugend, 2020).

독일은 민법(Bürgerliches Gesetzbuch)을 통해 자녀의 최소 양육비를 부모의 부담 능력과 자녀의 연령에 따라 구체적으로 명시하고 있으며, 이를 뒤셀도르프 상급지방법원이 양육비 표(Düsseldorfer Tabelle)를 통해 매년 공표하고 있다. 양육비 선지급금제도의 급여액은 이 표상의 최저소득을 기준으로 산정된다. 양육비에서 아동수당 금액(2024년 현재 월 250유로)을 제한 금액이 양육비 선지급금이 된다(Verband alleinerziehender Mütter und Väter e.V., 2024).

---

19) 후술하는 "3) 실업급여 II/시민수당(SGB II Leistungen)"을 참조.

〈표 5-1〉 2024년도 양육비 산정에 대한 뒤셀도르프 표(Düsseldorfer Tabelle)

	가처분소득(유로)	0~5세	6~11세	12~17세	18세 이상	%
1.	2,100 이하	480	551	645	689	100
2.	2,101~2,500	504	579	678	724	105
3.	2,501~2,900	528	607	710	758	110
4.	2,901~3,300	552	634	742	793	115
5.	3,301~3,700	576	662	774	827	120
6.	3,701~4,100	615	706	826	882	128
7.	4,101~4,500	653	750	878	938	136
8.	4,501~4,900	692	794	929	993	144
9.	4,901~5,300	730	838	981	1,048	152
10.	5,301~5,700	768	882	1,032	1,103	160
11.~15.	5,701 이상					

출처: "Aktuelle Ergänzungen für das Jahr 2024 zum Tasch enbuch," VAMV, 2024. accessed Aug 24, 2024. https://vamv.de/de/.

이에 따라 2024년 현재 양육비 선지급금의 급여 수준은 다음과 같다.

〈표 5-2〉 2024년 양육비 선지급금 급여 수준

연령	양육비 선지급금 월 급여액
0~5세	230유로
6~11세	301유로
12~17세	395유로

출처: "Aktuelle Ergänzungen für das Jahr 2024 zum Tasch enbuch," VAMV, 2024. accessed Aug 24, 2024. https://vamv.de/de/.

양육비 선지급금의 재원은 연방정부와 주정부가 나누어 분담한다. 2017년 개정 이후 전체 비용의 60%를 연방정부가, 40%를 주정부가 부담하고 있다. 양육비 선지급금을 지급 후 정부는 비양육 부 또는 모에게 구상권을 행사하는데, 이 청구권은 주정부에게 있으며 주정부는 징수된 금액의 40%를 연방정부에 이전하게 된다. 단, 주정부가 모든 경우에 선지급금에 대한 구상권을 행사하는 것은 아니다. 비양육 부모가 실업부조를 수급하고 있는 등 명백하게 양육비 지급 능력이 없다고 인정되는 경우, 주정부는 구상권을 포기함으로써 불필요한 행정 비용의 지출을 피하도록 하고 있다(강승묵, 2023). 2022년 기준 정부의 양육비 회수율은 약 17%에 불과하여 양육비 선지급제도는 사실상 독일 정부의 한부모가족에 대한 양육비 지원 정책으로 기능하고 있다고 할 수 있다(계승현, 2023).

2) 한부모가정 지원을 위한 세액공제제도
 (Steuerklasse II: Entlastungsbetrag für Alleinerziehende)

독일의 소득세 제도는 혼인 및 부양자 유무, 그리고 소득에 따라 여섯 가지 등급으로 구분된다. 이 중 한부모만을 위한 등급인 "소득세 등급 2(Steuerklasse II)"가 존재하며, 여기에 귀속되는 자는 자동으로 다른 소득세 등급에 속하는 자보다 높은 세액공제 혜택이 제공된다. 한부모를 위한 소득세 등급을 인정받기 위해서는 아동수당을 수급하는 최소 한 명 이상의 자녀를 양육하고 있어야 하며, 가구 내에 동거하는 다른 성인이 없을 것이 요구된다(Simple Germany, 2024).

〈표 5-3〉 독일의 소득세 등급

등급	대상
1	미혼, 사별, 이혼 등의 사유로 부양가족이 없는 독신자
2	한부모
3	기혼자 중 배우자보다 소득이 월등히 높은 자
4	기혼자 중 배우자와 소득이 비슷한 자
5	기혼자 중 소득이 없거나 적은 자
6	직업이 두 개 이상으로 부수적인 수입이 있는 자

출처: "Understand the Tax Class in Germany & Its Impackt," Simple Germany, 2024. accessed Aug 24, 2024, https://www.simplegermany.com/tax-class-germany.

위의 여섯 등급은 세액공제(Grundfreibetrag)의 액수를 결정하는 것으로, 등급에 따라 소득세율이 다른 것은 아니다. 2024년의 경우, 기본 세액공제는 11,604유로로 공표되었다. 이보다 소득이 낮을 경우, 소득세가 부과되지 않는다. 한부모가 속하는 소득세 등급 2의 경우, 세금 감면을 위하여 여기에 추가로 구제금액(Entrastungsbetrag)이 더해진다. 2024년 현재 기본 구제금액은 4,260유로이며, 부양하는 자녀가 둘 이상일 경우, 둘째 자녀부터 자녀당 240유로씩이 추가된다. 한부모 가구의 경제적 어려움을 지원하기 위하여 이 구제금액은 매년 인상되고 있다. 2020년도에는 전년도에 비해 구제금액이 두 배로 인상되었으며 그 후에도 매년 인상되고 있다(Simple Germany, 2024).

[그림 5-4] 독일의 소득세 등급별 세액공제

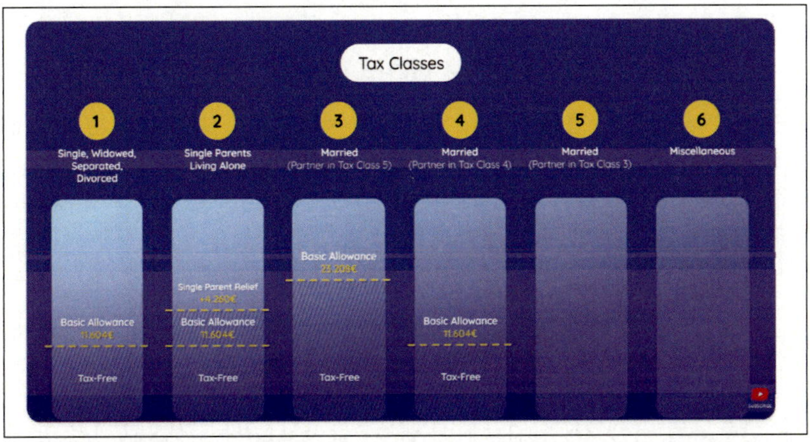

출처: "Understand the Tax Class in Germany & Its Impackt," Simple Germany, 2024. accessed Aug 24, 2024, https://www.simplegermany.com/tax-class-germany.

3) 실업급여 II / 시민수당(SGB II Leistungen)

독일의 사회보장체제에는 고용보험상의 구직급여와 공공부조인 기초생활보장 급여 사이에 추가적인 사회안전망으로서 실업부조제도가 존재한다. 이 제도는 고용보험상의 구직급여를 더 이상 수급하지 못하는 장기실업자 및 근로 중에 있더라도 그 소득이 최저생계소득에 미치지 못하는 자에게 조세를 재원으로 지원하는 제도이다. 기초생활보장 급여와 달리 근로 능력이 있는 요부호자를 대상으로 하며, 사회법전 제2권 "시민수당 및 구직자를 위한 기초보장(SGB II: Bürgergeld, Grundsicherung für Arbeitsuchende)"에서 규정하고 있다.[20] 이 실업부조제도는 2005년 하르츠 개혁(Hartz-Reform)을 통해 기존의 실업부조와 사회부조를 하나로 통합하여 "실업급여 II(Arbeitslosengeld II)"라는 이름으로 도입되었으며, 2023년에는 "시민수당(Bürgergeld)"이라는 이름으로 새로운 장기실업급여제도로 개편되었다. 실업급여 II와 시민수당의 급여내용 및 수급권에 연속성이 있고 동일하게 사회법전 제2권에서 규정하고 있기 때문에 현재 실업부조 수급권자는 "사회법전 제2권 급여의 수급권자(SGB II Leistungen)"로 통용되고 있다.

시민수당(구 실업급여 II)은 저소득 근로연령층을 대상으로 하는 공공부조이기 때문에 빈곤율이 높고 근로연령층에 넓게 분포하고 있는 한부모가 적용 대상이 되는 경우가 많다. 실제로 2022년 통계를 살펴보면, 전체 한부모의 34%가 실업급여 II를 수급하고 있는 것으로 나타났다(Bundesministerium für Familie, Senioren, Frauen und Jugend, 2023a).

---

[20] 독일 사회보장제도에서 한국의 고용보험상의 구직급여에 해당하는 제도는 "실업급여 I(Arbeitslosengeld I)"으로 사회법전 제3권에서 규정하며, 한국의 기초생활보장제도에 해당하는 공공부조 급여는 "사회부조(Sozialhilfe)"로 사회법전 제12권에서 규정하고 있음.

적용 대상은 만 15세 이상 65세 미만의 자로서 근로 능력이 있으며 부조 필요성이 인정되는 자이다. 이때 근로 능력은 가까운 장래에 통상적인 노동시장 조건을 전제로 하루 최소 3시간 이상의 근로가 가능할 경우 근로 능력이 있는 것으로 간주한다. 부조 필요성은 신청자 본인의 수입이나 자산이 충분하지 않은 경우를 의미하는데 이때 동거가족 등 생활공동체 내의 구성원들의 소득과 자산도 고려하게 되어 있다. 예를 들어 한부모의 경우, 본인의 근로소득, 실업급여 I(Arbeitslosengeld I), 질병수당(Krankengeld), 육아휴직수당(Elterngeld), 아동수당(Kindergeld), 양육비 선지급금(Unterhaltsvorschuss)을 합산한 소득이 최저생계 기준을 충족시키지 못할 경우 부조 필요성이 인정된다. 시민수당(구 실업급여 II)은 수급 자격이 인정되는 한 기간의 제한 없이 급여를 수급할 수 있다.

시민수당(구 실업급여 II)에는 한부모를 위한 급여 기준이 따로 마련되어 있다. 한부모에 대한 시민수당의 급여 수준은 2024년 기준으로 월 563유로이다. 자녀가 있을 경우, 추가 급여가 지급된다. 0세에서 5세는 월 357유로, 6세에서 13세는 월 390유로, 14세에서 17세는 월 471유로이다. 이에 더하여 아동긴급보충수당(Kindersofortzuschlag)이 20유로 지급되며 소득 및 가구 규모, 주거비 등에 따라 주거비가 보조된다. 또한 영유아 보육시설을 무료로 이용할 수 있으며, 직업교육과 관련된 추가 급여에 대해서도 수급권이 인정된다(Verband alleinerziehender Mütter und Väter e.V., 2024).

실업급여 II는 2005년 도입 시 장기실업자의 취업을 유인하기 위하여 낮은 급여 수준과 구직활동 의무 위반에 대한 다양한 제재를 기본방향으로 하여 설계되었는데, 이것이 장기실업자 및 저임금 근로자의 기초보장이라는 기본적인 제도 목적을 저해하고 낙인효과를 발생시키고 있다는 비판이 꾸준히 제기되어 왔다(Walwei, 2022). 이에 2023년 1월 1일 자로 기존의 실업급여 II가 시민수당으로 개편되면서 이러한 문제들에 대한 개선이 이루어졌다. 먼저 기준급여액이 큰 폭으로 인상되었다. 한부모의 경우, 2022년 실업급여 II를 통하여 수급하는 급여액은 월 449유로였으나 2023년 시민수당 급여액은 502유로로 책정되었고, 2024년에는 563유로로 크게 증가하였다(Verband alleinerziehender Mütter und Väter e.V., 2024). 시민수당 역시 실업급여 II와 마찬가지로 수급자에게 구직활동 의무를 부과하나, 의무이행에 대한 유예기간 및 제재의 완화 규정이 추가적으로 포함되었다. 취약계층에 대한 기초보장을 강화하는 방향으로 변경되었다고 할 수 있다.

4) 아동수당(Kindergeld)

아동수당은 미성년 자녀를 양육하는 전 국민을 대상으로 하는 보편적 제도로 한부모가족을 위한 특별한 제도는 아니다. 그러나 독일의 아동수당은 한국에 비해 수급 기간이 길고 급여 수준도 높은 편이라 한부모가 다수 포함되는 저소득 가구에 대한 핵심적인 경제적 지원 정책으로 기능하고 있다.

독일의 아동수당은 1936년에 최초 도입된 이후 급여 대상과 급여 수준을 지속적으로 확대하여 왔다. 현재 아동수당은 독일에 거주하며 납세 의무가 있는 자로 자녀를 양육하고 있는 자를 적용 대상으로 하며, 소득 및 자산 수준과 무관하게 지급된다. 자녀는 원칙적으로 만 18세 미만의 미성년자일 경우에만 아동수당의 수급 대상이 되나, 18세 이상의 성년 자녀일 경우라도 근로소득이 없거나 직업훈련 및 대학 진학을 할 경우에는 만 25세가 될 때까지 아동수당을 수급할 수 있다. 또한 장애가 있어 25세를 넘었음에도 소득활동을 할 수 없는 경우, 부모가 자녀를 돌보는 한 계속해서 아동수당을 수급할 수 있다. 자녀는 출산, 입양, 위탁아동을 모두 포함한다. 양육권이 조부모에게 있을 경우, 조부모가 아동수당 수급권을 가진다(Bundesregierung, 2023).

과거 급여 수준은 자녀의 수에 따라 차등 지급되고 있었다. 첫째와 둘째 자녀는 동일 급여액이나, 셋째 자녀인 경우와 넷째 자녀 이상인 경우는 더 높은 급여액이 지급되었다. 그러나 2023년부터 차등 지원을 폐지하고 첫째와 둘째 자녀에게도 가장 높은 급여액인 250유로를 지급하는 것으로 제도가 확대되었다.

아동수당의 급여 수준은 매년 큰 폭으로 인상되고 있다. 첫째 자녀를 기준으로 살펴보면, 2004년 154유로에서 2024년 250유로로 지난 20년간 약 60% 인상되었음을 알 수 있다. 이는 독일의 물가상승률을 크게 웃도는 수준으로 아동수당 확대를 통해 아동빈곤을 완화하려는 목적과 독일의 정책적 관심을 보여주는 것이다(Bundesregierung, 2023).

〈표 5-4〉 독일 아동수당의 급여 수준(2022~2024년도)

구분	첫째	둘째	셋째	넷째 이상
월 급여액(2022년)	219유로		225유로	250유로
월 급여액(2024년)	250유로			

출처: "Höheres Kindergeld und weitere Verbesserungen für Kinder," Bundesregierung, 2023. accessed Aug 24, 2024, https://www.bundesregierung.de/breg-de/schwerpunkte/entlastung-fuer-deutschland/unterstuetzung-fuer-familien-2125014.

아동수당제도는 자영업자와 피고용자에게 상이한 법체계가 적용되고 있다. 자영업자는 소득세법(Einkommensteuergesetz), 피고용자는 연방아동수당법(Bundeskindergeldgesetz)이 적용되는데, 이는 과거 아동수당제도의 재원이 고용주 부담이었던 연유로 인함이다. 1961년부터는 자영업자와 피고용자 모두 조세를 재원으로 아동수당이 지급되고 있으며, 연방 가족 노인 여성 청소년부(Bundesministeriums für Familie,

Senioren, Frauen und Jugend)가 급여 제반에 대한 행정업무를 관할하고 있다.

아동수당은 기초생활 수급 자격 심사 시에 소득으로 간주되며, 저당이나 압류의 대상이 될 수 없도록 보호받는다. 또한 6개월에 한하여 소급하여 지급될 수 있다(Bundesregierung, 2023).

5) 아동보충수당(Kinderzuschlag)

아동보충수당은 아동을 양육하는 저소득층 가구를 대상으로 하는 선별적 수당제도이다. 이 제도는 2000년대 초, 실업급여 II 수급자 중 미성년 자녀를 양육하는 가구의 비중이 높으며, 이들의 상당수는 양육자가 스스로의 생계를 유지할 수 있을 정도의 근로소득은 있으나 자녀를 부양하기 위한 소득이 부족한 까닭에 실업급여 II에 의존하고 있다는 점에서 고안되었다. 2005년에 도입된 아동보충수당제도는 자녀를 양육하는 저소득층 가구에 매달 일정 금액을 지급함으로써 가구소득을 높여 공공부조의 대상이 되는 것을 방지하고 아동빈곤을 예방하는 것을 목적으로 한다(Bundesministerium für Familie, Senioren, Frauen und Jugend, 2008). 따라서 이 제도는 자녀가 있는 빈곤 차상위계층만을 대상으로 하며, 공공부조 대상자에게는 적용이 되지 않는다는 특징이 있다. 아동수당과 마찬가지로 아동보충수당은 한부모가족을 위해 특별히 도입된 제도는 아니나 저소득 가구 중 한부모가족의 비중이 높은 만큼 한부모를 위한 주요 경제적 지원 정책으로 기능하며, 제도 내에 한부모를 위한 소득 요건이 따로 구비되어 있다.

아동보충수당의 수급 요건은 크게 네 가지이다. 첫째, 자녀와 함께 거주하고 있는 법적 보호자여야 한다. 이때 자녀는 친자녀, 입양자녀, 손자녀, 위탁자녀가 모두 포함되나 25세 미만이어야 하고 미혼 또는 등록된 파트너(civil partner)가 없어야 한다. 둘째, 그 자녀를 위한 아동수당을 수급하고 있어야 한다. 즉, 독일에 거주하며 납세 의무가 있어야 하며, 해당 자녀를 위한 양육권이 인정되는 법적 보호자여야 한다. 셋째, 소득 요건을 충족시켜야 한다. 신청일을 기준으로 과거 6개월간의 양육자의 인정소득이 양부모의 경우 월 900유로, 한부모의 경우 월 600유로 미만이어야 한다. 이때 소득은 근로소득뿐 아니라 수급 중인 사회보장 급여를 포함한다. 실업급여(Arbeitslosengeld), 단축근로자수당(Kurzarbeitergeld), 육아휴직수당(Elterngeld), 직업훈련수당(BAföG)이 여기에 해당된다. 또한 이혼 또는 별거로 인하여 양육비를 수령하고 있을 경우, 양육비와 양육비 선지급금(Unterhaltsvorschuss) 역시 소득에 포함된다. 단, 양육자의 이러한 소득 전액이 인정소득으로 간주되지는 않음에 유의할 필요가 있다. 양육자의 소득 증가가 아동보충수당의 수급권 상실로 이어져 근로 동기를 저해하는 것을 방지하기 위하여 소득의 일정 부분을 공제하여 인정소득을 산정하고 있다. 현재 자녀와 관련된 소득(양육비 및 양육비 선지급금)의 45%, 양육자의 소득(근로소득 및 사회보장 급여)의 45%만이 인정소득으로 간주되며 이 합산금액이 월 900유로(양부모), 또는 월 600유로(한부모) 미만일 경우 아동보충수당을 수급할 수 있다. 넷째, 근로소득과 아동보충수당 및 주거수당(Wohngeld)을 합산한 금액으로 스스로의 생계를 유지할 수 있는 자여야 한다. 이는 실질적으로 아동보충수당 수급 대상에서 실업부조 등 공공부조 수급자를 제외하는 규정이다. 아동보충수당제도가 본인 소득으로 스스로의 생계를 유지할 수는 있으나 양육하고 있는 자녀의 필요를 채우기에는 부족한 양육자를 보호하기 위함이라는 제도 도입의 취지를 표명하는 부분이라고 할 수 있다(Bundesministerium für Familie, Senioren, Frauen und Jugend, 2008).

아동보충수당의 급여액은 2024년 현재 자녀당 월 292유로이다. 아동수당과 마찬가지로 2005년 제도 도입 당시 월 140유로 수준에서 지난 20년간 큰 폭으로 인상되었으며, 인정소득 비율 역시 2005년 70%에서 현행 45%로 완화되었다. 자녀가 여러 명일 경우 합산하여 급여가 지급된다. 또한 아동수당이 최대 6개월까지 소급 지급되는 것과 달리 아동보충수당은 신청일 이전의 기간에 대해서는 소급하여 지급되지 않는다(Verband alleinerziehender Mütter und Väter e.V., 2024).

아동보충수당은 원칙적으로 신청 후 6개월간 지급된다. 6개월이 경과하면 수급자는 다시 지난 6개월간의 소득 증빙과 함께 아동보충수당을 신청할 수 있다. 또한 아동보충수당의 수급자는 수급 기간 동안 영유아 보육시설을 무료로 이용할 수 있으며 직업교육과 관련된 추가 급여에 대해서도 수급권이 인정된다(Verband alleinerziehender Mütter und Väter e.V., 2024).

아동보충수당은 아동수당과 함께 연방아동수당법(Bundeskindergeldgesetz)에서 규정하고 있으며, 연방고용청(Bundesagentur für Arbeit)이 관할하고 있다.

나. 시간 지원 정책

1) 육아휴직(Elternziet), 연방부모수당(Bundeselterngeld), 배우자 출산휴가(Vaterschaftsurlaub)

육아휴직과 연방부모수당은 한부모를 위한 가장 핵심적인 시간 지원 정책이다. 두 제도는 서로 밀접하게 연결된 제도로 한부모만을 대상으로 하는 특별 제도는 아니며, 모든 부 또는 모를 대상으로 한다. 단, 연방부모수당은 제도 내에 한부모를 위한 별도의 규정을 두고 있다. 두 제도 모두 연방부모수당 및 육아휴직법(Bundeselterngeld-und Elternzeitgesetz)에 근거하여 실시되고 있다.

먼저 육아휴직제도는 부 또는 모가 자녀를 돌보기 위하여 휴직 또는 단축근무를 할 수 있도록 하는 제도이다. 적용 대상은 8세 미만의 자녀와 함께 생활하며 양육하고 있는 피고용자이다. 이때 시간제 근무나 미니잡(Minijob)[21] 등 모든 형태의 고용 형태를 인정하여 비정형 근로자에게도 적용이 되며, 직업훈련 중인 자 역시 포함이 된다. 또한 독일법에 의거한 고용계약이라면 독일에 거주하고 있지 않더라도 육아휴직을 신청할 수 있다. 자녀는 친자녀, 입양자녀, 위탁자녀가 모두 포함되며, 부모의 사망 등 특별한 사정으로 인하여 손자나 조카를 실질적으로 양육하고 있을 경우에는 실양육자가 제도의 대상이 될 수 있다(Familienportal, 2024).

육아휴직제도의 급여내용은 다음과 같다. 부 또는 모는 자녀 1인당 최대 3년까지, 자녀가 만 8세가 되기 전까지 휴직을 할 수 있다. 육아휴직 시작 및 종료 시기, 그리고 기간은 자유롭게 결정할 수 있다. 3년 전체 육아휴직을 사용하거나 일부만 사용할 수도 있으며, 월, 주, 일 단위로도 가능하다. 자녀가 만 3세가 되기 전까지의 휴직 신청에 대해서는 고용주가 거부할 수 없으나, 3세 이후 8세 미만의 기간 중의 휴직 신청은 고용주가 사업장의 합리적인 사유에 근거하여 반려할 수 있다. 또한 육아휴직 중에는 주당 32시간을 초과하여 일할 수 없다. 육아휴직제도와 관련하여 한부모에 관한 특별규정은 존재하지 않으며 일반 부모와 동일한 권리를 가진다(Bundesministerium für Familie, Senioren, Frauen und Jugend, 2023; Familienportal, 2024).

---

[21] 미니잡(Minijob)은 월 임금이 538유로 이하이거나 연간 70일 이하로 일하는 근로 형태를 의미. 미니잡의 고용주는 피고용자가 의료보험에 가입되어 있지 않을 경우 보험료 납부 의무가 없기 때문에 미니잡 근로자에게는 자녀상병휴가 및 자녀상병수당제도가 적용되지 않음(Bundesministerium für Arbeit und Soziales, 2024b).

독일의 육아휴직제도는 무급휴직임에 유의할 필요가 있다. 수급자는 육아휴직 기간 동안 임금을 받지 못하며, 후술하는 연방부모수당을 신청함으로써 손실된 소득을 일부 보전할 수 있을 뿐이다. 즉, 원칙적으로 육아휴직제도와 연방부모수당은 별개로 존재하나 연계하여 자녀돌봄과 소득활동이 유연하게 이루어질 수 있도록 지원하는 구조라고 할 수 있다.

다음으로, 연방부모수당을 살펴보도록 한다. 연방부모수당은 한국의 육아휴직급여와 유사한 제도로, 부 또는 모가 자녀를 돌보기 위해 휴직할 경우 손실된 소득을 보전해주기 위한 사회보장제도이다. 수급 요건으로는 독일에서 자녀와 함께 생활하며 자녀를 양육하는 부 또는 모일 것, 그리고 소득활동을 전혀 하지 않고 있거나 주당 32시간 미만으로 일하고 있을 것이 요구된다. 이때 자녀에는 친자녀, 입양자녀, 위탁자녀가 모두 포함되며, 부모의 사망 등 특별한 사정으로 인하여 손자나 조카를 실질적으로 양육하고 있을 경우에는 이에 대한 휴직수당도 인정될 수 있다. 한국의 육아휴직급여와 달리 독일의 연방부모수당은 자영업자, 실업자, 전업주부 등도 수급 대상이 된다. 위의 수급 요건을 충족시키는 한 연방부모수당을 수급하기 위해 육아휴직을 신청할 필요는 없다(Bundesministerium für Familie, Senioren, Frauen und Jugend, 2023).

연방부모수당은 부 또는 모가 혼자 수급할 경우 기본적으로 12개월을 수급(Basiselterngeld)할 수 있다. 그러나 배우자 또는 파트너가 함께 수급할 경우, 2개월(Partnermonate)을 더하여 총 14개월을 수급할 수 있다. 이는 소위 아빠휴직보너스제도로 육아휴직제도에 대한 아버지의 적극적인 참여를 유도하기 위한 제도인데, 이와 관련하여 한부모를 위한 특별규정이 존재한다. 한부모는 양부모 가족이 수급할 수 있는 총 기간인 14개월간 단독으로 연방부모수당을 수급할 수 있다. 또한 육아휴직 시, 부 또는 모는 월 수급액을 반으로 줄이는 대신 수급 기간을 두 배로 늘리는 방식(ElterngeldPlus)을 선택할 수도 있는데, 이 경우에도 한부모는 혼자 28개월을 수급할 수 있다(Bundesministerium für Familie, Senioren, Frauen und Jugend, 2023).

연방부모수당의 급여 수준은 자녀 출생 전 1년 동안의 세후 월 평균수입의 65% 수준이나, 월 최대 1,800유로까지만 지급된다. 자녀 출생 전 소득이 없었던 자에게는 월 300유로가 지급된다. 또한 연방부모수당에는 소득상한선이 존재한다. 2024년 4월 이후 신청하는 경우, 부부는 1년간 합산소득이 20만 유로 이상, 한부모는 17만 5천유로 이상일 경우 적용 대상이 되지 않는다. 이러한 소득상한선은 기존의 30만 유로(부부), 25만 유로(한부모) 기준에서 상당히 엄격하게 변경된 것이다. 관할 부처인 연방가족노인여성청년부는 지난 수년간 연방부모수당의 수급자가 크게 증가하여 관할하고 있는 제도 중 가장 지출이 큰 급여가 되었고, 연방재무부의 지출삭감요청에 의해 제도를 축소하게 되었다고 밝혔다(Bundesministerium für Familie, Senioren, Frauen und Jugend, 2024.4.1).

한편 배우자 출산휴가는 현재 도입이 확실시되고 있는 새로운 제도로, 아내 또는 파트너가 출산할 경우 배우자인 피고용자에게 지급되는 2주간의 유급휴가이다. 독일은 한국과 달리 아직까지 배우자의 출산휴가가 법적으로 보장되지 않아 배우자가 출산한 경우 본인의 연차휴가를 사용하거나 육아휴직제도를 이용할 경우에만 산모와 아기를 돌볼 수 있었다. 독일의 이러한 배우자 출산휴가제도의 부재는 유럽연합의 지침(the EU Work-Life Balance Directive)[22]을 위반하고 있어 제도 도입의 필요성이 지속적으로 제기되어 왔다. 이에 독일은 2022년 12월 24일에 "일과

---

22) The EU Work-Life Balance Directive Article 4(1), sentence 1 "Member States shall take the necessary measures to ensure that fathers or - where recognized under national law - equivalent second parents are entitled to ten working days of paternity leave, which must be taken on the birth of the worker's child." (Deutscher Juristinnenbund e.V. (2022).

삶의 균형을 위한 지침 구현법(Vereinbarkeitsrichtlinienumsetzungsgesetz)"을 통해 제도 도입을 위한 기반을 마련하였으나, 연합정부 안에서 재원 조달 방안에 대한 합의가 이루어지지 않았다. 2023년 3월에 법안 초안이 나왔고, 현재 부처 간 조율 단계에 있는 상태이다(TK, 2024a, DHZ, 2024).

현재 공개된 법안의 내용을 살펴보면 다음과 같다. 이 제도의 이름인 Vaterschaftsurlaub를 직역하면 부성보호휴가라고 할 수 있지만 실질적으로는 수급자를 남성으로 제한하지는 않는다. 동성 부부 및 파트너인 경우, 여성도 적용 대상이 된다. 또한 한부모인 경우, 성별과는 무관하게 자신을 도와줄 1인을 지정하여 휴가를 받게 할 수 있다. 배우자 출산휴가는 근무일 기준으로 총 10일이며 아기가 출생하면 별도의 행정절차 없이 사용할 수 있다. 이 휴가는 기존 임금의 100%가 인정되는 유급휴가로 조세를 재원으로 한다(Factorial, 2024). 아직 법안이 통과된 것이 아니므로 제도 도입 시 변동사항이 있을 수 있으나, 법안 초안부터 한부모에 관한 특별규정을 마련하고 있음에 주목할 만하다. 독일은 한부모가족을 제도에서 제외시키지 않고 배우자 또는 파트너가 있는 가족과 동등한 사회보장급여를 누릴 수 있도록 형평성 있는 제도적 설계를 추구하고 있음을 알 수 있다.

2) 자녀상병휴가(Kinderkrankentage) 및 자녀상병수당(Kinderkrankengeld)

자녀상병휴가 및 자녀상병수당은 양육 중인 자녀가 질병 또는 부상으로 인하여 돌봄이 필요할 경우, 피고용자인 부모가 병가를 사용할 수 있도록 하고, 그로 인해 일하지 못한 기간의 근로소득을 보전하는 제도이다. 연방부모수당과 더불어 자녀를 양육하는 부모에 대한 독일의 양대 시간적 지원 정책이라고 할 수 있다. 제도 내에 한부모를 위한 규정을 별도로 두고 있다.

자녀상병휴가 및 자녀상병수당의 내용은 사회법전 제5권(SGB V)에 명시되어 있다. 수급 요건은 다음과 같다. 첫째, 독일의 공적 의료보험의 가입자여야 한다. 독일에 거주하는 모든 사람은 공적 또는 사적 의료보험에 의무적으로 가입해야 하는데, 이 중 공적 의료보험에 가입된 자만 자녀상병휴가 및 자녀상병수당을 수급할 수 있다.23) 둘째, 피고용자여야 한다. 여기에는 전일제 근무뿐 아니라 단축근무(Kurzarbeit),24) 시간제 근무(Teilzeitarbeit)가 포함되나 미니잡(Minijob)은 포함되지 않는다. 공무원은 사적 의료보험에 가입하며 이들에게는 자녀상병휴가 및 상병수당에 대한 별도의 법이 적용된다. 셋째, 12세 미만의 자녀가 질병 또는 부상으로 인하여 돌봄이 필요해야 한다. 단, 자녀가 12세 이상이더라도 장애로 인하여 홀로 집에 있을 수 없다면 자녀상병휴가 및 자녀상병수당을 수급할 수 있다(Bundesministerium für Gesundheit, 2024).

자녀상병수당은 부와 모가 각각 연간 15일을 수급할 수 있으며, 한부모는 혼자 30일을 수급할 수 있다. 만약 자녀가 여러 명이라면 부와 모는 각각 연간 최대 35일을 수급할 수 있고, 한부모는 혼자 최대 70일을 수급할 수 있다(Bundesministerium für Gesundheit, 2024). 원래 자녀상병수당은 자녀당 부와 모가 각각 10일(한부모는 20일)간 수급할 수 있었으나, 코로나 팬데믹 기간에 특별법(Infektionsschutzgesetzes)을 통해

---

23) 독일 전체 인구의 약 89%는 공적 의료보험에 가입되어 있어 대부분의 근로자가 자녀상병휴가 및 자녀상병수당의 적용 대상이 됨(European Observatory on Health Systems and Policies, 2024). 공무원의 경우, 사적 의료보험에 가입되나 이들을 위한 자녀상병휴가 및 상병수당에 대한 별도의 법이 적용되고 있음.
24) 단축근무(Kurzarbeiet)란 경제적인 사유로 인해 일시적으로 임금 손실을 수반하는 근로 손실이 있는 경우, 고용주의 요청으로 정규 근로시간을 일시적으로 단축하는 근무 형태를 의미. 이때 줄어든 근로시간으로 인해 손실된 임금은 고용청(Agentur für Arbeit)이 단축근무수당(Kurzarbeitgeld)을 통해 대신 지급(Bundesministerium für Arbeit und Soziales, 2024a).

일시적으로 수급일수를 늘린 바 있다(Bundesregierung, 2021).25) 이 특별법은 2023년에 종료되었으나, 팬데믹의 경험을 통해 자녀상병수당의 제도적 필요성이 널리 인식됨에 따라 2024년부터 수급일 수가 영구적으로 늘어나게 되었다. 자녀상병수당의 급여 수준은 부 또는 모의 손실된 순임금의 90%로, 공적 의료보험회사가 피가입자에게 직접 지급한다(TK, 2024b).

공무원의 경우, 공적 의료보험에 가입된 피고용자보다 다소 적은 휴가 일수가 보장된다. 자녀 1인당 연간 13일, 다자녀일 경우 최대 30일까지 자녀상병수당이 지급되며, 한부모일 경우 그 두 배인 26일, 연간 최대 60일까지 수당이 지급된다(Bundesministerium für Gesundheit, 2024).

자녀상병휴가는 유연하게 사용할 수 있다. 예컨대 매주 이틀씩 사용하거나 반일만 사용할 수도 있다. 또한 다른 시간적 지원 정책과 중복 수급도 가능하다. 육아휴직수당을 수급 중인 부 또는 모는 돌봄 중인 자녀가 질병 또는 부상을 입었을 경우 자녀상병수당을 신청할 수 있으며, 이는 수급 중인 육아휴직수당에 영향을 미치지 않는다(Bundesministerium für Gesundheit, 2024).

자녀상병휴가 및 자녀상병수당은 근로자의 권리 중 하나로 법적 보호를 받는다. 고용주는 자녀상병휴가를 이유로 피고용자에게 불이익을 가할 수 없으며, 피고용자가 자녀상병휴가 사용 전에 개인휴가를 먼저 소진하도록 요청할 수 없다. 이것은 노사 간 단체협약이나 고용계약을 통해서도 제한할 수 없는 근로자의 권리이다(Bundesministerium für Gesundheit, 2024).

---

25) 2021년 4월 23일부터 2023년도 말까지 자녀상병수당은 부와 모가 각각 15일씩 수급할 수 있었으며, 한부모는 혼자 30일을 수급할 수 있었음. 다자녀일 경우, 부와 모는 합산하여 연간 최대 65일, 한부모는 최대 130일을 수급할 수 있었음. 또한 자녀의 질병 및 부상뿐 아니라 학교 및 보육기관이 폐쇄되거나 제한적으로 운영되는 경우에도 자녀상병수당을 신청할 수 있도록 허용함으로써 코로나 팬데믹으로 인한 돌봄 필요에 대해 양육자가 유연하게 대처할 수 있도록 하였음(Bundesregierung, 2021).

제3절 영국 사례

1. 한부모가족 현황

영국의 한부모가족(Lone-Parent family)이란 남성 또는 여성 성인 1인과 자녀로 구성된 가족을 의미한다(ONS, 2024). 2023년도 영국의 한부모 가구의 수는 약 320만 가구로 전체 가구의 약 16%에 해당된다. 2013년도 한부모 가구의 수는 약 300만 가구로 지난 십 년간 다소 증가하였으나, 전체 가구에서 한부모 가구가 차지하는 비율은 비슷하게 유지되고 있다([그림 5-5]).

[그림 5-5] 영국의 가구 유형별 비율(2013년도, 2023년도)

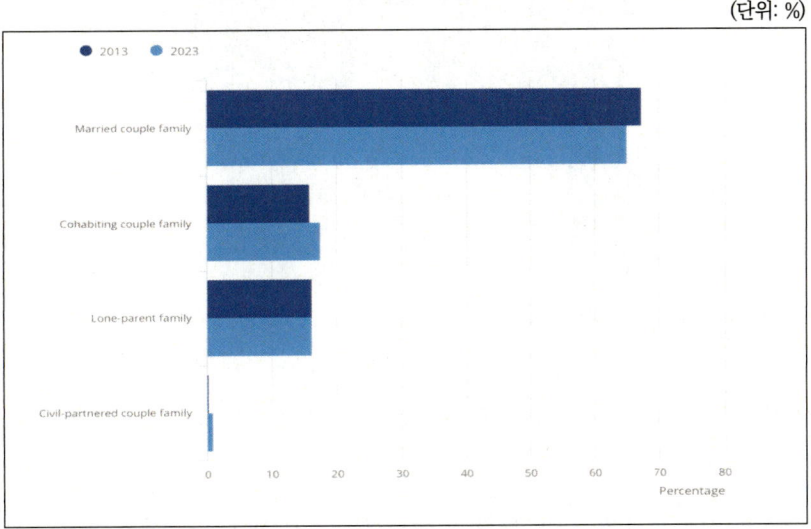

출처: "Families and households in the UK:2023," ONS, 2024, ONS. Copyright 2024 by the ONS.

대부분의 국가에서 그러하듯이 영국의 한부모 가구 역시 어머니와 자녀로 구성된 가구의 비중이 훨씬 높게 나타난다. 2023년도의 경우, 어머니와 자녀로 구성된 가구가 85%(약 270만 가구)인 반면, 15%(약 47만 7천 가구)만이 아버지와 자녀로 구성된 한부모 가구였다. 아버지와 자녀로 구성된 한부모 가구의 비율은 지난 10년간 다소 증가하였으나, 여전히 어머니와 자녀로 구성된 한부모 가구가 현저하게 큰 비중을 차지하고 있다([그림 5-6]).

[그림 5-6] 영국의 한부모 성별에 따른 한부모 가구의 비율(2013년도, 2023년도)

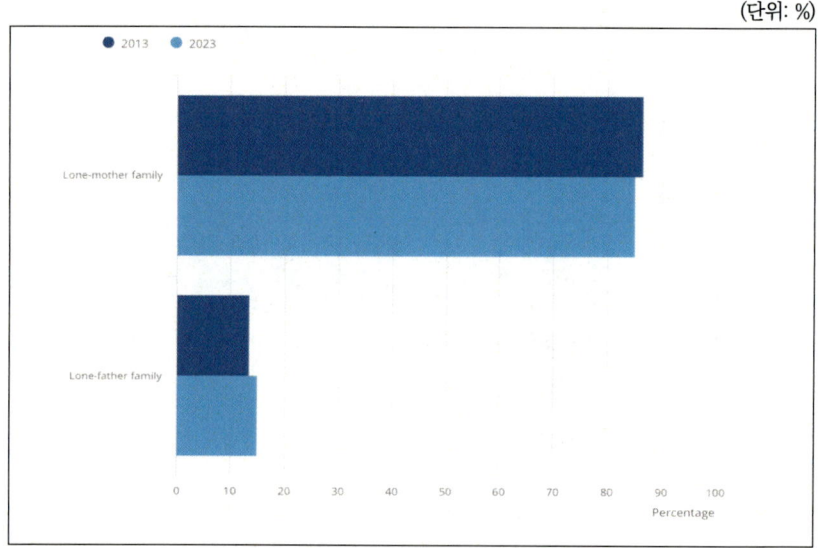

출처: "Families and households in the UK:2023," ONS, 2024, ONS. Copyright 2024 by the ONS.

영국의 한부모의 고용 현황을 살펴보면, 2019년도의 경우 한부모의 70%가 소득활동에 종사하고 있었다. 성별에 따라 살펴보면 한부모인 아버지의 83.9%, 어머니의 69.6%가 고용된 상태였다. 이는 양부모 가구의 아버지의 고용률 93.5%나 어머니의 고용률 78.6%보다는 낮은 수치이다. 한부모는 소매업, 서비스업, 관광산업 등에서 일하는 비율이 높았기 때문에 2020년 초부터 시작된 코로나 팬데믹으로 인해 고용률에 큰 타격을 입었으며, 그 결과 2021년도의 한부모의 고용률은 67.7%로 더 낮게 나타났다. 한부모의 고용 형태와 관련하여 나타나는 특징은 높은 비율의 파트타임 근로이다. 소득활동과 자녀 양육을 양립하기 위하여 소득활동을 하는 한부모의 50.4%는 파트타임으로 근무하고 있는 것으로 나타났다. 파트타임 근로는 근로시간이 짧은 것뿐 아니라 저임금 일자리인 경우가 많아 한부모 가구의 빈곤 위험을 높이게 된다. 예를 들어, 영국의 2021년도의 파트타임 근로자의 시간당 중위소득은 10.64파운드로, 전일제 근로자의 시간당 중위소득인 15.65파운드에 비해 현저하게 낮았다. 짧은 근로시간과 저임금 일자리로 인해 2018년도 한부모 가구의 30%는 소득활동을 하고 있음에도 빈곤선 아래로 떨어진 것으로 나타났다(Women's Budget Group & Gingerbread, 2022).

한부모가 소득활동을 하기 위해서 영유아 및 저학년 아동에 대한 보육서비스는 필수 불가결한 요소이다. 영국의 보육서비스는 공급이 시장에 맡겨진 형태로 보육비용이 OECD 국가에서 두 번째로 높으며, 정부의 30시간 또는 15시간의 무상보육제도를 이용할 경우에도 추가 비용의 부담이 매우 크다. 이런 상황에서 소득활동을 하고 있는 한부모 가구의 미취학 아동의 76%는 기관보육서비스를 받고 있는 것으로 나타났다. 이는 양부모 중 1인이 소득활동을 하는 가구의 기관보육서비스 이용률인 48%보다 현저하게 높은 것이다. 이렇듯 한부모 가구의 보육서비스 이용률은 양부모 가구보다 높지만, 경제적 부담 역시 크게 느끼고 있는 것으로 나타났다. 2019년도 설문에 따르면, 한부모 가구의 40%, 양부모 가구의 25%가 보육서비스를 이용하기 위한 비용으로 인해 경제적 어려움을 겪고 있다고 대답하였다. 이 상황은 코로나 팬데믹 이후로 더 악화된 것으로 판단된다. 2021년 8월의 설문에서 한부모 가구의 63%가 보육서비스 비용이 가계에 상당한 영향을 미치거나 완전히 감당할 수 없는 수준이라고 답변하였고, 양부모 가구의 경우 48%가 그렇다고 답변하였다(Women's Budget Group & Gingerbread, 2022).

영국의 한부모 가구는 양부모 가구에 비해 빈곤 위험[26]이 높다. 2019/2020년도 통계에 따르면, 45%의 한부모 가구는 상대적 빈곤선 아래에 있는 것으로 나타났다. 이는 양부모 가구의 빈곤율인 22%나, 전체 근로연령층의 빈곤율인 20%와 비교했을 때에도 현저히 높은 수치이다. 또한 이는 심각한 아동빈곤과도 연결된다. 한부모 가구 아동의 49%는 빈곤선 아래에 있는 것으로 분석되었는데, 이는 양부모 가구의 아동 빈곤율 25%의 거의 두 배에 달한다. 한부모 가구의 높은 빈곤율은 공공부조의 높은 수급률로 이어져 2020/21년도의 경우, 한부모 가구의 50%는 소득지원 관련 공공부조 급여를 신청한 것으로 나타났다. 이는 양부모 가구의 신청률인 15%나 전체 가구의 신청률 16%보다 훨씬 높은 수치이다(Kennedy et al., 2023).

2. 한부모가족 지원 정책의 주요 내용

영국의 경우, 가족정책 및 소득보장제도에서 한부모를 특별 적용 대상으로 하는 경제적, 시간적 지원 정책은 찾아보기 어렵다. 영국의 자녀 양육을 지원하는 대부분의 정책은 일반 가구와 저소득계층을 위한 제도, 혹은 근로자를 대상으로 하는 제도로 시행되고 있으며, 한부모를 표적화하

---

[26] 주거비 지출 후 중위소득의 60% 미만을 기준으로 산출한 빈곤율(DWP의 Households below average income 통계자료)임에 유의

여 지원하지는 않는다. 단, 한부모가족은 빈곤 위험이 높기 때문에 저소득계층을 대상으로 하는 제도의 적용 대상이 되는 비율이 높게 나타나게 된다. 이러한 제도들은 보편적 제도와 선별적 제도의 혼합으로 구성되어 있다. 한부모가족이 적용될 가능성이 높은 경제적 지원 제도로는 양육비 이행서비스, 통합크레딧 제도, 아동수당, 지방세 감면제도가 있다. 또한 시간 지원제도로는 유급과 무급으로 나뉘는 육아휴직제도, 그리고 무상 보육서비스제도가 있다. 이 중 한부모가족이 저소득층일 경우에는 통합크레딧 제도와 지방세 감면제도, 무상 보육서비스제도의 적용을 받을 수 있으며, 한부모가 유급 근로자일 경우에는 육아휴직제도와 무상 보육서비스의 적용을 받게 된다.

가. 경제적 지원 정책

1) 양육비 이행서비스(Child Maintenance Service)

양육비 이행서비스는 비양육 부 또는 모가 자녀에 대한 양육비 지급 의무를 다하도록 국가가 그 이행을 지원하는 기관이다. 독일이 양육비 선지급제도를 통해 미지급 양육비를 국가가 대납하고 이를 구상권을 통해 양육비 지급 의무가 있는 자로부터 환수하는 것과 달리, 영국은 양육비 이행을 강제 집행할 뿐 양육비를 대납하지는 않는다. 양육비 이행서비스는 노동연금부 산하의 기관으로 2012년에 설립되었으며, 1993년에 설립된 아동지원기관(Child Support Agency)을 그 전신으로 하고 있다.[27]

---

[27] 아동지원기관은 아동지원법(Child Support Act 1991)에 근거하여 1993년 노동연금부 산하에 설립된 양육비 전달기구였으나 행정비용의 절감과 양육비 지급 의무가 있는 부모의 양육비 이행을 강화하기 위하여 2012년부터 양육비 이행서비스로 새롭게 출범하였음 (Foley & Foster, 2022).

현행 기관의 주된 서비스 내용은 양육비의 전달이다. 양육비 지급 대상인 만 16세 미만의 자녀28)가 있는 부모는 두 가지 방식을 선택할 수 있다. 기관의 개입 없이 직접 양육비를 지급하는 방식(Direct Pay)과 기관을 통해 양육비를 징수하여 전달하는 방식(Collect and Pay)이다.29) 후자는 양육비 이행을 강제할 수 있다는 장점이 있다. 양육비 이행서비스에게는 양육비를 강제 징수할 수 있는 권한이 있어 양육비 지급 의무가 있는 자의 임금, 은행계좌, 공공부조 급여 및 공적연금 수령액으로부터 직접 양육비를 징수할 수 있다. 기관이 강제 징수한 양육비는 양육비를 받을 권리가 있는 자에게 자동 이체된다. 또한 양육비 이행서비스는 가정폭력의 피해자를 보호하는 역할도 수행한다. 자녀를 양육하고 있는 자가 가정폭력 등의 사유로 인해 양육비 지급 의무가 있는 자와 개인적인 연락을 피하고 싶은 경우, 양육비 이행서비스를 통해 변경된 이름, 주소지, 전화번호 등을 밝히지 않고 양육비를 전달받을 수 있게 되어 있다(GOV.UK, 2024a).

단, 양육비 이행서비스를 통한 양육비 지급 방식(Collect and Pay)을 이용하기 위해서는 수수료를 지불하여야 한다. 양육비 지급 의무자로부터 양육비 징수 시에 양육비의 20%에 해당하는 수수료를 추가하여 징수하고, 양육비 수령자에게 이체 시 또다시 4%를 수수료로 공제하고 입금하고 있다(GOV.UK, 2024a). 원래 여기에 더하여 20파운드의 신청비(Application fee)가 별도로 부과되었으나, 저소득 가정에게 부담이 된다는 이유로 2024년 2월에 폐지되었다(Foley, 2024). 높은 수수료에 대한 부담으로 인하여 기관을 통한 양육비 지급 방식을 선택하는 경우는 많

---

28) 영국에서 자녀에 대한 양육비 지급 의무는 만 16세까지이나, 자녀가 학업 및 직업훈련을 받고 있을 경우에는 만 20세까지 지급 의무가 있음.
29) 전자(Direct Pay)를 선택하였다고 할지라도 만일 정해진 기일까지 양육비가 전액 지급되지 않으면 양육비 이행서비스에 의해 후자의 방식(Collect and Pay)으로 전환되며, 양육비가 강제 이행.

지 않다. 2021년 9월의 통계에 따르면, 양육비 지급 의무자는 531,000명으로, 이 중 약 1/3만이 기관을 통한 양육비 지급 방식(Collect and Pay)을 선택하고 있는 것으로 나타났다(Department for Work and Pensions, 2021).

한부모가족에게 아동 양육비의 확보는 기본적인 권리이며 양육비는 자녀를 양육하기 위한 중요한 소득원이기에 양육비 이행서비스는 한부모가족을 위한 가장 핵심적인 경제적 지원 정책이라고 할 수 있다. 그러나 문제는 이 기관에 양육비에 대한 이행강제 권한이 부여되어 있음에도 불구하고 양육비가 미지급되는 경우가 적지 않다는 점이다. 통계에 따르면, 2012년 양육비 이행서비스의 설립 이후 2021년까지 누적된 미지급 양육비는 총 4억 3,590만 파운드에 달하며, 강제징수에도 불구하고 양육비 지급 의무자의 28%는 양육비를 지급하지 않은 것으로 나타났다(Department for Work and Pensions, 2021). 이에 양육비 이행서비스의 제도적 실효성에 대한 의문이 제기되고 있으며 부여된 강제집행 권한이 제대로 사용되고 있지 않다는 비판이 있다(Women's Budget Group & Gingerbread, 2022). 이에 대하여 해당 기관은 징수율이 매년 향상되고 있으며, 향후 여권 및 운전면허증의 발급 제한 등 양육비 이행강제 수단을 강화할 계획이나, 현행 제도상 양육비 지급 의무자가 강제징수에 이의를 제기하는 등 순응하지 않을 경우 실제로 양육비 이체가 가능하기까지 수년이 소요될 수 있음을 밝힌 바 있다(Kennedy et al., 2023).

2) 통합크레딧(Universal Credit)

영국의 공공부조제도는 크게 근로연령층을 위한 제도와 고령층을 위한 제도로 양분된다. 이 중 저소득층 한부모가족에 대한 경제적 지원 정책은 주로 전자인 통합크레딧을 통해서 이루어지고 있다. 통합크레딧은 비기여형 자산조사 급여로, 수급자에게 생계유지를 위한 급여를 지급하고 그 반대급부로 소득활동을 위해 노력할 의무를 부과하는 제도이다. 원래 영국의 사회보장제도는 적용 대상별로 독립된 복수의 공공부조 급여를 지급하였다. 그러나 제도가 복잡하여 이해하기 어렵고, 근로 유인성이 높지 않아 재정건전성을 저해한다는 점이 문제로 지적되어 지난 2013년 구조적 개혁이 이루어졌다. 기존의 여섯 가지 공공부조제도를 통합하는 형태로 통합크레딧이 도입된 것이다.30) 현재 기존의 공공부조 수급자들을 제외하고는 통합크레딧으로만 공공부조 급여를 수급하고 있다.

적용 대상은 영국에 거주하는 18세 이상 연금수급 연령 미만의 저소득자이다. 단, 연령이 16세, 17세일 경우에도 특별한 사유(장애, 중증장애인 돌봄, 임신 및 출산, 육아 등)가 있을 경우에는 통합크레딧의 적용 대상이 된다. 자산이 16,000파운드 미만이어야 하며, 근로 여부는 무관하다(GOV.UK, 2024b).

통합크레딧의 급여는 기본수당과 부가수당으로 구분된다. 기본수당은 연령과 배우자 유무에 따라 총 네 가지 유형으로 나뉘며, 자녀를 양육하고 있을 경우 부가수당이 추가로 지급된다. 2024/25년도 기본수당 및 부가수당의 급여액은 〈표 5-5〉와 같다. 또한 통합크레딧의 수급자에게는 본인이 부담한 기관보육비의 최대 85%가 지원된다. 첫째 자녀에게는 월 1,014.63파운드, 둘째 자녀 이후부터는 각 자녀마다 월 1,739.37파운드까지 납부한 기관보육비를 환급받을 수 있다(GOV.UK, 2024b).

---

30) 통합크레딧으로 통합된 기존 공공부조제도는 다음과 같음. 저소득자를 위한 소득 지원(Income Support), 근로세액공제(Working Tax Credit), 주거급여(Housing Benefit)와 실업자를 위한 구직자수당(Jobseeker's Allowance), 장애인을 위한 장애근로지원수당(Employment and Support Allowance), 아동부양 가구를 위한 아동세액공제(Child Tax Credit).

〈표 5-5〉 통합크레딧의 기본수당 및 자녀 양육 관련 부가수당 (2024/25년 기준)

기본수당 및 부가수당의 유형		금액
기본수당	25세 이하 독신	£311.68
	25세 이상 독신	£393.45
	부부이며 둘 다 25세 미만	£489.23
	부부이며 둘 중 한 명이 25세 이상	£617.60
부가수당	첫째 자녀	£333.33(2017.6 이전 출생) £287.92(2017.6 이후 출생)
	둘째 자녀	£87.92
	자녀에게 장애가 있는 경우	£156.11-487.58

출처: "Universal Credit," GOV.UK, 2024b. accessed Aug 24, 2024, https://www.gov.uk/universal-credit.

통합크레딧의 수급자는 급여 수급의 반대급부로 구직활동에 성실히 임할 의무를 진다. 통합크레딧은 수급자의 구직활동 내용을 구체적으로 제도화하였으며, 수급자는 정기적으로 담당 공무원(work coach)을 만나서 본인의 구직활동을 증명하여야 한다. 어린 자녀를 양육하고 있는 한부모 역시 구직활동의 의무가 있으며, 자녀의 연령별로 구직활동의 범위와 시간이 규정되어 있다.

〈표 5-6〉 자녀를 양육하는 통합크레딧 수급자의 구직활동 책임

자녀 중 가장 어린 자녀의 연령	수급자의 책임
만 1세 미만	구직활동 의무 없음
만 1세	구직활동 의무는 없으나 담당자와 향후 취업계획을 논의해야 함
만 2세	구직활동 의무는 없으나 담당자와 정기적으로 면담하며 이력서를 작성하는 등 구직활동을 준비해야 함
만 3세/4세	주당 최대 16시간을 일하거나 구직활동에 사용해야 함
만 5~12세	주당 최대 25시간을 일하거나 구직활동에 사용해야 함
만 13세 이상	주당 최대 35시간을 일하거나 구직활동에 사용해야 함

출처: "Universal Credit," GOV.UK, 2024b. accessed Aug 24, 2024, https://www.gov.uk/universal-credit.

영국의 공공부조제도에서 한부모의 구직활동 의무는 지난 십여 년간 지속적으로 강화되어왔다. 통합크레딧 제도가 도입되기 전에 저소득자를 위한 대표적인 공공부조제도였던 소득 지원제도(Income Support)의 경우, 2007년도까지는 만 16세 미만의 자녀를 양육하는 한부모는 구직활동 의무로부터 제외되었다. 그러나 2008년도부터는 구직활동 의무가 면제되는 자녀의 연령이 만 12세로 낮춰졌고, 2009년에는 만 10세로, 2010년에는 만 7세로, 2012년에는 만 5세로 낮춰졌다(Kennedy et al., 2023). 현재 통합크레딧 제도는 자녀가 만 3세가 되면 한부모가 주당 최대 16시간을 일하거나 구직활동에 사용할 것을 의무화하고 있다. 이러한 규정의 변화는 영국 사회의 공공부조를 수급하는 한부모에 대한 비판적인 시각을 반영하는 것이며, 저소득층의 공공부조 의존율을 낮추고 소득활동을 장려하는 보수당 정권의 일련의 정책 기조(Welfare to Work, Work First)와 맞닿아 있다.

통합크레딧 제도 도입 이후에도 복지 비용의 절감을 위하여 수차례 축소개혁이 이루어졌고, 이는 한부모 가구에게 특히 경제적 곤란을 야기하고 있는 것으로 나타났다. 예를 들어 2013년에는 복지급여 수급 상한선(Benefit Cap)이 도입되었다. 복지급여 수급 상한선이란 한 가구가 수급할 수 있는 복지급여의 총액의 상한선을 두는 제도적 장치로, 복지지출을 줄이고 수급자의 근로를 유인하기 위한 것이다. 2022년 8월 통계에 따르면, 약 12만 가구가 이 수급 상한선의 영향을 받았는데, 이 중 70%(약 86,000가구)는 한부모 가구인 것으로 나타났다. 이 한부모 가구의 52%는 5세 미만의 아동이 한 명 이상이었으며 22%는 2세 미만의 아동을 양육하는 가구였다. 또한 2017년도부터는 공공부조제도에서 둘째 자녀까지만 급여 혜택을 제한(Two-Child limit)하는 장치가 도입되었다. 원래 통합크레딧의 부가수당은 자녀 수대로 지급되었으나, 복지지출을 줄이고 공공부조 수급자의 자녀 출산에 대한 경제적 책임감을 강조[31])하기 위해 둘째 자녀까지만 부가수당을 지급하는 것으로 제도가 변경된 것이다. 2022년 4월 통계에 따르면, 두 자녀 제한 규정(Two-Child limit)의 영향을 받는 359가구 중 47%가 한부모 가구였으며, 이 제한 규정의 도입 이후 자녀가 세 명 이상인 한부모 가구의 빈곤율이 높아지고 있는 것으로 분석되었다(Kennedy et al., 2023).

3) 아동수당(Child Benefit)

영국의 아동수당은 2차 세계대전 이후 심각했던 아동빈곤에 대한 대책으로 1946년에 도입된 가족수당(Family Allowance)이 제도적 시초로, 현재에 이르기까지 크고 작은 제도적 확대와 축소를 경험해 왔다. 현재 영국의 아동수당은 고소득자에 대한 제한은 있으나 보편적 수당제도로 운영되고 있다. 아동수당은 한부모 가구를 위한 특별한 제도는 아니지만, 자녀를 양육하는 가정이 별다른 수급 요건 없이 가장 장기간 수급하게 되는 급여인 만큼 한부모가 다수 포함되는 저소득 가구에게 있어 중요한 경제적 지원 정책이라고 할 수 있다.

아동수당의 수급권자는 만 16세 미만의 자녀를 양육하는 양육권자이다. 자녀가 만약 공인된 교육과정에 있거나 직업훈련을 받고 있다면 만 20세 미만까지 아동수당을 수급할 수 있다. 급여 수준은 첫째 자녀 이후로 차등을 두고 있다. 2024년 현재 첫째 자녀는 주당 25.60파운드, 둘째 자녀부터는 주당 16.95파운드를 수급하고 있다. 아동수당을 수급할 수 있는 가구당 자녀의 수에는 제한이 없다. 아동수당은 4주에 한 번씩 4주

---

31) "…to ensure households on means-tested benefits would face the same financial choices about having children as those supporting themselves solely through work"(Kennedy et al., 2023, p12).

치의 아동수당이 지급되는 것이 원칙이나, 한부모 및 공공부조 급여의 수급자는 신청에 따라 지급시기를 매주로 변경할 수 있다(GOV.UK, 2024c).

영국의 아동수당제도는 지난 10여 년간 보수당과 자유민주당의 연합정권 및 보수정권 아래 지속적인 제도적 축소를 경험해 왔다. 공공지출의 삭감을 위해 2011년부터 아동수당 급여의 인상률이 기존의 소매물가지수(Retail Price Index) 대신 소비자물가지수와 연동되도록 변경되었으며, 3년간 아동수당의 급여가 2010년 수준에서 동결되었다. 그 후 2014년도부터 2015년도까지 급여가 인상되었으나 급여인상률은 1%로 억제되었고, 2016년부터 2019년도까지는 다시 한번 급여가 동결되었다. 한 연구에 따르면, 이러한 일련의 조치들이 없었더라면 아동수당은 2019년에 이미 주당 25.95파운드(첫째 자녀), 17.13파운드(둘째 자녀 이후) 수준이었을 것으로 나타났다(Unison, 2019).

또한 2013년도에는 아동수당제도에서 고소득자의 수급을 제한하는 장치가 도입되었다. "고소득에 대한 아동수당세 부과(High Income Child Benefit Charge)"가 바로 그것이다. 2024년 현재 기준으로, 부부 중 한 명의 연 소득이 6만 파운드를 초과하면 아동수당에 대한 세금이 부과되기 시작하고 8만 파운드를 초과하면 아동수당 급여와 동일한 금액이 세금으로 부과된다. 즉, 양육자 한 명의 소득이 8만 파운드를 초과하면 아동수당을 수급하는 실질적인 혜택이 없어지게 되는 것이다. 원래 이 아동수당세는 2013년부터 최근까지 5만 파운드 초과 시 세금부과가 시작되며 6만 파운드 초과 시 아동수당 급여 전액을 세금으로 환수하는 방식으로 실시되었으나, 지난 2024년 4월 처음으로 그 소득 기준을 6만 파운드와 8만 파운드로 각각 완화하였다. 이는 11년 만에 아동수당의 혜택을 받는 가구 수를 크게 증가시키는 조치였다(Kennedy et al., 2023). 한편 현행

제도는 한부모 등 외벌이 가구에 대해 불이익을 준다는 비판이 있다. 아동수당세의 소득 기준이 가구가 아닌 개인을 기준으로 하고 있기 때문에 부부가 모두 소득활동을 하는 가구에 비해 가구 내 1인만 소득활동을 하는 가구가 불이익을 받게 된다는 것이다. 예를 들어, 부부가 모두 연 6만 파운드의 소득이 있을 경우, 가구소득이 12만 파운드임에도 아동수당세는 부과되지 않는 반면, 한부모 가구는 소득이 6만 파운드를 초과하는 순간부터 아동수당세가 부과되기 시작한다. 이는 가구 내 단일소득으로 부담이 큰 한부모 등 외벌이 가구에 대한 역진적 선별주의라는 비판이 꾸준히 제기되어 왔다. 이에 대해 재무장관 Jeremy Hunt가 소득 기준을 개인에서 가구로 변경하는 방안을 고려하고 있음을 시사함에 따라 2026년 4월부터는 제도의 개선이 예상되고 있다(BBC, 2024.09.03).

또한 아동수당은 아동수당세와 함께 2013년도에 도입된 복지급여 수급 상한선(Benefit Cap)의 영향을 받는다.[32] 만일 어떤 가구가 아동수당으로 인하여 이 수급 상한선을 초과하였을 경우, 아동수당은 그대로 수급할 수 있으나 다른 급여의 수급이 제한될 수 있다(GOV.UK, 2024c).

4) 지방세 감면제도(Council Tax Reduction)

영국에는 한국의 지방세에 해당하는 Council Tax가 있으며, 주택의 자산가치와 주택에 거주하는 성인의 수에 따라 세액이 결정된다. 주택의 자산가치에 따라 8개의 등급(Band A-H)으로 나뉘고, 등급 내에서 다시 거주하는 성인의 수, 소득 수준, 자녀의 수, 장애 및 연금수급자 여부 등 세금이 감면되는 다양한 요소들을 반영하여 기본세액으로부터의 감면 비율을 산정하게 되어 있다. 이때 주택은 자가와 임차를 구분하지 않으며,

---

[32] 복지급여 수급 상한선에 관해서는 2) 통합크레딧의 설명을 참고.

거주자가 두 명 이상일 때에는 공동으로 납세 의무를 부담하게 된다. 이러한 지방세의 산정방식은 영국 내에서도 잉글랜드, 웨일스, 스코틀랜드, 북아일랜드별로 상이하며 각 자치구(borough)마다 다른 규정을 가지고 있어 한부모 가구에 대한 감면정책을 일괄적으로 설명할 수는 없다. 그러나 기본적으로 한 주택에 거주하는 18세 이상의 성인이 1인일 경우에는 25%가 감면되고, 소득이 낮고 부양 자녀가 많을수록 지방세 감면 비율이 높아지는 방식을 취하고 있다(GOV.UK, 2024d).

예를 들어, 잉글랜드 런던의 자치구인 the Royal Borough of Kensington and Chelsea(2024)를 살펴보면 다음과 같다. 2024/25년의 경우, 가장 낮은 주택등급인 Band A의 연간 기본세액은 1,005.99파운드이고, 가장 높은 등급인 Band E의 기본세액은 3,017.96파운드이다. 이때 한부모는 자녀가 1명일 경우부터 8명일 경우까지 감면 비율이 세분화되어 있다. 자녀가 1명일 경우에는 한부모의 주당 소득이 161파운드 이하까지, 자녀가 8명일 경우 주당 소득 595파운드 이하까지 지방세가 100% 감면된다. 이는 독신자의 경우, 주당 소득 96파운드까지만 지방세가 100% 감면되는 것과 비교하면 큰 혜택이라고 볼 수 있다. 그러나 한부모라고 할지라도 소득이 높으면 지방세 감면이 적용되지 않으며, 그 기준은 각 자치구별로 상이하다.

나. 시간 지원 정책

1) 법정 모성/부성 휴직 및 수당(Statutory Maternity/ Paternity Leave and Pay) 및 무급 육아휴직(Unpaid parental leave)과 가족 및 피부양자를 위한 휴가제도(Time-off for family and dependants)

영국의 육아휴직제도는 크게 두 가지 유형으로 구분된다. 유급 제도인 법정 모성휴직 및 수당제도와 법정 부성휴직 및 수당제도, 그리고 무급 제도인 무급 육아휴직제도와 가족 및 피부양자를 위한 휴가제도이다. 이상의 육아휴직제도 모두 한부모를 위한 특별한 제도는 아니며, 자녀를 양육하는 모든 부모를 대상으로 한다. 앞서 살펴본 독일의 육아휴직제도와 달리 제도 내에 한부모를 위한 특별규정도 존재하지 않음에 유의할 필요가 있다. 그럼에도 불구하고 육아휴직제도는 영국에서 한부모가 적용될 수 있는 대표적인 시간적 지원 정책임에는 틀림없으므로 여기에서 간략하게 그 내용을 소개하고자 한다.

먼저 유급휴직제도를 살펴보도록 한다. 법정 모성휴직 및 수당제도는 한국의 출산휴가급여와 육아휴직급여를 통합한 형태의 유급휴직제도이다. 적용 대상은 자녀를 출산하거나 입양한 피고용인이며, 휴직기간은 총 52주, 즉 1년이다. 휴직기간은 피고용인이 임의로 결정할 수 있으나, 출산 후 최소한 2주간(공장 근로자는 4주간)은 반드시 법정 모성휴직을 신청하여야 한다. 유의할 점은 52주의 모성휴직 기간 전체가 유급휴직이 아니며, 이 중 최대 39주간만 수당이 지급된다는 것이다. 첫 6주간에는 근로자의 평균 주급의 90%가 지급되고, 이후 33주간에는 184.03파운드와 근로자 평균 주급의 90%에 해당하는 금액 중 낮은 금액이 지급된다(GOV.UK, 2024e).

수급 요건으로는 고용 요건과 소득 요건이 있다. 피고용인은 출산예정일의 15주 전을 기준으로 최소 26주간 연속하여 고용되어 있어야 하며, 지난 8주간 주당 123파운드 이상의 임금을 받았어야 한다. 이 요건을 충족하는 피고용인은 출산예정일의 최소 15주 전에 고용주에게 임신확인서를 제출하고 휴직을 신청하여야 하며, 고용주는 서면으로 28일 이내에 휴직을 승인하여야 한다(GOV.UK, 2024e).

한편 법정 부성휴직 및 수당제도는 한국의 배우자 출산휴가와 유사한 제도이다. 적용 대상은 아기의 친부, 아기의 친모의 배우자이거나 파트너, 입양부, 대리모를 통해 아기를 낳았을 경우 친부에 해당하는 자로, 폭넓게 자격을 인정하고 있다. 휴직 기간은 최대 2주간으로 일주일 단위로 신청할 수 있으며, 아기의 출산 이후부터 56일 이내에 사용하여야 한다(GOV.UK, 2024f).

수급 요건은 모성휴직 및 수당제도와 유사하다. 피고용인은 출산예정일의 15주 전을 기준으로 최소 26주간 연속하여 고용되어 있어야 하며, 지난 8주간 주당 123파운드 이상의 임금을 받았어야 한다. 또한 피고용인은 출산예정일의 최소 15주 전에 고용주에게 임신확인서를 제출하고 휴직을 신청하여야 한다(GOV.UK, 2024f).

영국의 경우, 법정 모성/부성 휴직 및 수당제도는 최소한의 보호를 보장하며, 추가적인 보호는 각 사업장에게 맡겨져 있는 형태이다. 많은 사업장이 기업복지의 일환으로 고용계약에 따라 추가적인 육아휴직과 수당을 지급하고 있는 것으로 나타났다. 또 한 가지 특이사항으로 법정 모성/부성 휴직 및 수당제도는 배우자 및 파트너 간에 공유가 가능하다는 점이 있다. 이는 소위 '공유된 육아휴직 및 수당제도(Shared Parental Leave and Pay)'로서, 52주의 법정 모성휴가 및 39주간 수급할 수 있는 법정 모성수당을 배우자 및 파트너에게 양도할 수 있게 함으로써 가정이 유연하게 일과 자녀 양육을 병행할 수 있도록 지원하는 제도이다.33) 자녀의 출생 후 1년 내에만 공유할 수 있으며, 어머니는 52주의 휴직 기간 중 출산 후 최초 2주간(공장 근로자는 4주간)은 반드시 본인이 사용해야 한다. 모성/부성 휴직 및 수당을 공유할 수 있는 대상으로는 배우자, 파트너, 자

---

33) 법적으로는 법정 부성휴직 기간도 배우자 및 파트너와 공유할 수 있으나, 부성휴직제도는 총 2주간의 짧은 기간이기에 실질적으로는 모성휴직 기간을 공유하기 위한 제도라고 할 수 있음.

녀의 친부 또는 친모가 포함되어 있어, 한부모의 경우 비양육 친부 또는 친모에게도 휴직 기간 및 수당을 양도할 수 있다(GOV.UK, 2024f).

영국에는 피고용인 본인을 위한 법정 상병수당(Statutory Sick Pay)은 존재하나 독일과 같은 아동상병수당은 법적으로 보장되지 않는다. 따라서 자녀 출생 후 1년 이내에 사용할 수 있는 모성/부성 휴직 이후에 자녀가 질병 또는 사고로 돌봄이 필요할 경우, 피고용인은 무급 휴직제도인 무급 육아휴직 또는 가족 및 피부양자를 위한 휴가제도를 사용하게 된다.

먼저 무급 법정 육아휴직제도는 피고용인이 그 자녀가 18세가 되기 전까지 총 18주간 무급으로 휴직할 수 있는 제도이다. 자녀당 18주이므로 부모가 모두 근로자인 경우 각각 18주간 휴직할 수 있다. 단, 연간 4주까지만 사용이 가능하며, 고용주와 다른 합의가 있거나 장애아동인 경우를 제외하면 주 단위로만 사용할 수 있다. 또한 피고용인이 사업장을 옮기더라도 소진한 휴직 기간이 초기화되지는 않는다. 즉, 피고용인이 은퇴 전까지 사용할 수 있는 자녀 1인당 휴직 기간이 18주인 것에 유의할 필요가 있다. 무급 육아휴직을 위한 요건으로는 1년 이상 고용된 자로서 법적 자녀가 18세 미만일 것이 있으며, 휴직 시작일로부터 21일 전에 고용주에게 고지할 의무가 있다(GOV.UK, 2024g).

한편 무급 육아휴직과 마찬가지로 무급으로 사용할 수 있는 가족 및 피부양자를 위한 휴가제도는 기간 및 횟수의 제한이 없으나 미리 예상할 수 없는 불의의 사건(피부양자의 질병, 사고, 육아시설의 폐쇄 등)일 경우에만 제한적으로 사용할 수 있다. 구체적인 사항은 고용계약을 통해 규율하도록 사업장에게 맡겨져 있고, 고용주는 이 휴가제도를 사용하기 전에 근로자의 개인휴가를 소진하거나 무급 육아휴직제도를 활용할 것을 요청할 수 있다. 단, 고용주는 타당한 사유 없이 이 휴가의 사용을 거부할 수는 없으며 이 휴가로 인하여 근로자에게 불이익을 줄 수 없음을 법적으로 명시하고 있다(GOV.UK, 2024g).

2) 30시간 / 15시간 무상보육제도(30 Hours / 15 Hours Free Childcare)와 면세보육제도(Tax Free Childcare)

영국은 현재 생후 9개월부터 만 5세 미만의 영유아를 대상으로 30시간 또는 15시간의 무상 보육서비스, 그리고 만 12세 미만의 아동을 대상으로 면세 보육서비스를 제공하고 있다. 이는 한부모뿐 아니라 자녀를 양육하는 모든 부모에 대한 대표적인 시간 지원 정책이나, 공공부조 수급자 등 저소득층을 대상으로 하는 경우가 많아 저소득층에 넓게 분포하는 한부모 가구가 적용 대상이 되는 경우가 많다.

제도의 맥락을 이해하기 위해서는 먼저 영국의 영유아 보육시스템에 대한 이해가 필요하다. 영국의 보육서비스는 공공 및 민간의 어린이집 및 유치원(nursery school, reception)을 통해서 제공된다. 영국의 의무교육은 만 5세에 시작되므로 생후부터 만 5세 미만의 아동이 보육서비스의 대상이 된다. 영국의 아동보육서비스는 시장에 맡겨진 형태로 시설의 상당수는 민간 영역의 영리 기관이며, 약 7%의 아동만이 비영리기관을 통해 서비스를 받고 있는 것으로 나타나고 있다(Lloyd, 2020; 이성희, 2024에서 재인용). 그 결과, 영국의 아동보육서비스는 높은 비용으로 인하여 문제가 되어 왔다. 2024년 현재 잉글랜드의 경우, 만 2세 미만이 전일제 보육서비스(주당 50시간)를 받을 경우, 평균 원비는 주당 305.11파운드이며, 이는 연간 15,865.72파운드(52주)에 달한다. 만 2세의 경우, 이보다는 다소 저렴하나 주당 290.77파운드, 연간 15,120.04파운드가 소요된다(Coram, 2024). 이는 영국의 전일제 근로자의 중위소득(주당 682파운드, ONS, 2023)의 40%를 상회하는 것으로 양육자에게 큰 부담이 되는 비용임을 짐작할 수 있다. 이러한 배경 속에서 영국은 무상보육제도 및 면세보육제도를 통해 보육 비용을 부분적으로 지원하고 있으며, 지속적인 확대를 추진하고 있다.[34]

먼저 30시간 또는 15시간의 무상보육제도를 살펴보도록 하겠다. 현재 잉글랜드의 무상보육제도는 다음과 같은 세 가지 유형으로 구분된다. 첫 번째는 만 3세에서 5세 미만의 자녀를 양육하는 부모에게 제공되는 보편적 무상보육제도이다. 이는 소득 및 고용 여부와 무관하게 제공되는 유일한 무상보육제도이다. 주당 15시간, 연간 38주 동안 총 570시간의 무상보육을 이용할 수 있다(GOV.UK, 2024h).

두 번째 유형은 근로연계형 무상보육서비스로, 일하는 양육자에게 적용된다. 부와 모 모두 근로소득이 있어야 하며, 한부모일 경우에는 자녀를 양육하고 있는 한부모에게 근로소득이 있어야 한다. 이때 각 사람의 근로소득은 최저시급을 기준으로 주당 16시간에 해당하는 금액 이상일 것이 요구된다. 이는 2024년 기준으로 주당 102파운드에서 183파운드이다[35]. 현재는 생후 9개월부터 만 3세 미만의 아동에게는 15시간 무상보육서비스가 제공되며, 2025년 9월부터는 30시간으로 확대될 예정이다. 만 3세부터 5세 미만 아동의 경우, 이미 30시간 무상보육이 제공되고 있다. 즉, 2025년 9월부터는 생후 9개월부터 만 5세 미만까지 30시간의 무상보육이 적용되게 된다(GOV.UK, 2024i).

세 번째로는 저소득층을 위한 무상보육이 있다. 위의 두 가지 유형에서 살펴보았듯이 근로소득이 있는 양육자는 9개월부터 무상보육을 신청할

---

[34] 잉글랜드 정부는 2023년 봄, 근로연계 무상보육제도의 확대를 공표하였음. 기존 제도는 양육자에게 근로소득이 있을 경우 만 3세부터 만 5세 미만의 아동에게 총 30시간의 무상보육이 제공되었으나, 이를 생후 9개월부터 적용하는 것으로 적용 대상을 크게 확대하는 것이 개혁의 골자. 제도의 확대는 2년에 걸쳐 단계적으로 이루어짐. 2024년 9월부터 생후 9개월부터 만 3세 미만의 아동에게 15시간의 무상보육이 제공되기 시작되었으며, 2025년 9월부터는 30시간으로 확대될 예정. 이는 유급 출산휴가제도(39주)와 연계하여 근로와 자녀 양육을 병행할 수 있도록 설계된 것임.
[35] 영국의 최저임금을 결정하는 National Minimum Wage와 National Living Wage는 연령별로 임금기준을 다르게 설정하고 있음. 이에 따르면, 2024년 현재 주당 16시간을 근무할 경우, 21세 이상은 주당 183파운드, 18세 이상 20세 미만은 주당 137파운드, 18세 미만은 주당 102파운드를 수령(GOV.UK., 2024l).

수 있고, 이에 해당이 되지 않는 경우에는 만 3세부터 무상보육의 적용이 된다. 그러나 공공부조의 수급자는 근로 여부와 상관없이 만 2세부터 주당 15시간씩 연간 38주 동안 총 570시간의 무상보육을 받을 수 있다. 이는 취약한 가정의 아동들에 대해 사회적으로 지원함과 동시에 공공부조 수급자의 근로를 장려하기 위해 도입된 것이다. 이 제도의 적용 대상이 되는 공공부조 급여로는 소득 지원(Income Support), 구직자 수당(income-based Jobseeker's Allowance), 고용 및 지원 수당(income-related Employment and Support Allowance), 통합크레딧(Universal Credit), 아동세액공제(Child Tax Credit), 근로세액공제(Working Tax Credit) 등이 있다(GOV.UK, 2024j).

세 유형의 무상보육서비스 모두 적용 방식은 동일하다. 양육자가 무상보육서비스의 수급 요건을 충족시킬 경우, 양육자는 공인된 보육시설(approved childcare provider)에 등록함으로써 본인이 수급한 무료보육 시간에 해당하는 보육비를 면제받게 된다. 양육자는 3개월마다 본인이 수급권이 있음을 인증하여야 한다.

한편, 면세보육제도는 위의 무상보육서비스와 병급할 수 있는 제도로 자녀를 양육하는 가정의 보육비 지출을 보조하기 위해 도입되었다. 12세 미만의 아동을 양육하며 일하는 양육자를 적용 대상으로 하고 있으며, 근로와 관련하여서는 근로연계형 무상보육서비스와 동일한 수급 요건이 있다. 즉, 부모 모두 최저시급을 기준으로 주당 16시간에 해당하는 금액 이상의 근로소득이 있어야 한다. 한부모의 경우는 양육권이 있는 부 또는 모 한 사람에게만 적용된다(GOV.UK, 2024k).

면세보육제도의 급여는 3개월마다 500파운드로 연간 최대 2,000파운드까지 수급이 가능하다. 장애아동을 양육하고 있을 경우에는 3개월마다 1,000파운드, 연간 최대 4,000파운드를 수급할 수 있다. 면세보육제도는 양육자의 보육비 지출에 매칭하여 정부가 보조금을 지급하는 형태로, 양육자가 지정된 계좌(TFC account)에 입금하면 그에 비례하여 보조금이 입금된다. 현재 양육자의 8유로에 대해 보조금 2유로가 지급되고 있다. 이 계좌에 입금된 금액은 공인된 아동보육시설 및 방과 후 프로그램에서만 사용할 수 있다(GOV.UK, 2024k).

위에서 살펴보았듯이 영국의 무상보육제도 및 면세보육제도에는 한부모에 대한 특별 조항이 존재하지 않는다. 한부모가족이라는 이유만으로는 양부모가족보다 무상보육 시간이 더 많이 제공되거나 더 일찍 적용되지 않으며, 수급 요건이 완화되지도 않는다. 단지 한부모가족의 공공부조 급여 수급률이 양부모가족보다 훨씬 높게 나타나는 만큼, 저소득자를 위한 무상보육제도의 적용 대상이 될 확률이 더 높을 뿐이다. 최근 근로연계 무상보육제도와 관련하여 적용 대상과 보육 시간이 확대되었지만, 보육서비스와 관련하여 한부모가족이 갖는 경제적인 부담은 여전히 적지 않을 것으로 판단된다. 양육자가 전일제 근무를 하기 위해서는 높은 추가 비용을 부담해야 하기 때문이다. 양육자의 전일제 근무를 위해서는 주당 50시간의 보육서비스가 필요하기 때문에, 아동이 보육제도를 통해 30시간의 무상보육을 받을 수 있다고 하더라도 나머지 20시간에 대해서는 양육자가 비용을 지불해야 한다. 이는 영국의 보육시설의 평균 원비로 계산하면 주당 120.9파운드에 해당되는 금액이다(Coram, 2024). 한부모가족의 경우, 이와 같은 추가 비용을 지불하기 어려워 무상보육이 가능한 범위로 전일제 근무 대신 반일제 또는 파트타임 근무를 선택하는 경우가 많은 것으로 나타났다(Kennedy et al., 2023). 또한 무상보육제도가 양육자가 서비스 이용 시 선납한 비용을 추후에 돌려받는 방식으로 운영되는 구조인 점도 경제적 취약계층이 많은 한부모가족에게는 부담이 되는 것으로 나타났다(Kennedy et al., 2023).

제4절 정책적 시사점

현재 독일과 영국은 한부모가족을 위한 경제적 지원 정책과 시간 지원 정책을 다양하게 시행하고 있다. 두 국가에서 한부모를 지원하는 정책 도구는 기본적으로 유사하다. 경제적 지원 정책으로는 양육비 선지급 및 이행지원, 세금감면, 공공부조, 아동수당제도가 있으며, 시간적 지원 정책으로는 육아휴직, 자녀상병휴가, 보육서비스 등이 있다. 이때 지원 형태는 주로 현금 지원 형태로 이루어진다. 경제적 지원제도는 현금급여를 지급하고, 시간적 지원 정책의 경우에도 육아휴직과 자녀상병휴가에 대해서는 휴직수당을, 보육서비스에 대해서는 한부모가 지불한 시간당 보육비를 후불로 지급하는 방식을 취하고 있다. 또한 독일과 영국 모두 한부모가족에 대한 지원체계는 보편적 급여와 선별적 급여의 혼합으로 이루어져 있으며, 이들이 유기적으로 연계되어 한부모가족을 지원할 수 있도록 설계되어 있다. 먼저 보편적 급여인 아동수당은 한부모가족뿐 아니라 자녀를 양육하는 모든 양육자에게 지급되는데, 한국과 달리 상당히 높은 급여액을 자녀가 성인이 될 때까지 장기간 지급함으로써 빈곤 위험이 높은 한부모가족에게 기본적인 소득안전망으로 기능한다.36) 여기에 더하여 저소득계층에게는 선별적 급여가 지급된다. 선별적 급여로는 독일과 영국에서 모두 모든 빈곤층을 대상으로 하는 공공부조가 핵심적 역할을 하며, 독일에서는 자녀를 양육하는 차상위계층을 적용 대상으로 하는 아동보충수당제도도 시행되고 있다.

이렇듯 독일과 영국의 한부모가족을 위한 지원 정책은 큰 틀에서 볼 때

---

36) 독일의 아동수당은 최대 만 25세까지 지급될 수 있으며 2024년 현재 급여액은 월 250유로(한화로 약 37만 원). 영국의 경우, 자녀가 만 20세가 될 때까지 지급될 수 있으며 2024년 현재 급여액은 첫째 자녀 기준으로 월 102.4파운드(한화로 약 18만 원). 구체적인 내용은 제2절과 제3절을 참고.

유사한 형태로 이루어지고 있으나, 구체적으로 살펴보면 제도의 적용 대상과 수급 요건이 상당히 다르며, 이는 특히 지원제도의 충분성과 사각지대 측면에서 많은 차이를 야기하고 있다. 독일과 영국의 한부모가족 지원 정책을 충분성과 사각지대의 측면에서 비교해 보면 다음과 같다.

1. 독일과 영국의 한부모가족 지원 정책의 충분성과 사각지대

먼저 한부모가족 지원 정책의 충분성 측면을 살펴보면, 영국에 비해 독일의 한부모가족 지원제도가 한부모를 두텁게 보호하는 경향이 나타난다. 이는 일차적으로 독일의 한부모가족 지원 관련 제도가 각 법규 내에서 한부모를 특별 적용 대상으로 규정하여 지원하는 것에서 드러난다. 한국이 한부모가족을 지원하기 위하여 한부모가족지원법이라는 개별법을 제정한 것과 달리, 독일과 영국에는 한부모가족을 위한 별도 법제가 존재하지 않는다. 단 독일의 경우, 한부모가 적용 대상이 되는 제도는 해당 법령 내에 한부모를 위한 별도의 조항이 존재하는 경우가 많으며, 이를 통해 한부모가족에게 양부모가족보다 두터운 지원을 보장하고 있다. 예를 들어 경제적 지원 정책을 살펴보면, 공공부조제도인 시민수당(구 실업급여 II)은 한부모를 위한 급여 기준을 별도로 설정하고 있으며, 소득세 제도 역시 한부모를 애초에 별도의 등급으로 분류하여 다른 신청 절차 없이 자동으로 높은 세액공제를 적용한다. 시간적 지원 정책 역시 연방부모수당과 자녀상병수당제도에서 한부모에게는 별도의 규정을 적용하여 양부모 가족이 누리는 급여 서비스의 시간적 총량을 한부모가족에게 동일하게 보장하고 있다. 반면 영국은 한부모를 특별한 정책 대상으로 하지 않는다. 가족정책 및 소득보장제도는 한부모를 표적화하지 않으며, 일반적으로 한부모는 저소득층을 위한 정책의 대상자가 될 경우에만 두터운 지원을 받을 수 있다. 예를 들어, 경제적 지원 정책의 경우, 공공부조인 통합크레딧은 적용 대상을 연령과 배우자 유무로만 구분하며 한부모를 별도의 적용 대상으로 구별하지 않는다. 시간적 지원 정책 역시 마찬가지로, 법정 모성/부성 휴직의 경우 영국의 한부모는 모든 부모와 마찬가지로 한 사람 몫의 육아휴직 기간을 사용할 수 있을 뿐이다.

자녀 양육비와 관련된 제도 역시 독일의 지원 정책이 영국보다 한부모가족에 대한 보장성이 높다. 독일의 양육비 선지급제도는 비양육 부 또는 모가 양육비를 한부모에게 지급하지 않을 때 정부가 양육비를 선지급하여 한부모가족의 소득을 보장하는 데 목적이 있는 반면, 영국의 양육비 이행서비스는 양육비 지급 의무가 있는 자로부터의 징수를 통한 양육비의 전달이 주된 서비스의 내용이다. 영국의 양육비 이행서비스는 강제징수에도 불구하고 양육비 지급 의무자가 이를 회피할 경우, 그 경제적 손실이 한부모에게 전가된다는 점에서 독일의 양육비 선지급제도와는 보장성에 큰 차이가 있다.

또한 영국의 소득보장제도는 복지 비용의 절감을 위해 지난 십여 년간 지속적으로 중복수급을 제한하고 수급 요건 및 절차를 엄격하게 개혁한 바 있으며, 이로 인해 한부모가족이 수급하는 급여총액은 크게 감소한 것으로 분석된다. 2022년 통계에 따르면, 2013년에 도입된 복지급여 수급상한선으로 인해 수급액이 줄어든 가구의 약 70%가 한부모 가구였으며, 2017년에 도입된 두 자녀 급여제한조치의 영향을 받은 가구의 47%가 한부모 가구로 나타났다(Kennedy et al., 2023). 보편적 아동수당의 경우에는 두 자녀 급여제한 조치가 적용되지 않지만, 둘째 자녀부터는 첫째 자녀보다 적은 급여액이 지급되며 고소득자에게는 아동수당세가 과세된다. 가구 내 단일소득인 외벌이 가구 및 한부모에게 역진적 선별주의라는 비판도 제기되고 있다.

이와는 대조적으로 독일의 가족정책 및 소득보장제도는 지난 십여 년간 지속적으로 급여 수준을 상향 조정하였다. 독일의 경우에도 한부모가족의 공공부조 의존이 장기화되는 것을 방지하기 위하여 중복수급을 제한하는 제도가 일부 존재한다. 예컨대 실업부조 II/시민수당을 수급하는 한부모의 경우, 양육비 선지급제도의 중복수급이 제한적으로만 허용되며, 아동보충수당은 수급할 수 없다. 그러나 전반적으로 한부모가족은 각 급여의 소득 요건을 초과하지 않는 한 복수의 경제적, 시간적 지원 정책을 중복 수급할 수 있다. 영국과 달리 급여 수급자의 자녀 수가 많다고 해도 수급할 수 있는 급여총액에 제한이 없으며, 자녀의 수에 정비례하여 추가 급여가 지급되도록 제도가 설계되어 있다. 또한 독일은 빈곤층 한부모가족만을 표적화하여 지원하는 것이 아니라, 차상위계층 또는 차차상위계층의 한부모에 대해서도 지원을 확대하여 왔다.

한편 한부모가족 지원 정책에서 사각지대의 문제는 근로연계형 지원제도에서 발생할 소지가 많으며, 이는 독일보다 영국에서 크게 나타날 수 있다. 근로연계형 지원 정책의 경우, 유급 근로에 종사하고 있지 않은 한부모나 비정형 근로자인 한부모가 배제되는 일이 발생하게 된다. 독일과 영국 모두 한부모가 불안정 노동계층에 널리 분포하고 있음에도 제도적 사각지대의 문제는 독일보다 영국에서 크게 나타날 수 있는 까닭은 영국이 한부모 지원 정책 전반에 걸쳐 수급자의 유급 근로를 강조하고 있기 때문이다. 예를 들어, 한부모가 공공부조인 통합크레딧을 수급하기 위해서는 자녀가 만 1세일 때부터 담당자와 향후 취업계획을 논의해야 하며, 만 3세가 되면 주당 16시간을 일하거나 구직활동에 사용해야 할 의무가 있다. 영국의 무상보육서비스의 경우에도 한부모가 주당 16시간 정도 이상의 유급 근로를 하고 있다면 자녀가 생후 9개월부터 무상보육서비스를 수급할 수 있지만, 소득활동을 하고 있지 않다면 자녀가 만 3세가 될 때부터 무상보육서비스를 이용할 수 있다.37) 이러한 근로연계형 복지제도는 한부모를 포함하여 저소득층의 공공부조 의존율을 낮추고 소득활동을 통해 빈곤에서 벗어나도록 해야 한다는 영국의 일관된 정책 기조가 반영된 것이다. 이러한 영국의 정책은 전반적인 한부모가족의 빈곤 감소에 기여했다는 평가와 함께 이유를 불문하고 일하지 못하는 한부모를 제도적으로 배제한다는 비판을 받고 있다(이성희, 2024; 강욱모, 2004).

독일 역시 2000년대 중반에 하르츠 개혁을 통해 공공부조 수급자의 구직활동 의무를 강화하는 방향으로 제도적 변화가 이루어졌으나 영국과 달리 한부모에 대한 정책적 초점은 여전히 고용 촉진보다는 가족돌봄 및 소득보장에 맞춰져 있었으며(Camp et al., 2016; 정재훈, 2013), 2023년에는 실업부조제도를 시민수당으로 새로 도입하면서 수급자의 고용촉진보다 기초보장을 한층 강조하는 방향으로 개편된 바 있다.

2. 한국에 대한 정책적 시사점

독일과 영국의 사례를 통해서 한국이 얻을 수 있는 정책적 시사점은 다음과 같다. 첫째, 한부모가족을 제도 내에서 통합적으로 표적화하는 정책 설계가 필요하다. 특정 집단을 위한 개별법 제정은 낙인의 우려가 있는 반면, 독일처럼 독일처럼 각 제도의 법제 내에 한부모에게 적용되는 특별 조항이나 섹션을 두어 포함시키는 방식은 다양한 제도가 유기적으로 연결되면서도 집단의 특수성을 반영할 수 있는 장점이 있다. 이러한 통합적 표적화는 한부모가족이 기타 집단과 구별되는 욕구가 있으며, 이에 대해 정책적 개입이 필요하다는 사실을 명시적으로 인정하는 것으로, 이를 통

---

37) 한부모가 공공부조 수급자일 경우에는 소득활동이 없더라도 자녀가 만 2세일 때부터 15시간의 무상보육서비스를 받을 수 있다. 구체적인 내용은 제3절을 참조.

해 한부모가족의 고충을 반영하고 복수의 제도가 유기적으로 연결되는 지원체계를 설계할 수 있다. 앞에서 살펴보았듯이, 영국의 경우 현재 한부모가족을 특별히 지원하는 제도는 찾아보기 어렵다. 실질적으로는 한부모가족이 적용 대상이 되는 다양한 지원제도가 존재하지만 이들을 명시적으로 표적화하지는 않으며, 소득이나 유급 근로 등 특정 조건을 만족할 때에 해당 제도의 적용을 받을 수 있을 뿐이다. 이렇듯 영국에서는 한부모가족을 독립된 정책 대상으로 간주하지 않는 까닭에 높은 빈곤율 등 다른 집단과 구분되는 취약성에도 불구하고 한부모가족이 제대로 보호받지 못한다는 비판이 지속적으로 일고 있다(Kings College London, 2022.02.03; BBC, 2024.06.21). 특히 지난 코로나19 팬데믹 시기, 한부모가족은 양부모가족에 비해 경제적으로 큰 타격을 입은 데다가 한부모가족의 실정에 맞지 않는 격리제도 등으로 고통을 받았다는 지적이 많다. 현재 시민단체들이 한부모를 사회정책의 법률적 근거가 되는 포괄적 차별금지법인 평등법(Equality Act)에 포함시키기 위한 캠페인을 펼치고 있는 상황이다(Single Parent Rights, 2024).

둘째, 한부모가족을 위한 지원제도 중 근로연계성이 있는 제도의 경우, 제도적 사각지대의 발생을 최소화하기 위한 정책적 노력이 필요하다. 일반적으로 근로연계 사회복지제도는 근로자가 적용되기 위한 최소한의 고용 요건 및 소득 요건을 규정하고 있는데, 이로 인하여 비정형 근로자는 제도의 적용에서 제외되는 경우가 발생하기 때문이다. 한부모는 특히 불안정 노동계층에 광범위하게 분포하고 있어 정책적으로 이들을 고려한 제도설계가 필요하다. 독일의 시간적 지원제도인 자녀상병휴가의 경우, 피고용인의 범위가 상당히 넓게 인정되고 있다는 점을 주목할 만하다. 여기에는 전일제 근무뿐 아니라, 단축근무와 시간제 근무가 모두 포함되며, 정규직과 비정규직 등 고용계약의 형태와 상관없이 고용주가 피고용인의 의료보험 보험료 납부 의무가 있다면 피고용인은 자녀상병휴가의 수급자가 될 수 있다. 독일의 경우, 만 3세에서 6세 미만의 자녀를 양육하는 한부모의 28%만이 전일제 근로를 하고 있으며 45%는 주당 36시간 이하의 시간제 근무를 하고 있을 정도로 어린 자녀를 양육하는 한부모의 비정형 근로자의 비율이 높다(Bundesministerium für Familie, Senioren, Frauen und Jugend, 2021). 이러한 맥락에서 한국 역시 근로연계형 지원제도를 설계할 때에는 한부모의 노동시장 참여 형태를 세심하게 고려하여 한부모가 수급권을 실질적으로 보장받을 수 있도록 다양한 고용 형태를 포괄하도록 할 필요성이 있다.

또한 한부모 지원제도가 근로연계성을 띄고 있을 때 노동시장 밖의 한부모는 완전하게 제도로부터 배제될 수밖에 없다. 영국의 경우, 최근 만 3세부터 제공되던 무상보육서비스가 만 9개월부터 제공되도록 제도가 획기적으로 확대되었으나, 이는 유급 근로를 하는 양육자에게만 적용되도록 하고 있다. 따라서 부모가 소득활동을 하고 있지 않다면 여전히 자녀가 만 3세가 될 때까지 무상보육서비스를 이용할 수 없다. 이렇듯 일하는 양육자를 중심으로 보육서비스를 확대하는 것은 여러 가지 사유로 노동시장에 들어가지 못하는 한부모를 제도적 사각지대에 두게 된다. 이에 대하여 영국에서는 최소한 한부모가 직업훈련 및 취업활동을 할 경우 무상보육서비스를 이용할 수 있도록 허용해야 한다는 정책적 제안이 일고 있다(Kennedy et al., 2023; Women's Budget Group & Gingerbread, 2022). 한국의 경우, 이미 2013년부터 미취학 연령의 아동에 대한 전면적인 무상보육을 실시하고 있어 보육서비스에 대한 사각지대의 문제는 크지 않을 것으로 예상되나, 한부모를 대상으로 하는 근로연계형 제도 도입 시 그 합목적성에 대해 포괄적으로 검토할 필요가 있다. 당장 유급 근로 중에 있지 않더라도 취업을 준비하는 한부모는 이미 노동시장에 진입한 한부모만큼 시간적 지원이 절실할 수 있으며, 이러한 한부모의 욕구까지 포괄적으로 반영할 수 있는 제도적 설계가 필요하다.

마지막으로, 한부모가족을 다각도로 지원할 수 있도록 유기적으로 연결된 경제적, 시간적 지원체계를 구축할 필요가 있다. 한부모가족의 빈곤 위험을 낮추기 위해서는 공적이전과 사적이전, 한부모의 취업지원, 보육 서비스의 고른 발달이 중요하며(강지원, 2009), 보편적 제도와 선별적 제도의 혼합을 통해 다층으로 한부모가족을 지원할 수 있어야 한다.

경제적 지원제도의 경우, 한부모가 비양육 부 또는 모로부터 양육비를 확보할 수 있도록 지원하는 제도적 장치가 시급하다. 양육비는 자녀의 복리를 위해 필수적인 요소로, 한부모가족이 신속하게 양육비를 지급받을 수 있어야 한다. 독일은 이미 40년도 전부터 양육비 선지급제도를 시행하고 있으며, 영국은 국가가 양육비를 대납해주지는 않지만 강제징수 권한을 가진 공공기관을 통해 한부모가족이 양육비를 수령할 수 있도록 제도적으로 지원하고 있다. 한국 역시 최근 양육비 이행확보 및 지원에 관한 법률 개정안이 국회 본회의를 통과함에 따라 2025년 7월부터 양육비 선지급제도가 실시되며, 이를 통해 많은 한부모가족이 경제적으로 도움을 받을 수 있을 것으로 예상된다(최동민, 2024.09.27). 단, 한국의 양육비 선지급제도는 적용 대상을 중위소득 150% 이하 한부모 가구로 제한하고 있으며, 자녀의 연령과 상관없이 월 20만 원을 18세까지 지원하는 것을 골자로 하고 있어 독일의 선지급제도에 비해 제도의 보장성이 충분하지는 않은 상황이다.

또한 한부모가족의 경제적 빈곤 위험을 낮추기 위해서 빈곤층뿐 아니라 차상위계층까지 적용되는 경제적 지원제도를 고려해 볼 필요가 있다. 영국의 한부모가족을 위한 지원제도는 주로 빈곤선 아래의 가족에게 치중되어 있는 경향이 있다. 이와 관련하여 영국에서는 "한부모가족은 빈곤층으로 떨어지지 않는 한 아무런 지원도 받을 수 없다(BBC, 2024.06.21)"

며, 근로취약계층이 경제적 어려움에도 불구하고 상대적으로 충분한 지원을 받지 못하는 지원체계에 대한 문제가 제기되고 있다. 독일 역시 한부모가족을 위한 선별적 지원은 주로 빈곤층에 집중되어 있으나, 2005년도에 자녀를 양육하는 차상위계층에 대한 아동보충수당의 도입을 통해 이들에 대한 제도적 사각지대를 축소하기 위해 제도적 노력을 기울이고 있다. 보편적 지원제도 위에 세분화된 선별적 지원제도를 구축함으로써 한부모가족의 빈곤 위험성을 효과적으로 낮출 수 있다.

시간적 지원제도의 경우, 양부모 가족이 사용할 수 있는 서비스의 총량을 한부모가족이 동일하게 사용할 수 있도록 하는 제도적 설계를 고려해 볼 필요가 있다. 독일의 경우, 육아휴직제도인 연방부모수당은 양부모가 수급할 수 있는 최대 기간인 14개월(기본 12개월과 2개월의 소위 아빠휴직보너스)을 한부모가 혼자 수급할 수 있도록 규정하고 있다. 자녀상병수당 역시 양부모가족의 부와 모는 연간 각각 15일을 수급할 수 있으나, 한부모는 혼자서 30일을 수급할 수 있도록 규정하고 있다. 이렇듯 독일은 시간적 지원 정책에서 양부모가족이 누리는 급여 서비스의 시간적 총량을 한부모가족에게 동일하게 보장하는 정책적 자세를 일관되게 유지하고 있으며, 이는 가까운 시일 내 도입될 예정인 배우자 출산휴가제도에서도 동일하게 적용될 것으로 예상된다. 한부모가족은 경제적 책임과 자녀 양육 및 가사노동을 혼자 부담하고 있어 양부모가족에 비해 가용할 수 있는 절대적인 시간의 부족을 경험하게 되며, 이러한 한부모가족의 특수성을 반영한 시간적 지원 정책의 도입이 필요하다고 할 것이다.

제6장

결론

제1절 분석 결과 요약
제2절 정책적 시사점

제6장 결론

제1절 분석 결과 요약

본 연구는 한부모가족이 겪는 시간 및 경제적 어려움의 특성, 이에 대응하기 위한 정책의 현황과 문제점, 그리고 해외 지원 정책 사례를 종합적으로 살펴보았다. 한부모가족이 처한 상황에 대한 연구들은 질적 및 양적 분석을 활용하여 지속적으로 이루어져 왔다. 그러나 그간의 지원 정책 활용 등 정책에 초점을 맞춘 연구는 대부분 질적 연구에 그치는 한계를 보였다. 본 연구는 이러한 한계를 극복하고자 양적 분석을 병행하여 한부모 지원 정책의 구조적 문제점을 체계적으로 검토하였다. 이는 기존 연구에 비해 차별화된 접근법으로서 정책적 개선점을 제시하는 데 기여하고자 하였다.

제2장에서는 한부모가족에 대한 이론적 및 법적 배경을 바탕으로, 이들을 둘러싼 환경과 지원 체계의 주요 쟁점을 도출하였다. 우리나라에서 한부모가족을 보호하기 위한 법적 근거는 생활보호법에 근거한 영세 모자가정 지원에서 시작되어, 모자복지법, 2003년 모·부자복지법을 거쳐, 2008년부터 한부모가족지원법으로 한부모가족이 안정적인 가족 기능을 유지하고 자립할 수 있도록 지원하기 위한 별도 법제가 마련되었다. 법의 보호 대상이 당시에는 주로 가족 기준이었으므로 처음 관련 법이 제정될 당시에는 한부모가족을 보호 및 지원하기 위해서 별도 법제를 마련한 것이다. 특정 가족 형태를 개별법으로 제정한 경우는 흔치 않으며, 일부 국가에서 한부모가족에 특화된 섹션 또는 조항을 포함한 보다 넓은 범위의 법률이 존재한다. 이러한 접근 방식은 다양한 가족 형태의 요구를 폭넓게

충족시키기 위해 설계된 것일 수 있다. 현재의 다양한 가족 형태를 고려한다면, 개별법으로 제정한 법이 오히려 이들에게 낙인이 될 수 있다. 아울러 최근에는 법의 보호 대상이 개인 기준으로 변화되고 있는 추세이며(박광동, 2024.05.29), 이러한 상황을 고려한다면 가족 관련 지원은 아동 중심(기준)으로의 변화에 대한 고민이 필요해 보인다. 한편 다른 법과 비교하면 한부모가족지원법의 경우 변화가 많지 않은 편이다(박광동, 2024.05.29.). 이는 곧 이들에 대한 보호 및 지원에 대한 변화 또한 크지 않았음을 의미하기도 한다. 또한 유사 법률(특정 가족 형태를 위한 지원법)과 비교하면 한부모가족 지원의 경우 경제적 지원을 위한 현금성 급여에 관한 규정 이외에 비경제적 지원이 부족한 실정이며, 비경제적 지원과 지원 콘텐츠의 다양화에 대한 필요성이 요구되는 상황이다.

제3장에서는 2장에서 도출된 쟁점을 중심으로 한부모가족의 환경 변화를 양적 및 질적 분석을 통해 상세히 살펴보았다. 경제적 자원 분석 결과, 한부모 가구는 전반적으로 양부모 가구에 비해 소득과 재산 수준이 낮은 것으로 나타난다. 소득 분위별 가구유형 분포를 살펴보면, 한부모 가구의 약 51.4%가 소득 하위 20% 이하에 속하며, 일하는 한부모 가구 역시 이 하위 분위에 집중되어 있다. 특히 경제활동에 참여하고 있음에도 불구하고, 이들 중 약 70%가 소득 4분위 이하(소득 하위 40%)에 분포하고 있어, 전반적인 소득 수준의 취약성이 두드러진다. 특히 한부모가족 지원제도 수급자 중 32.2%는 기초생활보장제도의 생계급여 수급자임을 확인할 수 있다. 반면, 맞벌이 가구는 주로 상위 소득 분위에 분포하고 있으며, 하위 10%에 해당하는 비율은 4.2%에 불과하다. 재산 분위별 분포 역시 유사한 양상을 보이며, 한부모 가구는 하위 20% 이하에 약 절반이 집중되어 있고, 상위 10%에 포함되는 비율은 2.8%에 불과하다. 이는 단순한 소득뿐 아니라, 자산 축적 측면에서도 한부모 가구가 매우 열악한

환경에 놓여 있음을 시사한다. 특히 '일하는 한부모 가구'는 경제활동에 참여하고 있음에도 불구하고 자산 수준을 종합적으로 고려할 때 불안정한 경제 기반 위에 놓여 있는 것으로 분석된다. 이는 가구 내 경제활동 인원이 많을수록 소득의 안정성이 상대적으로 높아지는 반면, 한부모 가구는 생계와 돌봄을 모두 가구주 1인이 책임지는 구조적 특성으로 인해 소득의 불안정성이 더욱 두드러지게 나타나는 데 기인한다. 그럼에도 불구하고, 한부모 가구주의 교육 수준과 월평균 소득은 시간이 지남에 따라 향상되고 있으며, 직업 유형도 다양화되는 경향을 보이고 있다. 과거에는 서비스/판매직, 단순노무직, 기능직/조립종사자에 집중되어 있었으나, 최근에는 관리자, 전문가, 사무직 종사자의 비중이 상당히 증가한 것으로 나타났다. 이러한 변화는 한부모 가구가 전형적인 취약계층으로 인식되어 왔음에도 불구하고, 지난 20여 년 동아 그 내부의 특성이 점차 다층화되고 있음을 보여준다.

시간 자원 분석 결과, 한부모 가구와 맞벌이 가구 모두 수면 및 개인유지와 같은 필수시간 사용에는 큰 차이를 보이지 않았으나, 유급 및 무급 노동시간, 기타 활동 시간에는 차이가 관찰되었다. 특히 무급 노동시간의 경우, 한부모 가구는 가족 돌봄에는 상대적으로 적은 시간을, 가정관리에는 오히려 더 많은 시간을 할애하는 경향을 보였다. 실제로 가정관리에 투입되는 평균 시간을 비교해 보면, 일하는 한부모 가구가 맞벌이 가구보다 더 많은 시간을 사용하는 것으로 나타났다. 반면, 자녀 돌봄 시간은 맞벌이 가구가 한부모 가구보다 더 많이 사용하는 경향이 확인되었다. 미취학 아동 또는 만 10세 미만 자녀를 둔 경우, 양 유형 모두 자녀 돌봄 시간의 증가가 나타나지만, 일하는 한부모 가구는 최근으로 올수록 자녀 돌봄 시간이 오히려 감소하는 경향을 보였다. 이는 돌봄을 위한 시간 확보에 있어 한부모 가구가 처한 구조적 제약을 시사한다. 저출산 대응의 일환으로 아동이 있는 가구를 대상으로 일과 생활의 병행을 지원하기 위한 시간 지원 정책이 빠르게 확대되어 왔으나, 이러한 제도적 영향은 맞벌이 가구에서는 관찰되는 반면, 한부모가구에서는 유의미한 변화가 관찰되지 않았다. 이는 생계와 돌봄을 동시에 책임져야 하는 한부모 가구의 구조적 제약과 그로 인한 시간 자원 배분의 특수성을 반영한다.

이해관계자에 대한 심층 면담 결과, 한부모가족 지원 정책의 주요 문제점은 다음과 같이 나타났다. 첫째, 신청주의 방식, 사회적 낙인 및 편견으로 인한 회피, 이혼 과정에서의 관계 갈등, 가정 내 폭력 및 아동학대 등 다양한 사유로 인해 정책의 사각지대가 발생하고 있다. 특히, 이혼이나 양육권 분쟁 등으로 인해 소송이 장기화되는 경우, 자녀를 위한 어린이집 우선 이용이나 한부모가족 관련 혜택 전반에서 배제될 가능성이 높다. 이 과정에서 정서적·시간적 여유의 부족으로 인한 낮은 정보 접근성은 또 다른 사각지대를 야기하고 있다. 한부모가족은 경제적 빈곤 상태에 놓여 있는 경우가 많아, 정부의 지원도 주로 경제적 자원 제공에 집중되어 있는 실정이다. 그러나 한부모 가구주가 일정 수준의 소득을 유지하면서 일과 생활을 병행해 나가는 것은 매우 어려운 과제다. 면담과 기존 문헌 분석 결과, 한부모는 대체로 두 가지 경로로 구분되는 경향이 있다. 하나는 한부모지원제도를 지속적으로 활용하며 장기간 수급자로 머무는 유형이며, 다른 하나는 외주화된 형태로 단기적이고 불안정하나마 일자리를 유지하는 유형이다. 전자의 경우, 자녀가 성인이 된 이후에는 가구주가 빈곤층으로 전락할 가능성이 높다. 심층 면담 결과, 수급 지위를 유지하는 것이 현실적인 생계 전략이지만, 이들 역시 이를 자발적으로 원하지는 않는다는 점이 확인되었다. 한편, 아이돌봄서비스, 주거복지정책 등 대부분의 정책들이 법정 한부모 기준을 전제로 하고 있어, 제도 대상자가 미취업 혹은 불안정한 일자리 상태를 유지해야 혜택을 받을 수 있는 구조는 오히려 지속적인 취약 계층화를 유도하는 부정적 효과를 낳고 있다. 또한, 단기 현금성 지원이나 비정형 일자리를 반복적으로 전전하는 구조 속에서 제도의 사각지대에 위치한 일자리로 흘러가는 부작용도 발생하고 있다.

제4장에서는 한부모가족을 위한 정책을 경제적 지원과 자녀돌봄을 위한 시간 지원으로 구분하여 심층적으로 분석하였다. 현금성 지원 정책에 대한 시뮬레이션 분석 결과, 근로소득이 증가함에도 불구하고 전체 소득이 오히려 감소하는 '소득 역전 현상'이 발생하고 있음이 확인되었다. 특히 한부모가족 지원 정책은 단일 기준 안에 들어오는 대상자에 한해 경제적 지원, 의료 및 복지 혜택, 기타 혜택 등 혜택의 최대화 지원이라는 '전부 또는 전무(All or nothing)' 형태로 작동된다. 이러한 구조는 수급자의 전략적 행동을 강화시키는 요인으로 작용할 수밖에 없다. 실제로 제3장에서 확인한 바와 같이, 수급 지위를 유지하는 것이 현실적 생존 전략이 되지만, 이들 또한 원하지 않는 전략임을 확인할 수 있었다. 소득 분포별 수급자 밀도를 분석한 결과, 특정 소득 수준에서 수급자가 집중되는 이중 봉우리(double-peaked distribution) 현상이 관찰되었다. 일반적으로 기대되는 소득 분포는 완만한 단봉형을 보이나, 한부모가족 지원 제도 수급자의 소득 분포는 두 번의 봉우리가 생기는 것을 확인할 수 있다. 이는 제도의 구조가 수급자의 전략적 소득 조정을 유인하는 방식으로 설계되어 있다는 점을 보여준다. 물론, 복지 대상 선정 기준 인근에서 나타나는 정책적 관대함(beneficial leniency)의 결과일 가능성도 배제할 수는 없지만, 전체 분포를 고려할 때 전략적 행동의 결과일 가능성이 더욱 높다. 따라서 한부모가족 당사자가 자립에 대한 유인을 보존할 수 있는 방식으로의 제도 보완이 필요하다는 점이 확인되었다.

시간 지원과 관련해서도 제도적 사각지대는 뚜렷하게 드러났다. 고용보험을 기반으로 한 휴직제도는 자녀 양육으로 인한 소득 손실을 보전하는 제도이지만, 한부모 가구주는 비정규직이나 불안정 노동계층에 속해 있어 이를 활용하기 어려운 경우가 많다. 자녀돌봄을 위한 시간 지원제도의 활용은 소득 수준에 따라 차이를 보이며, 월평균 소득이 높을수록 자녀돌봄을 위한 시간 지원 정책의 활용률과 활용 가능성이 모두 증가하는 경향이 확인된다. 이를 통해 저소득층에 집중되어 있는 한부모 가구는 자녀 돌봄 관련 시간 지원 제도에 실질적으로 접근하기 어렵다는 점을 추론할 수 있다. 실제 제도별 이용 현황을 살펴보면, 육아휴직, 육아기 근로시간 단축, 아이돌봄서비스 등 주요 시간 지원 제도 전반에서 한부모 가구의 이용률은 낮은 수준에 머물고 있다. 그럼에도 각 가구 유형별 가구 유형 내부에서의 사용자 비율은 상대적으로 큰 차이를 보이지 않았다. 아이돌봄서비스는 전체 사용가구 중 맞벌이 가구 65.0%, 일하는 한부모 가구 16.6% 순으로, 한부모 가구 또한 높은 수준의 이용률을 보이고 있다. 이와 함께 소득 수준이 낮을수록 해당 서비스를 이용하는 비율이 높게 나타난다. 이는 제도의 소득제한 조건에 기인한 결과일 수 있으나, 동시에 소득 수준이 낮은 집단에서의 사용 수요가 높음을 나타내는 결과이기도 하다. 소득 수준이 낮은 가구일수록 일하는 시간이 비정형적일 가능성이 높아, 돌봄 공백에 대한 수요 역시 더 클 것으로 예상된다. 실제 한부모 가구주가 미취학 자녀가 혼자 있을 때 바라는 서비스 지원 중 가장 높은 비율로 야간보육 활성화를 응답했다. 이를 통해 한부모 가구의 시간 공백이 일반적인 공백이 아닌 저녁, 야간, 주말, 공휴일 등의 공식돌봄 활용이 어려운 비정형적인 돌봄 공백임을 유추할 수 있다. 그럼에도 불구하고 현재 시간 지원 정책 전반의 변화 방향에서 한부모 가구는 여전히 정책적 고려에서 소외되고 있는 실정이다.

제5장에서는 독일과 영국의 한부모가족 지원 정책을 구체적으로 검토하였다. 여기에는 경제적 지원과 시간 지원에 해당하는 다양한 제도의 적

용 대상, 수급 요건, 급여 내용 등이 포함되며, 이러한 분석을 바탕으로 다음 절인 '제2절 정책적 시사점'에서 한국 사회에 적용 가능한 정책적 함의를 도출하고자 한다.

제2절 정책적 시사점

한부모가족은 과거의 동질적인 특성에서 점차 이질적인 양상으로 변화하고 있다. 또한 미혼·비혼에 따른 혼외 자녀의 증가 등으로 다양한 형태의 한부모가족이 등장하고 있다. 이러한 변화는 한부모가족 정책의 개선 방향에 있어 단순한 보호의 시급성에서 나아가 제도의 확장성과 유연성을 보다 적극적으로 고려하는 방향으로 전환이 요구된다. 경제적 지원 정책은 보호의 충분성을 전제로 하되, 이들의 자립을 저해하지 않는 방향으로 설계되어야 한다. 특히, 현행의 단일하고 경직된 기준은 오히려 자립 유인을 약화시키는 요인이 될 수 있으므로, 지원 체계의 구조적 개선과 선정 기준의 유연화에 대한 논의가 필요하다. 시간 지원 정책은 변화하는 한부모가족의 다양한 특성을 반영할 수 있도록 제도 전반의 정비가 필요하다. 현 제도는 저소득 중심의 접근에 머무르고 있어, 일정한 소득을 갖고 있으나 돌봄의 공백이 큰 일하는 한부모가 사각지대에 놓이기 쉽다. 따라서 시간 자원에 대한 공공 개입은 보다 광범위한 대상을 포괄하면서도, 돌봄 공백 해소에 실질적으로 기여할 수 있도록 적용 범위와 방식 전반에 대한 재구성이 요구된다. 이 절에서는 이러한 문제의식에 따라, 경제적 지원 정책은 보호와 자립이 조화를 이룰 수 있는 구조로의 개선, 시간 지원 정책은 한부모가족의 다양성과 현실을 반영한 확장성 확보를 중심으로 정책 개선 방향을 제안하고자 한다.

1. 경제적 지원 정책 및 구조적 문제에 대한 개선 방향

한부모가족 지원 정책은 단일 기준 안에 포함되는 대상자에 한해 최대한의 혜택을 제공하는, 이른바 '전부 또는 전무(All or nothing)' 구조를 내포하고 있다. 이로 인해 근로소득이 증가하더라도 전체 소득이 오히려 감소하는 소득 역전 현상이 발생하는 구조적 왜곡이 확인된다. 이러한 현상은 보충적 지원이 아닌 공공부조제도에서 흔히 나타나는 문제로, 일정 기준선을 초과하거나 도달하는 경우 지원이 일시에 중단되기 때문에 발생한다. 이러한 구조는 수급자의 자립 유인을 저해할 뿐만 아니라, 정책의 지속 가능성 측면에서도 한계를 드러낸다. 따라서 한부모가족 당사자가 자립할 수 있는 유인을 유지하면서도, 혜택이 점진적으로 조정되는 방식으로의 개선이 필요하다. 이를 위해서는 소득 기준선을 중심으로 혜택이 급격히 줄어들지 않도록 구조적 조정이 필요하다. 가능한 개선 방안으로는 ① 다른 제도와 연계하여 재조정하는 방식, ② 선정 기준선을 완화하며 점진적인 감소 구간을 설계하는 방식, ③ 단일 기준선 대신 다층화된 구조를 도입하는 방식 등이 있다. 실제로 제4장 제1절에서 확인한 바와 같이, 2018년에는 한부모가족 증명서 발급 기준과 복지급여 지급 기준이 분리되어 다층화된 구조를 일부 반영하고 있었다. 그러나 2023년 현재 두 기준선이 다시 동일해지면서 단일 구조로 회귀하였다. 이러한 문제를 완화하기 위해서는 증명서 발급 기준을 완화하여 다층화를 회복하거나, 의료·복지·기타 현물 혜택에 대한 지원 방식을 다양화하는 방향으로 제도 설계를 재검토할 필요가 있다. 또는 선정 기준선을 보다 유연하게 조정하고, 혜택이 단계적으로 줄어드는 점감 구간을 도입하는 방안도 함께 고려할 수 있다.

둘째, 소득 선정 기준과 관련한 쟁점이 있다. 한부모가족의 법적 자격을 판단할 때 차량을 재산으로 포함함으로써 수급 자격을 얻기 어려운 사례가 빈번하다. 자동차 재산 기준 문제는 기초생활보장 수급자 선정에서도 지속적으로 제기되어 왔으며, 지방이나 교통 인프라가 부족한 지역에서는 차량이 생계 유지를 위한 필수 수단임에도 불구하고 과도한 재산가액으로 환산되고 있다는 점에서 제도의 현실 적합성에 의문이 제기되어 왔다. 이에 따라, 기초생활보장제도에서는 2025년부터 자동차의 재산가액 산정 기준을 완화한다고 밝혔다. 한부모 가구 역시 차량이 필수품일 수 있다는 점을 고려할 때, 자동차 재산을 소득인정액 산정에서 제외하거나, 환산율을 달리 적용하는 방안에 대한 제도적 검토가 필요하다. 현재 다수의 복지정책이 기초생활보장제도의 소득·재산 산정 기준을 준용해서 기준 중위소득 범주를 달리하는 방안을 사용하고 있다. 한부모가족 지원 정책도 이와 유사한 구조를 채택하고 있다. 그러나 기초생활보장제도 수급 대상자의 특성을 반영한 소득·재산 조사 방식을 그대로 적용할 경우, 한부모 가구의 고유한 특수성이 반영되지 않아 자동차 외에도 다양한 항목에서 현실과의 괴리가 발생할 수 있다. 기초연금의 경우, 동일한 조사 도구를 활용하되 노인 가구의 특성을 반영하여 급여 수준을 차등해서 공제(노인들로만 구성될 경우 환산 제외 등)하고 환산율을 달리 적용, 일반재산 환산율을 대폭 확대하였다. 한부모가족 지원 정책 역시 한부모 가구의 특성을 반영한 소득인정액 산정 기준에 대한 고민이 필요해 보인다. 한부모 가구의 특성으로 인한 자녀에 대한 지출비 등 추가 생활비, 필수품으로 분류되어 공제 및 환산 시 제외되어야 할 부분 등 한부모가족의 생활 현실을 반영한 보다 유연한 제도 운영에 대한 고민이 필요하다.

〈표 6-1〉 재산의 종류별 소득환산율

구분	주거용 재산	일반 재산	금융 재산	소득환산율이 100% 적용되는 자동차
수급(권)자	월 1.04%	월 4.17%	월 6.26%	월 100%
부양의무자 (조손가족)	월 1.04%	월 2.08%		

출처: "2024년 한부모가족지원사업 안내," 여성가족부, 2024, 여성가족부. 저작권 2024. 여성가족부.

또한 한부모가족은 기준 중위소득 기준에서 불리하게 작용한다. 자녀는 소비 주체일 뿐 소득을 창출하지 않기 때문에, 동일한 4인 가구라도 한부모가구는 성인 1명만이 소득을 벌어들이는 구조가 된다. 이와 관련해서는 기준 중위 기준을 좀 더 완화하거나 아동을 분리하는 별도 적용 기준을 만드는 방식 등을 고려할 수 있다. 아울러, 한부모가족 지원 정책에서 재산 조사를 실시하는 목적과 의미에 대해서도 근본적인 재검토가 필요하다. 현재 한부모가족의 유형과 특성은 점점 다양화되고 있으며, 향후 더욱 복합적인 상황들이 나타날 가능성이 높다. 재산 조사는 자원의 효율적 분배를 위한 수단이지만, 과도한 기준 적용은 실제로 지원이 필요한 사람을 배제하는 결과로 이어질 수 있다. 이는 본 연구의 심층 분석에서도 드러난 문제이며, 특히 제도의 사각지대 발생과 밀접한 관련이 있다. 엄격한 재산 기준은 정책의 효율성과 형평성을 제고할 수 있다는 점에서 필요하지만, 동시에 복잡한 행정 절차로 인한 접근성 저하, 낙인 효과, 정보 격차 문제, 행정 부담을 유발할 수 있다. 이러한 절차적 복잡성은 한부모가족 지원정책에 대한 지속적인 문제 제기 대상이 되어 왔다. 제도의 접근 가능성 제고를 통해 아동의 안정적 성장을 돕는다는 목표를 달성하는 데 유리한 방식에 대한 고민이 필요하다. 특히 자녀를 양육하는 가구는 미래에 대한 투자 관점에서 접근할 필요가 있다. 미래 투자가 중요한 자녀를 양육하는 가구에게 엄격한 자산 기준을 적용하는 것은 금융 자산 축적과 근로 의욕을 저해할 수 있으며, 예측 불가능한 소득 변화에 대한 취약성을 높일 수 있다. 이러한 측면에서, 재산 기준의 수준에 대해 심도 있는 검토가 필요하며, 현재 접근 방식의 적절성을 재평가하는 논의의 장이 마련될 필요가 있다.

한부모가구는 가족 구성의 변화로 인해 생계와 돌봄을 동시에 책임져야 하며, 이로 인해 시간 부족, 경제적 어려움, 심리적 부담이 복합적으로 발생하는 구조적 특성을 가진다. 특히 관계 갈등, 가정 폭력, 아동학대 등의 사유로 인해 한부모가 된 경우에는 정서적 고통과 함께 제도적 사각지대에 놓이기 쉬운 상황에 처하게 된다. 장기화되는 소송 과정에서 자녀의 어린이집 우선 이용이나 각종 복지 혜택에서 배제되는 현실은 그 대표적인 사례다. 또한 이혼 과정에서 발생하는 다양한 관계의 단절이나 갈등은 제도 접근 자체를 어렵게 만들기도 한다. 이와 같은 사각지대에 대한 심층적 논의와 함께, 이를 해소하기 위한 정책적 대응이 반드시 병행되어야 한다.

우리나라의 한부모가족 지원은 1960년대 생활보호법에 근거한 영세모자가정 지원에서 출발해, 모자복지법(1989), 모·부자복지법(2003)을 거쳐, 2008년부터는 '한부모가족지원법'이라는 별도의 법 체계를 통해 발전해왔다. 그러나 특정 가족 유형을 대상으로 한 개별법 제정은 국제적으로도 드물며, 낙인의 우려가 제기될 수 있다. 일부 국가에서는 한부모가족을 위한 조항을 포괄적 가족지원법 내에 포함하는 방식을 채택하고 있다. 5장에서 살펴본 독일의 사례와 같이, 각 제도 내에 한부모가족에 대한 특화 조항이나 적용 기준을 포함하는 방식, 즉 보편적 제도 안에 특정 집단을 고려한 선별적 지원을 내재화하는 구조가 하나의 대안이 될 수 있다. 이러한 방식은 다양한 제도가 유기적으로 연계되면서도 한부모가족의 특수성을 반영할 수 있다는 점에서, 일반 제도 내 접근성과 정책 효과성을 동시에 높일 수 있다. 나아가 보호 기준이 가족 단위에서 개인 단위로 전환되는 최근 정책 흐름을 반영하여, 가족정책 전반에서 아동 중심 접근 방식으로의 전환도 함께 고려할 필요가 있다. 이는 자녀 돌봄과 시간 지원 정책의 방향성과도 맞닿아 있다.

2. 시간 지원 정책에 대한 개선 방향

한부모가구는 전반적으로 경제적 여건이 열악할 뿐만 아니라 시간 자원의 측면에서도 구조적인 제약을 겪고 있다. 현행 지원 정책의 수준은 여전히 충분하지 않다. 다만 경제적 지원, 특히 현금성 급여에 대해서는 지속적인 확장 기조가 이어지고 있는 반면, 시간 자원에 대한 공적 지원은 제도적 공백이 두드러진다. 한부모가족에게 시간 지원은 경제적 자립과 정서적 안정, 그리고 자녀의 발달(인적자본 형성)을 동시에 가능하게 하는 핵심 자원이지만, 현행 제도는 이 필요에 실질적으로 부응하지 못하고 있다. 시간 자원은 특히 한부모 가구의 삶의 질에 직접적인 영향을 미친다. 노동시간이 비정형적이며, 돌봄 책임을 단독으로 감당해야 하는 한부모는 단순한 재정 지원만으로 자립 기반을 마련하기 어렵다. 따라서 시간 자원에 대한 공공의 보전 노력은 단순한 '복지' 차원을 넘어, 시간 재분배 정책으로 논의될 필요가 있다. 현재 한부모가구를 대상으로 한 정책은 주로 저소득층에 집중되어 있어, 일정 소득이 있으나 여전히 돌봄 공백이 큰 일하는 한부모는 제도의 혜택에서 배제되는 경우가 많다. 경제적 지원 중심의 제도 설계가 시간 지원과 같은 비경제적 정책 수단에도 영향을 미치고 있으며, 이는 근로 유인과 자립 동기를 약화시킬 뿐 아니라 전체 지원 체계의 실효성을 저하시킨다. 따라서 향후 정책 설계에서는, 소수의 한부모에게 전폭적인 지원을 하는 것과 대부분의 한부모에게 최소한의 지원을 하는 것 사이에서 균형점을 모색할 필요가 있다. 시간 지원 정책의 경우 특히 대상자 포괄성을 높이는 방향으로의 정책 재설계가 필요하다.

출산전후휴가, 육아휴직 등은 제도적 기반이 어느 정도 안정화되었으나, 고용보험 미가입자와 비정형 노동자는 여전히 모부성보호제도에서 배제되어 있다(김현경 외, 2024). 한부모 가구는 이러한 사각지대의 대표적인 집단으로, 다수가 불안정한 고용 형태에 놓여 있어 해당 제도에 현실적으로 접근하기 어렵다. 이로 인해 한부모가구는 그간 모부성보호제도 논의 및 설계 과정에서 배제되어 왔으며, 최근 논의되고 있는 모부성보호제도 활성화 방안에서도 여전히 주변화되고 있는 실정이다. 예를 들어, 한부모 근로자를 대상으로 한 육아휴직 급여 특례는 현행법상 한부모가족지원법 제4조 제1호에 따라 모 또는 부에 해당하는 경우 첫 3개월간 통상임금의 100%(상한 250만 원), 이후 4~12개월간 80%(상한 150만 원)를 지원받는다. 중요한 점은, 한부모 근로자 육아휴직 급여 특례가 적용된 달(첫 3개월)은 육아휴직 급여 사후 지급분 제도는 적용되지 않는다는 점이다. 이는 2024년 1월 1일부터 시행된 '6+6 부모육아휴직제'에 한부모에 대한 특례가 포함되었다. 그러나 2024년 6월에 발표된 '저출생 추세반전을 위한 대책'에는 한부모에 대한 별도의 대책이 포함되지 않았다. 또한 2024년 7월 기준 한부모 근로자 육아휴직 급여 특례 관련 내용은 전체를 대상으로 확대될 예정이다. 이럴 경우 홀로 자녀를 양육하는 한부모의 특수성을 고려한 우대 혜택은 사실상 소멸될 가능성이 높다. 두 명의 성인이 자녀를 양육하는 가정과 달리 홀로 자녀를 양육하는 한부모가족에게 기존의 육아휴직 기간 및 급여 지원 수준은 충분하지 않다. 양부모 맞돌봄 중심 기간 및 급여 상향 방식 확대는 이들간의 격차를 더욱 확대하는 방향이다. 배우자 출산휴가 제도 또한 한부모가족에게는 적용되지 않아, 이들에게는 무관한 제도에 불과하다. 이처럼 시간 지원 정책 전반의 흐름을 종합적으로 볼 때, 한부모 가구는 정책 설계 과정에서 점차 소외되고 있는 실정이다.

한부모가족의 구성 형태와 생활 여건은 점차 다변화되고 있음에도 불구하고, 이들을 동질적인 집단으로 간주하는 접근은 정책적 실효성을 저해한다. 다양한 가족 구조를 포괄할 수 있는 제도 확장성과, 이를 뒷받침할 수 있는 선제적 대응이 필요하다. 특히 정책 변화가 사회 인식 개선으로 이어질 수 있다는 점에서, 제도의 포용성과 수용성 확대는 사전적 개입을 통해 이루어져야 한다. 자녀돌봄과 관련한 시간 지원 제도는 현존하는 정책들을 한부모가구가 실질적으로 활용도를 높일 수 있는지에 대한 관점에서 제고 방안을 마련하는 것이 필요하다. 더 나아가, 대상자의 특성에 초점을 두기보다 각 시간 지원제도가 효율적이고 보편적으로 활용되도록 제고 방안을 마련하는 것이 필요할 것이다.

이러한 현실을 고려할 때, 독일과 같은 해외 사례에서 시사점을 찾을 수 있다. 독일은 시간 지원 제도에서 양부모가 받을 수 있는 급여 서비스의 총량을 한부모에게 동일하게 보장하는 방식으로 접근하고 있다. 육아휴직, 자녀돌봄휴가 등에서 자녀 기준 총량 개념을 도입하고 있으며, 이는 가까운 시일 내 도입될 예정인 배우자 출산휴가제도에서도 동일한 방식으로 적용될 것으로 예상된다. 양육 중인 자녀의 질병 또는 부상으로 인하여 돌봄이 필요할 경우, 부와 모는 각각 연가 15일의 자녀상병수당을 수급할 수 있으며, 한부모는 혼자 30일을 수급할 수 있다. 자녀가 여러 명일 경우 부와 모는 각각 연가 최대 35일을 수급할 수 있고, 한부모는 혼자 최대 70일을 수급할 수 있다. 기존에는 자녀당 부모가 각각 10일(한부모는 20일)간 수급할 수 있었으나, 코로나 팬데믹 기간에 특별법을 통해 일시적으로 수급일 수를 늘렸다. 이에 특별법이 종료되었으나, 2024년부터 수급일 수가 영구적으로 늘어나게 되었다. 이때 급여 수준은 부 또는 모의 손실된 순임금의 90%로 공적 의료보험회사가 피가입자에게 직접 지급한다. 또한 독일은 육아휴직을 자녀 기준으로 총량화하여 부 또는 모가 자녀 1인당 최대 3년까지 사용 가능하며, 자녀가 만 8세가 되기 전까지 유연하게 사용 가능하도록 하고 있다. 이때 독일의 육아휴직제도는 무급휴직임에 유의할 필요가 있다. 원칙적으로 육아휴직제도와 연방부모수당이 별개로 존재하나 두 제도를 연계하여 자녀돌봄과 소득활동이 유연하게 이루어질 수 있도록 지원하는 구조로 되어 있다. 연방부모수당은 부 또는 모가 자녀를 돌보기 위해 휴직할 경우 손실된 소득을 보전해주기 위한 사회보장제도이다. 이러한 구조로 인해 한국과 달리 자영업자, 실업자, 전업주부 등도 수급 대상이 된다. 이처럼 다양한 고용 형태를 고려한 유연한 지원 구조는 국내 제도 설계에 참고할 만한 지점이다. 또 하나의 예시로, 현재 도입이 확실시 되고 있는 제도로 독일의 배우자 출산휴가를 참고할 수 있다. 공개된 법안 내용을 보면, 수급자를 남성으로 제한하지 않고, 동성 부부 및 파트너인 경우 여성도 적용 대상이 된다. 또한 한부모는 성별과 무관하게 도와줄 1인을 지정하여 휴가를 받게 할 수 있다.

[그림 6-1] 독일 사례

〈독일 사례〉

(자녀상병수당) 독일은 양육 중인 자녀의 질병 또는 부상으로 인하여 돌봄이 필요할 경우, 피고용자인 부모가 병가를 사용할 수 있도록 하고, 그로 인해 일하지 못한 기간의 근로소득을 보전하는 제도인 자녀상병수당을 운영하고 있다. 이때 자녀상병수당은 **부 와 모가 각각 연가 15일을 수급할 수 있으며, 한부모는 혼자 30일을 수급할 수 있다.** 자녀가 여러 명일 경우 부와 모는 각각 연가 최대 35일을 수급할 수 있고, 한부모는 혼자 최대 70일을 수급할 수 있다. 기존에는 자녀당 부모가 각각 10일(한부모는 20일)간 수급할 수 있었으나, 코로나 팬데믹 기간에 특별법을 통해 일시적으로 수급일수를 늘렸다. 이에 특별법이 종료되었으나, 2024년부터 수급일수가 영구적으로 늘어나게 되었다. 이때 급여 수준은 부 또는 모의 손실된 순임금의 90%로 공적 의료보험회사가 피가입자에게 직접 지급한다.

(육아휴직제도) 독일의 육아휴직제도는 **자녀 1인당 부 또는 모가 최대 3년까지**, 자녀가 만 8세가 되기 전까지 휴직을 할 수 있다. 이 또한 자녀 중심으로 시간이 부여된다. 단, 육아휴직제도는 무급휴직임에 유의할 필요가 있다. 원칙적으로 육아휴직제도와 연방부모수당이

> 별개로 존재하나 두 제도를 연계하여 자녀돌봄과 소득활동이 유연하게 이루어질 수 있도록 지원하는 구조로 되어 있다. 연방부모수당은 부 또는 모가 자녀를 돌보기 위해 휴직할 경우 손실된 소득을 보전해주기 위한 사회보장제도이다. 이러한 구조로 인해 한국과 달리 자영업자, 실업자, 전업주부 등도 수급 대상이 된다. 연방부모수당의 급여 수준은 자녀 출생 전 1년 동안의 세후 월평균 수입의 65% 수준이나, 월 최대 1,800유로까지만 지급된다. 자녀 출생 전 소득이 없었던 자에게는 월 300유로가 지급된다. 또한 소득 상한선이 존재하는데, 2024년 4월 기준, 부부는 1년간 합산소득이 20만 유로 이상, 한부모는 17만 5천 유로 이상일 경우 적용 대상이 되지 않는다.
>
> (배우자 출산휴가) 독일의 경우 현재 도입이 확실시 되고 있는 제도로 배우자 출산휴가가 있다. 공개된 법안 내용을 보면, 수급자를 남성으로 제한하지 않고 있다. 한부모는 성별 무관 도와줄 1인을 지정하여 휴가를 받게 할 수 있다. 동성 부부 및 파트너인 경우 여성도 적용 대상이 된다.

출처: 본 보고서의 제5장 내용을 바탕으로 저자 작성

해외 사례를 참고하면, 우리나라의 시간 지원제도도 양부모 가족이 사용할 수 있는 서비스의 총량을 한부모가족이 동일하게 사용할 수 있도록 하는 제도적 설계를 고려해 볼 수 있다. 육아휴직이 자녀 기준 서비스 총량으로 시행될 경우, 육아기 근로시간 단축제도와 함께 사용하는 방안에 대한 고려가 가능하다. 육아기 근로시간 단축제도는 최대 1년 동안 적용 가능하며, 육아휴직 중 미사용 기간을 합산하여 사용할 수 있다. 급여는 단축된 근로시간에 비례하여 고용보험에서 지원되며, 이는 근로시간 단축으로 인한 근로자의 소득 감소를 일부 보전해 제도의 실효성을 높이는 중요한 역할을 하고 있다. 2023년 7월 1일 육아기 근로시간 통상임금 100% 지원 범위가 주 5시간→10시간으로 확대되었다. 또한 동료업무분담 지원금 제도 도입을 통해 기존의 대체인력 지원 정책과 함께 제도 활성화에 실질적 도움을 주기 위한 방향으로 개선되었다. 배우자 출산휴가 제도의 경우에도, 한부모가 성별과 무관하게 자녀 양육을 지원받을 수 있도록 제3자를 지정해 휴가를 사용할 수 있게 하는 방안에 대한 정책적 논의가 가능하다. 우리나라의 기업 문화 상황에서 자녀 중심 서비스 총량 접근이 단기간 내 전면적으로 실현되기는 어려울 수 있으나, 제도의 선도적 변화를 통해 사회적 인식을 개선하고 제도 수용성을 높이는 효과를 기대할 수 있다. 이는 단순한 제도 개선을 넘어, 사회 전반의 지속 가능한 변화로 이어질 수 있는 정책적 조치이다. 중장기적으로는 한국의 부모급여 제도에 대해 육아휴직과 구조적으로 연계된 소득 보전 제도로의 보완 및 확대 가능성을 정책적으로 검토할 수 있다. 즉 육아휴직과 부모급여 제도 간의 연계 가능성을 포함한 다양한 제도적 조정 가능성 검토를 통해, 다양한 고용 형태를 포괄할 수 있는 유연한 제도 설계가 병행되어야 할 것이다.

현실적으로 한부모 가구는 직업의 특성과 소득 감소로 인해 이러한 제도에 접근하기 어려운 상황이다. 가족돌봄휴가, 육아휴직, 근로시간 단축, 유연근무제 등은 특정 고용환경에 있는 노동자에게만 실질적으로 보장되며, 비정형 고용에 종사하는 비율이 높은 한부모에게는 제도의 실효성이 떨어질 수밖에 없다. 따라서 한부모 가구의 안정적 자립과 돌봄을 보장하기 위해서는 돌봄서비스의 접근성을 우선적으로 강화해야 한다. 궁극적으로 한부모가 자립할 수 있도록 지원하는 것이 중요한 정책 목표 중 하나라면, 돌봄서비스는 가장 중요한 핵심 자원이다. 현재 한부모가족 증명서를 통해 제공되는 우선적 돌봄서비스는 자녀 양육의 경제적 부담을 줄이고, 자녀 양육에 필요한 안정적인 환경을 조성하는 데 기여하고 있으나, 이 역시 저소득 가구로 한정되어 있어 포괄성이 떨어진다. 일하는 한부모의 경우, 정기적인 소득이 있음에도 불구하고, 돌봄의 필요성은 동일하거나 더 클 수 있다. 이들을 위한 시간 지원 확대가 필요하며, 이를 위해 증명서 발급 기준을 완화하거나, 한부모가족 증명 기준에 구애받지 않은 방식으로의 돌봄서비스 기회 제공에 대한 개선이 필요하다. 특히 일하는 한부모는 돌봄 측면에서 취약한 집단 중 하나다. 혼자서 일과 자녀 양육을 병행해야 하며, 직업의 특성상 야간, 주말, 공휴일 등 정형 외 시간대에 돌봄 수요가 상대적으로 높다. 실제로 한부모 가구주는 미취학 자녀가 혼자 있는 상황에서 가장 필요한 지원으로 '야간보육 활성화'를 가장 많이 응답했다. 이를 통해 한부모가 경험하는 시간 공백은 일반적인 공백이 아니라, 저녁·야간·주말·공휴일 등 공식돌봄 서비스의 활용이 어려운 비정형적인 돌봄 공백이라는 점을 유추할 수 있다. 이로 인해 시설보육의 사각지대를 경험할 가능성이 누구보다 높은 집단이기도 하다. 아이돌봄서비스는 양육 공백에 따른 돌봄 수요에 탄력적으로 대응하여 시설보육의 사각지대를 보완함을 주요 목적으로 시작된 사업이다. 돌봄 공백을 해소하려는 목적으로 도입되었으며, 이는 여전히 1차적인 목표로 남아 있다. 현재 저소득 한부모가족은 "가"형의 정부 지원으로 판정되며, 한부모가족지원법 지원 대상자 선정 기준상 소득인정액 기준을 충족하지 못하나, 가구 선정 기준은 충족하는 한부모 가정까지 포함하고 있다. 아이돌봄서비스의 이용률은 전반적으로 낮지만, 전체 사용 가구 중 일하는 한부모 가구가 차지하는 비율은 16.6%로, 맞벌이 가구(65.0%) 다음으로 높은 수준이다(사회보장행정데이터 2021년 기준). 이는 해당 집단이 시간 지원에 대한 수요가 크고, 제도의 필요성이 높음을 반영하는 결과다. 그러나 해당 서비스는 1:1 지원 방식으로 운영되기 때문에 아이 한 명당 재정 부담이 크고, 재정 투자 대비 효율성이 낮아질 수 있는 한계도 존재한다. 이에 따라 사업의 효과를 극대화하기 위해서는 정말 필요한 대상에게 집중적으로 지원하는 표적화 전략이 필수이다. 돌봄 공백을 국가가 어느 정도 수준과 범위까지 지원해 주어야 하는지에 대한 심도 있는 논의가 필요하며, 이 과정에서 우선 지원 대상자들의 포괄성을 고려하는 것이 중요하다. 돌봄서비스의 포괄성을 확보하되, 우선순위 설정과 제도 접근성 강화를 통해 한부모가구의 실질적 자립과 자녀의 성장 기반을 보장하는 방향으로 제공될 필요가 있다.

시간 지원 정책 설계에 있어 한부모 가구를 맞벌이 가구와 동일한 기준으로 반영할 필요가 있다. 돌봄서비스 지원 사업에 있어서도, 예를 들어 아이돌봄서비스의 소득 산정 시 맞벌이 가구에 적용되는 소득 공제 기준을 한부모 가구에도 동일하게 적용하는 방식이 필요하다. 서울형 육아휴직 장려금은 육아휴직 사용 독려를 위해, 자녀 1인당 최대 120만 원, 부모가 각자 육아휴직을 사용할 경우 자녀 1인에 대해 가구당 최대 240만 원을 지원한다. 이는 자녀 중심의 시간 지원 정책 설계에서 한부모 가구와 맞벌이 가구를 동일한 조건으로 고려함으로써, 모든 자녀들이 동등한 지원을 받을 수 있도록 하는 정책 설계를 가능하게 한다. 이는 단지 형평성 차원을 넘어서, 모든 자녀가 부모의 구성과 무관하게 동등한 지원을 받을 수 있도록 하기 위한 최소한의 정책 조정이다.

이외에도, 가사지원 서비스 확대, 국민취업지원제도 등 고용지원 정책과 돌봄서비스 전반에 걸쳐 한부모 가구의 특성을 반영한 시간 자원 확대가 필요하다. 특히 돌봄으로 인해 발생하는 시간 부족 문제는 단기적 처방만으로는 해결이 어려우며, 한부모가 일과 양육을 안정적으로 병행할 수 있도록 지원 체계를 정비하는 것이 핵심 과제다. 시간 자원의 확대는 단순한 복지 지원을 넘어 한부모의 자립 기반과 자녀의 건강한 성장이라는 정책 목표 실현을 위한 핵심 수단이다. 부모가 실질적으로 일과 자녀 돌봄을 병행할 수 있으려면, 시간 자원의 공공성 확대와 함께, 장시간 근로 중심의 노동 환경과 기업 문화에 대한 구조적 개선이 병행되어야 한다. 아울러 근로연계형 지원제도가 고용 형태나 소득 요건에 따라 접근성에 차이를 초래하지 않도록, 다양한 고용 형태를 포괄할 수 있는 유연한 제도 설계도 함께 추진될 필요가 있다.

참고문헌

강승묵. (2023). 독일의 양육비 대지급법에 관한 연구. **법과 정책연구, 23**(4), 193-225.

강욱모. (2004). 한부모가족과 빈곤: 영국에서의 정책변화. **한국사회복지학, 56**(1), 127-153.

강지원. (2009). 국제비교를 통해서 본 한국의 한부모가족정책. **보건사회연구, 29**(2), 30-54.

계승현. (2023.06.12.). '출산율 선방' 독일 해법은…한부모 가족까지 포용하는 지원책. 연합뉴스. https://www.yna.co.kr/view/AKR20230612046000530?section=search

고선강. (2014). 한부모 가계의 자산과 부채 상태: 남성가구주와 여성가구주 가계의 차이. **가족자원경영과 정책, 18**(1), 93-114.

고선강. (2018). 한부모가족의가계지출에 영향을 미치는 요인: 모자가족과 부자가족의 지출 비교. **한국가족지원경영학회지, 22**(1), 9-118.

관계부처합동. (2022). **2020~2024 제2차 아동정책 기본계획**.

관계부처합동. (2023). **2023~2027 제1차 한부모가족정책 기본계획**.

권성준, 윤정환. (2021). **영유아기 인적자본생산함수 추정과 양육지원 재정정책에의 함의**. 한국조세재정연구원.

김병인, 이혜정, 백경흔, 장수정. (2021). 한국 한부모 여성의 돌봄권, 최저소득과 돌봄시간 보장의 차원: 국제비교를 통한 탐색적 접근. **비판사회정책**, (72), 7-38.

김승권, 김연우. (2012). 한부모가족정책의 실태와 정책제언. **보건복지포럼**, 2012(4), 59-69

김승권, 김유경, 박정윤, 김연우, 최영준. (2011). **취약위기 및 한부모 가족 지원 체계 구축과 자립지원 방안 연구**. 여성가족부, 한국보건사회연구원.

김영란. (2021). 독일 다문화 사회의 난민정책과 관련 법제 연구. **다문화콘텐츠연구, 36**.

김영아. (2023). **한부모 가구주의 노동시장 참여에 관한 연구**. 한국노동연구원.

김영정, 구화진. (2019). **청소년 한부모 권리보장과 사회적 지지체계 조성방안**. 서울시 여성가족재단.

김영정, 김성희. (2017). **서울시 한부모 가구의 일 · 가족 양립 지원방안**. 서울시 여성가족재단.

김외숙, 박은정. (2018). 한부모가족의 시간사용과 시간부족감의 성차 분석. **한국가족자원경영학회지, 22(3)**, 1-19.

김은지, 송효진, 정가원, 배호중, 최진희, 성경... 허용창. (2019). **한부모가족지원 분석 및 개선방안 연구**. 한국여성정책연구원.

김은지, 장혜경, 박복순, 최인희, 서정희. (2011). **한부모가족지원 제도·법 체계화방안 연구**. 여성가족부, 한국여성정책연구원.

김은지, 정가원, 배호중, 김수진, 성경, 최영, 안현미. (2019). **양육지원체계 개편방안 연구**. 한국여성정책연구원.

김은지, 황정임. (2013). 저소득 한부모가족 아동양육비 지원체계에 대한 국제비교연구: 공공부조와 가족급여의 교차. **한국가족사회복지학회 학술발표논문집, 2013(1)**, 1-34.

김인경. (2021). **양부모가족에서 한부모가족으로의 가족 유형 변화와 아동의 발달**. 한국개발연구원.

김정현. (2013). 복지국가 유형별 저소득 여성 한부모가족에 대한 노동권과 모성권 지원정책 비교연구. **한국가족복지학, (41)**, 115-142.

김종일. (2011). 한부모에 대한 활성화 정책의 국제 비교. **사회보장연구, 27(4)**, 191-223.

김지연, 황여정, 이준일, 방은령, 강현철, 곽종민, 박민영. (2013). **청소년 한부모가족 종합대책 연구 II: 총괄보고서**. 한국청소년정책연구원.

김진리. (2022). 프랑스의 한부모가족 정책과 마크롱 정부의 정책 방향. **국제사회보장리뷰, 21**, 138-142.

김진욱. (2010). 한부모 가구의 빈곤과 소득이전: 양부모 가구와의 비교를 중심으로. **사회복지정책, 37(1)**, 101-125.

김태훈. (2023.04.06.). 일과 돌봄을 유연하게…노동자에게 '시간 주권'을 보장하자. 경향신문. https://www.khan.co.kr/article/202304062220005.

김학주. (2006). 유자녀가구 유형별 빈곤의 사회경제적 특성연구. **한국인구학, 29**(3), 73-87.

김현경, 류정희, 고혜진, 손연정, 류지안. (2024). 2024년 아동가구 고용지원 정책 전문영향평가 연구. 아동권리보장원·한국보건사회연구원.

남찬섭. (2002a). 경제 위기 후 복지개혁의 성격. 김연명 편, **한국 복지국가 성격논쟁** (pp. 143-176). 서울: 인간과 복지.

남찬섭. (2002b). 한국 복지체제의 성격에 대한 경험적 연구: 에스핑 엔더슨의 기준을 중심으로. 김연명 편, **한국 복지국가 성격논쟁** (pp. 557-595). 서울: 인간과 복지.

노혜진, 김교성. (2010). 시간과 소득의 이중빈곤. **사회복지연구, 41**(2), 159-188.

대한민국 국회. (2024.05.20.). **의안현황**. https://www.assembly.go.kr/portal/cnts/cntsCont/dataA.do?menuNo=600232&cntsDivCd=BILL

대한민국정부. (2022. 7.). **윤석열정부 120대 국정과제**. 대한민국정부.

류기락. (2019). 유급 노동시간과 소득 빈곤의 교차: 상대 협상력과 노동시장 지위 효과를 중심으로. **한국사회정책, 26**(4), 27-60.

박광동. (2024.05.29.). **한부모가족을 위한 지원 법 현황 및 법적 과제** [세미나]. 제2차 한부모가족 지원정책 개선방안 마련을 위한 세미나. 한국보건사회연구원. 세종시, 대한민국.

박미진, 김은지, 정수연, 오욱찬. (2022). **한부모가족의 다차원적 빈곤과 젠더 격차 개선방안 연구**. 한국여성정책연구원.

박미진, 정성미, 정수연, 조미라. (2023). **한부모 가구의 일-생활 균형 정책 개선방안 연구**. 한국여성정책연구원.

박복순, 김은지, 배호중, 양승엽. (2018). **양육비 이행지원 강화방안 연구**. 여성가족부.

박복순. (2008). 한부모가족을 위한 외국의 법과 정책. **한국한부모가정학, 1**(1), 41-73.

박상원. (2018). 한부모 가족복지 정책에 대한 평가 연구: 김대중, 노무현 및 이

명박 정부 간 비교를 중심으로. **한국 사회과학연구, 37**(2), 195-230.

박종서, 김성기, 김왕준, 김철희, 박천규, 신윤정, 신정우, 윤강재, 이수욱, 이윤경, 이철희, 정제영, 정진호, 정해식, 조성호, 허영준, 황관석, 황도경, 오신휘. (2020). **인구구조 변화에 따른 파급효과 전망과 정책적 함의**. 한국보건사회연구원.

배윤진, 조숙인, 장문영. (2017). **돌봄 취약계층 맞춤형 육아지원 방안(Ⅲ): 한부모가족 특성별 자녀양육 실태 및 지원 방안**. 육아정책연구소.

배윤진. (2024.7.4.). 자녀돌봄을 위한 시간 지원 정책과 한부모 가족 [세미나]. 제3차 한부모가족 지원정책 개선방안 마련을 위한 세미나. 한국보건사회연구원. 세종시, 대한민국.

배호중, 김은지, 박복순, 성경, 안선영. (2020). **자녀양육비 가이드라인 마련 연구**. 한국여성정책연구원.

배호중, 김은지, 정가원, 선보영, 성경. (2021). **2021년 한부모가족 실태조사**. 여성가족부.

빅카인즈(BIGKINDS). (2024.10.3). 뉴스분석. https://www.bigkinds.or.kr/

사회보장위원회. (2024). **사회보장행정데이터**[데이터 세트]. 사회보장위원회.

성정현, 김희주, 장연진. (2019). 민간 한부모지원단체의 활동현황과 방향성 모색에 대한 연구. **지방사와 지방문화, 22**(2), 351-386.

손연정. (2024.12.23.). 아동가구 고용지원 정책 현황과 과제-모부성보호제도 및 일·가정양립제도를 중심으로 [세미나]. 제7차 한부모가족 시간 및 경제적 자원과 정책 세미나. 한국보건사회연구원. 세종시. 대한민국.

송다영. (2006). 한부모가족을 위한 사회권에 대한 고찰. **한국사회복지학회 학술대회 논문집, 2006**(11a), 327-333.

송치호, 여유진. (2010). 한부모가구와 양부모가구 간 빈곤율 차이에 대한 요인 분해: 미국과의 비교연구. **한국사회정책, 17**(3), 223-255.

송효진, 김은지, 전경근. (2015). **한부모가족지원 개선방안 연구**. 한국여성정책연구원.

신윤정, 이상림, 김윤희. (2012). 청소년 한부모가족 종합대책 연구 Ⅰ: 청소년 한부모가족 지원정책 국가비교 연구. 한국청소년정책연구원.
신혜령, 정재훈, 김성경. (2006). **한부모가족지원법안에 관한 연구**. 여성가족부.
여성가족부. (2024. 9. 23.). **양육비 선지급제 도입 법안 국회 여가위 통과** [보도자료]. 여성가족부.
여성가족부. (각 연도). **한부모가족지원 사업안내**.
유해미, 문무경. (2023). 영유아와 초등자녀의 긴급돌봄 수요 분석과 제도화 방안 연구. 육아정책연구소.
윤동경, 김연옥. (2019). 한부모가족 지원정책 비교연구 - 한국과 프랑스, 스웨덴, 일본의 미혼모관련 지원정책을 중심으로 - **21세기사회복지연구**, 16(1), 75-99.
윤소영. (2013). 한부모가족의 시간사용과 여가활동 실태분석 -행복한 생활을 위한 생활경험을 중심으로-. **가족자원경영과 정책**, 17(1), 1-18.
이성희. (2024). 영국 정부의 최근 무상 보육 확대 배경과 개혁 발표를 둘러싼 논의와 쟁점. **국제사회보장리뷰**, 28, 108-119.
이종택, 심미승. (2015). Gilbert & Terrell 분석틀을 활용한 한부모가족지원사업에 관한 연구: 광주광역시를 중심으로. **한국정책연구**, 15(4), 285-305.
이충은. (2017). 한부모가족 지원정책에 관한 비교법적 고찰. **국제법무**, 9(1), 129-152.
이혜정, 송다영. (2019). 이혼한 한부모여성의 생애사 연구. **한국가족복지학**, (66), 77-114.
이혜정, 장수정, 김병인, 백경흔. (2021). 한부모가족 빈곤위험의 젠더격차와 영향요인. **사회복지정책**, 48(2), 103-129.
장명선. (2016). 한부모가족 자녀양육을 위한 법제 개선방안. **이화젠더법학**, 8(1), 1-35.
장수정. (2021). 한부모 정책 패러다임 전환에 대한 연구. **한국여성학**, 37(2), 1-34.
정연택, 김근홍, 김상철, 김상호, 김원섭. (2018). **독일의 사회보장제도**. 나남.
정이윤. (2016). 한부모가족의 경제적 취약성과 사회적 포용: 정책현황과 과제.

한국정책학회 춘계학술발표논문집, 2016(0), 322-359.

정재훈. (2013). 가족을 우선하는 활성화정책 – 독일 사례를 중심으로. **여성연구, 85**(2), 45-80.

조영훈. (2002). '생산적 복지론'과 한국 복지국가의 미래. 김연명 편, **한국복지국가성격논쟁** I (pp. 81-108). 인간과 복지.

조영희. (2004). 한부모가족 부, 모의 생활시간 분석. **가정과삶의질연구, 22**(1), 139-151.

최동민. (2024.09.27). 받지 못한 양육비, 국가가 먼저 지급한다…내년 7월 시행. **한국방송뉴스**. http://www.ikbn.news/news/article.html?no=183022

최영진. (2021). 한부모가족지원 정책 및 법적과제. **법학연구, 29**(2), 27-48.

최하영, 민혜영. (2020). 여성 한부모의 종사상지위와 빈곤지위 결정요인 분석 - 다차원적 요인들을 중심으로-. **사회복지정책, 47**(3), 97-128.

통계청. (2024. 8. 28.). **2023년 출생 통계** [보도자료]. https://kostat.go.kr/boardDownload.es?bid=204&list_no=419974&seq=2

한정원. (2014a). 한부모가족의 젠더 분석을 통한 성인지 정책 모색. **디지털융복합연구, 12**(2), 99-109.

한정원. (2014b). 한부모가족지원사업의 효과성 연구 – 한부모가족 심층면접을 중심으로 -. **여성학연구, 24**(2), 159-195.

통계청. (각 연도). **인구주택총조사** [데이터 세트]. MDIS.
여성가족부. (2021). **2021년 한부모가족실태조사** [데이터 세트]. MDIS.
통계청. (각 연도). **생활시간조사** [데이터 세트]. MDIS.

국민기초생활보장법 시행령, 대통령령 제33858호 (2023).
고용보험법 시행령, 대통령령 제34601호 (2024).
남녀고용평등과 일·가정양립지원에 관한 법률, 법률 제20521호 (2024).
아이돌봄 지원법, 법률 제19338호 (2023).
한부모가족지원법, 법률 제20548호 (2024).

Atkinson, A. (1998). Poverty in Europe. Oxford University Press.

BBC. (2024.06.21.). *Your Voice Your Vote: 'Single parents are forgotten'*. https://bbc.com/news/articles/ckmm3pg7g8yo

BBC. (2024.09.03). *Child benefit: How much is it worth and who can claim it?*. https://www.bbc.com/news/business-68500022

Blank, R. M. (2002). "Can equity and efficiency complement each other?". *The Quarterly Journal of Economics*.

Bradshaw, J., & Finch, N. (2003). "Overlaps in dimensions of poverty." *Journal of Social Policy*.

Bundesministerium für Arbeit und Soziales. (2024a). *Kurzarbeit*. https://www.bmas.de/DE/Service/Corona/Fragen-und-Antworten/Fragen-und-Antworten-KUG/faq-kug-kurzarbeit-und-qualifizierung.html#:~:text=Der%20Arbeitgeber%20berechnet%20das%20Kurzarbeitergeld,das%20gezahlte%20Kurzarbeitergeld%20umgehend%20erstattet.

Bundesministerium für Arbeit und Soziales. (2024b). *Minijob*. https://www.arbeitsagentur.de/lexikon/minijob#:~:text=Definition%3A%20Minijobs%20sind%20geringfügige%20Beschäftigungen,sichern%20Minijobs%20sozial%20nicht%20ab.

Bundesministerium für Familie, Senioren, Frauen und Jugend(BMFSFJ). (2024.4.1). *Neuregelungen beim Elterngeld für Geburten ab 1*. https://www.bmfsfj.de/bmfsfj/themen/familie/familienleistungen/neuregelungen-beim-elterngeld-fuer-geburten-ab-1-april-2024-228588

Bundesministerium für Familie, Senioren, Frauen und Jugend(BMFSFJ). (2008). *Dossier Kinderzuschlag Gesetzliche Regelung und Möglichkeiten zur Weiter Entwicklung*.

Bundesministerium für Familie, Senioren, Frauen und Jugend(BMFSFJ).

(2020). *Der Unterhaltsvorschuss.*

Bundesministerium für Familie, Senioren, Frauen und Jugend(BMFSFJ). (2021). *Allein- oder getrenntziehen - Lebenssituation, Übergänge und Herausforderungen.*

Bundesministerium für Familie, Senioren, Frauen und Jugend(BMFSFJ). (2022). *Unterhaltsvorschussgesetz (UVG) Geschäftsstatistik.* https://www.daten.bmfsfj.de/daten/daten/unterhaltsvorschussgesetz-uvg-geschaeftsstatistik--127534

Bundesministerium für Familie, Senioren, Frauen und Jugend(BMFSFJ). (2023a). *Allein- und Getrenntziehende fördern und unterstützen.* https://www.bmfsfj.de/bmfsfj/themen/familie/chancen-und-teilhabe-fuer-familien/alleinerziehende#:~:text=Rund%2034%20Prozent%20aller%20Haushalte,ihre%20Familien%20sind%20besonders%20armutsgef%C3%A4hrdet.

Bundesministerium für Familie, Senioren, Frauen und Jugend(BMFSFJ). (2023b). *Elterngeld und Elternzeit: Das Bundeselterngeld- und Elternzeitgesetz.*

Bundesministerium für Gesundheit. (2024). *Fragen und Antworten zu Kinderkrankentagen und Kinderkrankengeld.* https://www.bundesgesundheitsministerium.de/themen/praevention/kindergesundheit/faq-kinderkrankengeld

Bundesregierung. (2021). *Weitere Entlastung für Eltern.* https://www.bundesregierung.de/breg-de/themen/coronavirus/kinderkrankengeld-1836090

Bundesregierung. (2023). *Höheres Kindergeld und weitere Verbesserungen für Kinder.* accessed Aug 24, 2024, https://www.bundesregierung.de/breg-de/schwerpunkte/entlastung-fuer-deutschland/unterstuetzung-fuer-familien-2125014

Bürgerliches Gesetzbuch(BGB). § 1626 Elterliche Sorge, Grundsätze. https://www.gesetze-im-internet.de/bgb/__1626.html#:~:text=%C2%A7%201626%20Elterliche%20Sorge%2C%20Grunds%C3%A4tze,Verm%C3%B6gen%20des%20Kindes%20(Verm%C3%B6genssorge).

Camp, J. K., Trzcinski, E., & Resko, S. (2016). Family and Labor Market Policies in Germany: The Well-Being of Working Women. *Handbook on Well-Being of Working Women*, 449-472.

Chetty, R., Friedman, J. N., & Saez, E. (2013). Using differences in knowledge across neighborhoods to uncover the impacts of the EITC on earnings. American Economic Review.

Coram. (2024). *Childcare Survey 2024.* https://www.familyandchildcaretrust.org/sites/default/files/Childcare%20Survey%202024_1.pdf

Department for Work and Pensions. (2021). *Child Maintenance Service Statistics: data to September 2021(experimental).* https://www.gov.uk/government/statistics/child-maintenance-service-statistics-data-to-september-2021-experimental/child-maintenance-service-statistics-data-to-september-2021-experimental#enforcement

Deutscher Juristinnenbund e.V. (2022). *Stellungnahme: 22-12.* https://www.djb.de/presse/pressemitteilungen/detail/st22-12#:~:text=Gem%C3%A4%C3%9F%20Artikel%204%20Abs.,des%20Arbeitnehmers%20genommen%20werden%20muss

DHZ. (2024). *Vaterschaftsurlaub soll 2024 kommen: Das ist der Stand.* https://www.deutsche-handwerks-zeitung.de/vaterschaftsurlaub-2024-wann-gesetz-335630/

Esping-Andersen, G. (1990). *The three worlds of welfare capitalism.* Polity.

Esping-Andersen. G. (1999). *Social Foundations of Postindustrial Economies.* New York: Oxford University Press.

European Observatory on Health Systems and Policies. (2024). *Germany Country Overview.* https://eurohealthobservatory.who.int/countries/germany

Eydoux, A. (2022). Les mères seules précaires, catégorie (é)mouvante des politiques sociales. In Lechevalier, A., Mercat-Bruns, M., & Ricciardi, F. (Eds.) *Les catégories dans leur genre.* (pp. 355-378). Teseo Press.

Factorial. (2024). *Vaterschaftsurlaub in Deutschland: Diese Regelungen kommen 2024.* https://factorialhr.de/blog/vaterschaftsurlaub/?variant=original

Familienportal. (2024). *Was ist Elternzeit?* https://familienportal.de/familienportal/familienleistungen/elternzeit/faq/was-ist-elternzeit--124702

Foley, N. & Foster, D. (2022). *Reforming the Child Maintenance Service.* House of Commons Library.

Foley, N. (2024). *New regulations remove the application fee for the Child Maintenance Service.* House of Commons Library.

González, L. (2013). The effect of a universal child benefit on conceptions, abortions, and early maternal labor supply. *American Economic Journal: Economic Policy*, 5(3), 160-188.

GOV.UK. (2024a). *Child Maintenance Service.* https://www.gov.uk/child-maintenance-service

GOV.UK. (2024b). *Universal Credit.* accessed Aug 24, 2024, https://www.gov.uk/universal-credit

GOV.UK. (2024c). *Child Benefit.* https://www.gov.uk/child-benefit

GOV.UK. (2024d). *How Council Tax works.* https://www.gov.uk/council-tax/who-has-to-pay

GOV.UK. (2024e). *Maternity pay and leave.* https://www.gov.uk/mater

nity-pay-leave

GOV.UK. (2024f). *Paternity pay and leave.* https://www.gov.uk/paternity-pay-leave

GOV.UK. (2024g). *Time off for family and dependants.* https://www.gov.uk/time-off-for-dependants

GOV.UK. (2024h). *15 hours free childcare for 3 and 4-year-olds.* https://www.gov.uk/help-with-childcare-costs/free-childcare-and-education-for-3-to-4-year-olds?step-by-step-nav=f237ec8e-e82c-4ffa-8fba-2a88a739783b

GOV.UK. (2024i). *Check you're eligible for free childcare if you're working.* https://www.gov.uk/check-eligible-free-childcare-if-youre-working?step-by-step-nav=f237ec8e-e82c-4ffa-8fba-2a88a739783b

GOV.UK. (2024j). *Free education and childcare for 2-year-olds if you claim certain benefits.* https://www.gov.uk/help-with-childcare-costs/free-childcare-2-year-olds-claim-benefits?step-by-step-nav=f237ec8e-e82c-4ffa-8fba-2a88a739783b

GOV.UK. (2024k). *Tax Free Childcare.* https://www.gov.uk/tax-free-childcare

GOV.UK. (2024l). *National Minimum Wage and National Living Wage rates.* https://www.gov.uk/national-minimum-wage-rates.

Gunthrope, W., & Lyons, W.(2004). A predictive model of chronic time pressure in Australian population: Implications for leisure research. *Leisure Science, 26,* 201-213.

Hernanz, V., Malherbet, F., & Pellizzari, M. (2004). "Take-up of welfare benefits in OECD countries: A review of the evidence." OECD Social, Employment and Migration Working Papers.

Kennedy, S., Hobson, F., Mackley, A., Foster, D., Devine, B., Harker,

R. & Lewis, A. (2023). *Support for single parent families*. House of Commons Library.

Kings College London. (2022.02.03). *Overlooked and underserved: why have UK policymakers ignored single parent families?*. https://www.kcl.ac.uk/news/overlooked-and-underserved-why-have-uk-policymakers-ignored-single-parent-families

Lloyd, E. (2020). *The changing face of early childhood in Britain*. https://www.nuffieldfoundation.org/news/opinion/ensuring-fairer-access-early-years-provision-after-covid-19-lockdown.

Milligan, K., & Stabile, M. (2009). Child benefits, maternal employment, and children's health: Evidence from Canadian child benefit expansions. *American Economic Review, 99*(2), 128-132.

Moffitt, R. A. (1992). "Incentive effects of the US welfare system: A review." *Journal of Economic Literature*.

Nieuwenhuis, R., & Maldonado, L. C. (Eds.). (2018). The triple bind of single-parent families: Resources, employment and policies to improve wellbeing(1st ed.). Bristol University Press. https://doi.org/10.2307/j.ctt2204rvq

Office for National Statistics(ONS). (2023). *Annual Survey for Hours and Earnings (November 2023)*. https://www.ons.gov.uk/releases/employeeearningsintheuk2023

Office for National Statistics(ONS). (2024). *Families and households in the UK: 2023*. https://www.ons.gov.uk/peoplepopulationandcommunity/birthsdeathsandmarriages/families/bulletins/familiesandhouseholds/2023

Simple Germany. (2024). *Understand the Tax Class in Germany & Its Impackt*. accessed Aug 24, 2024, https://www.simplegermany.com/

tax-class-germany/

Single Parent Rights. (2024). *Act now for single parent equality.* https://www.singleparentrights.org

The Royal Borough of Kensington and Chelsea. (2024). *Discounts, reductions and exemptions.* accessed Aug, 2024. https://www.rbkc.gov.uk/council-tax/discounts-reductions-and-exemptions

TK. (2024a). *Recht auf bezahlten Vaterschaftsurlaub lässt auf sich warten.* https://www.tk-lex.tk.de/web/guest/externalcontent?_leongshared_template=HAUFEDETAIL&_leongshared_externalcontentid=com.liferay.journal.model.JournalArticle_PORTLET_115838932

TK. (2024b). *Was gilt 2024 für das Kinderkrankengeld und die Kindkrank-AU?.* https://www.tk.de/firmenkunden/service/fachthemen/versicherung-fachthema/kinderkrankengeld-2024-und-2025-2160374

Unison. (2019). *Child Benefit - Still Under Attack.* https://www.unison.org.uk/

Verband alleinerziehender Mütter und Väter e.V.(VAMV). (2024). *Aktuelle Ergänzungen für das Jahr 2024 zum Taschenbuch.* https://vamv.de/de/

Walwei, U. (2022). Hartz IV – Zeit für Reformen. *Deutschland & Europa, 83,* 42-57.

Women's Budget Group & Gingerbread. (2022). *Spring Budget 2022: Economic challenges for single mothers, 8 March 2022.*

Abstract

Time and Economic Resources of Single-Parent Families and Policies

Project Head: Lee, Ayoung

Single-parent families are vital members of modern society, yet the challenges they face due to a lack of time and economic resources remain unresolved. These families often experience dual hardships, including economic difficulties and time constraints caused by caregiving responsibilities, leading to a decline in the quality of life for both the family and the individual. This reality underscores the need for societal attention and support for these families.

This study was conducted to comprehensively understand the practical challenges faced by single-parent families and to explore policy solutions to address these issues. By systematically analyzing the time and economic resource constraints faced by single-parent families and examining the limitations of existing support policies, the study aims to propose policy directions that reflect the environment and needs of these families.

The structure of this report is as follows: Chapter 2 examines the theoretical and legal background of single-parent families and identifies the challenges and issues in the current systems for their protection and support. Chapter 3 analyzes the envi-

---

Co-Researchers: Park, Soeun·Lee, Jieun·Woo, Sunhee

ronments surrounding single-parent families. Chapter 4 provides an in-depth analysis of policies designed to support single-parent families, focusing on those aimed at economic support and time support for childcare. Chapter 5 analyzes case studies from Germany and the United Kingdom, particularly focusing on income support systems and work-linked time support programs.

This report highlights the evolving characteristics of single-parent families and analyzes the structural issues and limitations of current support policy, emphasizing the need for improvements in both economic and time support policies. The policy recommendations derived from this study go beyond mere economic assistance to encompass the allocation and utilization of time resources. It is hoped that the findings of this research will serve as foundational material for establishing effective policies that empower single-parent families to build a solid foundation for independence and bring meaningful changes to their lives.

Key words: Single-Parent Families, Time resources, Economic resources, Policies for single-parent families